Treasures for Scholars Worldwide

中山大學圖書館學叢書　第五種
Sun Yat-sen University Library Science Series, No.5

《廣州大典》海外珍稀文獻書志

A Descriptive Bibliography of Overseas Rare Books of *The Complete Library of Canton*

王　蕾　主編
沈　津　審訂

Editor-in-Chief / Wang Lei
Referee / Shen Jin

·桂林·

圖書在版編目（CIP）數據

《廣州大典》海外珍稀文獻書志／王蕾主編．
桂林：廣西師範大學出版社，2016.10
（中山大學圖書館學叢書．第5種）
ISBN 978-7-5495-0367-4

Ⅰ．①廣⋯ Ⅱ．①王⋯ Ⅲ．①地方叢書－廣州
Ⅳ．①Z122.651

中國版本圖書館CIP數據核字（2016）第247262號

廣西師範大學出版社出版發行
（廣西桂林市中華路22號　郵政編碼：541001）
（網址：http://www.bbtpress.com）
出版人：張藝兵
全國新華書店經銷
廣西大華印刷有限公司印刷
(廣西南寧市高新區科園大道62號　郵政編碼：530007)
開本：720 mm × 960 mm　1/16
印張：20.25　　字數：230千字
2016年10月第1版　　2016年10月第1次印刷
定價：380.00元

如發現印裝質量問題，影響閱讀，請與印刷廠聯繫調換。

《廣州大典》與廣州歷史文化專題研究項目
"《廣州大典》收録海外藏珍稀廣州文獻研究（1412003）"
項目成果

☆☆☆

中山大學青年教師培育項目
"中文古籍書志編撰與研究（批准號：12wkpy21；編號：1109128）"
項目成果

主編　王　蕾
審訂　沈　津
編委（按姓氏拼音排序）
陳　莉　丁春華　蔣文仙　李福標　李　卓
肖　卓　謝小燕　張　紅　張　琦

"中山大學圖書館學"叢書
總　　序

　　大學圖書館的使命是爲教學和科研服務。在美國,大學圖書館通常稱爲"Academic Library"(也可譯作高校圖書館),"Academic"在詞義上含有"教育"與"研究"的雙重意義,所以,"Academic Library"本身就具有宣明大學圖書館使命的意義。儘管如此,如同大學有三六九等一樣,大學圖書館也有層次高低之分,普通大學的圖書館側重爲教學服務,而研究型大學(Research University)的圖書館則側重爲科研服務,因爲研究型大學往往以培養研究生爲主,爲教學服務實質上也就是爲科研服務。通常,研究型大學的圖書館也是研究圖書館(Research Library),但是研究圖書館不單是研究型大學的圖書館,也包括負有爲科研服務使命的其他類型圖書館。例如,美國的研究圖書館協會(Association of Research Libraries,ARL)擁有126個北美研究圖書館成員館,除了119個研究型大學的圖書館以外,還包括美國國會圖書館、國家醫學圖書館、國家農業圖書館、紐約公共圖書館、波士頓公共圖書館等7個研究型的圖書館。

　　研究圖書館在爲教學和科研服務的同時,還必須履行學術研究的職責,因爲没有圖書館學術研究的支持,研究圖書館不僅自身難以發展,而且也難以滿足教學和科研的需求。因此,大凡研究圖書館都比較重視圖書館學術研究,并因此推動圖書館的發展和科學研究的發展。

美國國家醫學圖書館(National Library of Medicine,NLM)於1964年建立全美醫學文獻網絡,研發了生物醫學數據庫(MEDLINE)等數據庫,其檢索語言與檢索技術的研發,不僅極大地提高了全球生物醫學期刊文獻的利用率,有力地促進了生物醫學的科學研究,而且引發了一場傳統檢索方法的革命,并因此極大地提高了全球研究圖書館爲科學研究服務的效率。

1967年在俄亥俄大學圖書館創設的俄亥俄州大學圖書館中心(Ohio College Library Center,OCLC),建成世界上第一個聯機編目圖書館系統,1977年發展成爲全美圖書館聯機編目中心(Online Computer Library Catalog,Inc.,OCLC),1981年進一步成爲世界最大的國際性圖書館網絡——聯機計算機圖書館中心(Online Computer Library Center,Inc.,OCLC),研究開發了一系列的信息資源管理技術、方法和產品,目前面向全球100多個國家和地區的數萬個圖書館提供服務,極大地促進了全球知識共享和科學研究的發展。

美國國會圖書館於1972年成功研發了標誌全球圖書館進入自動化時代的機器可讀目錄(Machine Readable Catalog,MARC),不僅極大地提高了文獻的利用率,而且極大地促進了全球信息資源共享。同樣,20世紀90年代美國國會圖書館的數字圖書館研發項目也引領了全球數字圖書館建設和發展的潮流,把研究圖書館爲教學和科研服務帶入了一個新的數字化網絡化時代。

進入21世紀以後,e-Science,e-Research,e-Learning的出現改變了學術交流的環境,美國麻省理工學院(MIT)圖書館與美國惠普公司實驗室(Hewlett-Packard Labs)聯合研發的機構知識庫(Institutional Repository,IR)數字空間系統(Dspace),以及其他研究圖書館研發的機構知識庫,爲研究型大學提供了永久保存知識資源和知識共享的平臺。

我國的研究圖書館在圖書館學術研究上遠不及美國的研究圖書館,其關鍵不在研究人才的匱乏,而在於研究人才缺乏必要的組織和團隊合作,大多一盤散沙、各自爲戰,難以做大做强。可喜的是,近10餘年來這種狀况頗有改觀,呈現出一派新氣象。

上海圖書館於1995年與上海科技情報研究所合併,將科學研究與圖書館服務融爲一體,在圖書館學術研究和爲科學研究服務上開創了一條新的路徑,取得了十分豐碩的研究成果。

中國國家圖書館自2003年以後開始重視有組織的圖書館學術研究,成立了國家圖書館研究院,相繼設立國家圖書館重大科研項目、國際訪問學者項目,與南京大學聯合培養圖書館學專業博士研究生,2008年設立博士後工作站,2010年與武漢大學簽訂戰略合作協議,在高層次人才培養、高端培訓、全國圖書館事業發展理論與應用研究、圖書館與信息領域重要工程和重大項目的建設等方面開展全方位合作。

深圳圖書館的館藏資源尚未達到研究圖書館的規模,但是在圖書館學術研究上則處在領先水平,從深圳圖書館自動化集成系統(ILAS),到圖書館之城建設和城市街區24小時圖書館的研發應用,一直走在全國公共圖書館的前列。2009年成立了我國第一個公共圖書館研究院,以"前沿、創新、分享"爲研究方針,廣泛延聘海内外圖書館學專家,開展公共圖書館研究,促進公共圖書館事業的發展。

北京大學圖書館一直比較重視圖書館學術研究,又得天時地利之便,設有中國高等教育文獻保障系統(CALIS)管理中心、中國高校人文社會科學文獻中心(CASHL)管理中心和《大學圖書館學報》編輯部,1999年還成立了北京大學數字圖書館研究所,圖書館學術研究十分活躍,成果頗豐,爲高校圖書館事業的發展做出了積極的貢獻。

中山大學圖書館具有優良的圖書館學術研究傳統,2002年成立了中山大學圖書館學與資訊科學研究所,加上原有的中山大學醫學情報研究所(1989年成立,原屬中山醫科大學,2001年兩校合并後并入中山大學圖書館),擁有比較健全的圖書館學術研究機構。

中山大學圖書館學與資訊科學研究所成立以後,開展了一系列的圖書館學與資訊科學研究，取得了不少重要的研究成果。爲集中反映中山大學圖書館、中山大學圖書館學與資訊科學研究所的研究成果，從2004年起，中山大學圖書館開始編輯出版兩套叢書。一套叢書是專門反映館藏文獻書目編撰成果的"中山大學圖書館書目"叢刊，已出版(第一種)中山大學圖書館編《中山大學圖書館古籍善本書目》(桂林：廣西師範大學出版社，2004年)，其他書目亦在編撰之中。另一套叢書是反映多學科研究成果的"中山大學圖書館學術"叢書，迄今已經出版7種：(第一種)戴鎦齡著《外國圖書館學術研究——戴鎦齡文集續編》(廣州：廣東人民出版社，2004年)；(第二種)程焕文、張靖、周旖輯注《鄒魯未刊稿》(桂林：廣西師範大學出版社，2008年)；(第三種)馮雙編著《鄒魯年譜》(上、下冊)(廣州：中山大學出版社，2010年)；(第四種)冼玉清編著，陳莉、謝光輝整理《廣東印譜考》(北京：文物出版社，2010年)；(第五種)林明、謝光輝整理《黄士陵印存》(上、中、下冊，綫裝)(北京：文物出版社，2010年)；(第六種)鄒永著《浮生點滴——鄒永回憶録》(廣州：中山大學出版社，2008年)；(第七種)譚祥金、趙燕群著《譚祥金趙燕群文集》(上、下冊)(廣州：中山大學出版社，2010年)。

2010年秋，中山大學圖書館特聘專家沈津先生建議編撰一套專門反映中山大學圖書館圖書館學專業研究成果的學術叢書，與現有的"中山大學圖書館書目"叢刊和"中山大學圖書館學術"叢書共同構成一個完整的學術研究成果體系。筆者深表贊同，乃將第三套學術叢書命名爲"中山大學圖書館學"叢書，專門收録圖書館學研究成果，并將"中山大學圖書館學術"叢書的收録範圍從原來收録包括圖書館學在内的多學科研究成果，調整爲只收録圖書館學以外其他學科的研究成果。於是，"中山大學圖書館書目"叢刊、"中山大學圖書館學術"叢書與"中山大學圖書館學"叢書，三者既相互區别，又彼此關聯，共同構成了全面反映中山大學圖書館學術研究成果的體系。

"合抱之木，生於毫末；九層之臺，起於累土。""不積跬步，無以至千里；不積小流，無以成江海。"只要中山大學圖書館能夠始終堅持不懈地努力,并致力於上述三套叢書的編撰,假以時日,中山大學圖書館必將成爲中國圖書館界的學術重鎮。

廣西師範大學出版社高度重視"中山大學圖書館學"叢書的編輯出版工作,以統一格式、統一開本,統一色彩、統一封面,精裝出版這套學術叢書。這既體現了廣西師範大學出版社與中山大學圖書館的深情厚誼,也體現了廣西師範大學出版社的高雅學術品位。在此,謹向董事長何林夏教授、文獻圖書出版分社社長雷回興編審及其編輯團隊的大力支持表示由衷的感謝!

程焕文
2012 年 2 月 4 日
於中山大學康樂園竹帛齋

序

《廣州大典》(以下簡稱《大典》)是由中共廣州市委宣傳部、廣東省文化廳主持編纂的一部大型地方文獻叢書,該書彙集全球各地的廣府文獻典籍,是迄今爲止最爲全面的廣府歷史文化典籍集成,對於系統整理和保護廣州文獻典籍,傳承與弘揚廣州歷史文化具有重要價值。

《大典》所收底本以廣東省立中山圖書館和中山大學圖書館兩館藏書爲基礎,以海內外藏書機構、私人藏書爲補充。在文獻版本收集上以不做裁選爲原則,盡可能全面徵集,收錄并從多種版本中擇善而從,個別具有特殊價值者,則多版本并用。《大典》最終收錄來自國內55家、國外14家藏書單位及6位私人藏書家的2000餘位作者的4064餘種文獻,編成520册。其中珍本善本等稀見文獻眾多,收有稿抄本462種,清乾隆以前刻本357種。

中山大學圖書館作爲《大典》主要參編機構之一,除先後提供館藏珍貴文獻底本352種(實際收錄246種),并且負責《大典》海外底本的徵集工作。自2012年3月始,至2015年4月30日《大典》完成出版,《大典》共從海外徵集回廣州文獻219種(含曲類文獻)。其中中山大學圖書館負責向美國、英國、法國、日本、韓國等國的17家圖書館及私人收藏家徵集底本文獻125種,占所有海外底本徵集量的近60%。此外,又協助廣東省立中山圖書館向加拿大、德國徵集底本87種。

《大典》向海外徵集的底本中涉及經史子集四部,或爲國內已不見藏之海外孤本,或爲某一文獻多版本而國內所未見藏之珍稀版本,流傳稀少,彌足珍貴,如美國國會圖書館藏湛若水撰明嘉靖間刻本《古文小學》,美國哈佛大學哈佛燕京圖書館藏明萬曆三十四年(1606)周從龍六委齋刻本《分韻四言對偶啟蒙》,英國倫敦大學亞非學院圖書館所藏勞潼撰評的《地理尋源》、《陰騭文儒宗》,日本椙山女學園大學圖書館藏勞光泰《大學章句疏義》,英國國家圖書館藏晚清刻本《佛山街略》等,均是流傳不廣、世所罕見之本,對於保護與傳承廣州歷史文化典籍,豐富廣州歷史文化研究具有重要意義。

爲深入揭示這些珍稀海外廣州文獻的內容、價值與存藏情況,發掘《大典》的歷史文化價值,服務學術研究,中山大學圖書館在海外底本徵集活動基礎上,組織本館古籍整理專業館員開展《大典》收錄海外珍稀廣州文獻的書志編撰工作。自2015年4月始,完成了對71種(含部分大典暫未收錄的國內稀見底本及木魚書)海外底本的版本目錄學考證與書志編撰工作,總計11萬字。

《〈廣州大典〉海外珍稀文獻書志》在體例上仿效《美國哈佛大學哈佛燕京圖書館藏中文善本書志》(廣西師範大學出版社,2011年)編纂之體例,在其基礎上,結合廣州文獻內容特色,改定而成。每篇書志內容分六部分:第一部分爲版本項,揭示文獻的卷冊、作者、版本年代、行款、版式、外形、卷端及序跋;第二部分爲作者小傳項,揭示作者生卒年、字型大小、籍貫、進士科、歷官、著述等背景,爲研究者瞭解文獻作者提供參考;第三部分揭示有關書籍編撰、刊刻緣由,或流傳、遞藏之情形,以書之序跋、凡例爲依據,摘錄相關內容,并適當予以客觀評介;第四部分揭示文獻內容與結構,如目錄、卷次、內容特色、附刻、注釋等,間以評價書之價值;第五部分爲書之扉頁信息及現藏情況,全面揭示文獻海內外存藏情況;第六部分則爲鈐印等信息,揭示文獻歷史遞傳情況。所有書志體例統一、規範,考證客觀、精詳,融版本考證、內容與學術價值揭示於一體,可爲學者全面瞭解文獻的版本、內容、學術文化價值提供重要參考。

  2011年,中山大學圖書館程焕文館長特聘美國哈佛大學哈佛燕京圖書館善本部前主任沈津先生爲特聘專家,并請他指導有關人員開展古籍整理、版本鑒定、善本書志編撰等方面的工作,經過五年的發展,本館古籍工作人員在古籍業務和研究水準上有了較大的提升。本書志編撰人員包括特藏部古籍組和碑帖組同仁陳莉、蔣文仙、肖卓、李福標、王蕾、丁春華、李卓、張紅,他們具有多年的古籍整理經驗和版本目録學研究基礎,在沈津先生的指導下,於書志編撰方面已積累了扎實的實踐經驗。本書志對深入揭示和瞭解《大典》收録海外藏珍稀廣州文獻的版本、內容和學術、歷史文化價值有著重要的參考價值。

  最後衷心地感謝廣西師範大學出版社對本書志的編輯與出版所給予的大力支持!

2016年3月13日

凡　例

一、《〈廣州大典〉海外珍稀文獻書志》是指《廣州大典》收録之現藏中國之外國家、地區公、私文獻收藏機構或個人所藏古代、近代廣州文獻之書志。

二、《廣州大典》收録海外珍稀文獻地域範圍以清代中期廣州府所轄南海、番禺、順德、東莞、從化、龍門、增城、新會、香山、三水、新寧、新安、清遠、花縣，及香港、澳門、佛岡、赤溪爲依據。文獻産生時間原則上截止於1911年，個别文獻延伸至民國。文獻類型涵蓋經史子集四部，文獻内容範圍有四：一是廣州人士著述，二是廣州寓賢著述，三是在廣州出版之著述，四是有關廣州歷史文化之著述。

三、本書共收録七十一種書籍之書志，含部分《廣州大典》暫未收録之海外稀見底本、木魚書。本書志按經、史、子、集、叢分類排列。書籍來自海外二十一家公、私收藏單位和個人之複製文本，分别爲：美國國會圖書館、英國國家圖書館、法國國家圖書館、葡萄牙外交檔案館、德國慕尼克巴伐利亞圖書館、日本國會圖書館、日本國立公文書館、美國哈佛大學哈佛燕京圖書館、美國普林斯頓大學葛思德東方圖書館、美國加州大學柏克萊分校東亞圖書館、英國倫敦大學亞非學院圖書館、日本東京大學東洋文化研究所、日本静嘉堂文庫、日本大阪府立中之島圖書館、日本京都大學附屬圖書館、日本椙山女學園大學圖書館、日本天理大學附屬天理圖書館、日本京都大學人文科學研究所、加拿大英屬哥倫比亞大學圖書館、日本金文京私藏、日本松浦衡雄私藏。

四、每種書志之内容分六部分：其一詳述一書之版本，揭示書名、卷册、著者、編撰者、版本年代、行款、版式、外形（開本及板框之高廣）、卷端、序跋；其二簡述書之著者、編撰者個人小傳，揭示作者生平、字號、籍貫、進士科、歷官、著述等；其三書之序跋、凡例等，尤以有關書之編撰、刊刻緣由，遞藏情況為主要内容；其四書之内容與結構，包括目録、卷次、内容概要，間評書之價值；其五書之扉頁牌記、現藏情況；其六鈐印等信息。

五、本書志内容涉及原書無法識讀之字，用"□"代替，對原書之誤字，均在其後更正并加括號。每書之行款、板框尺寸均依卷一或卷端所定。框廣之尺寸不包括魚尾在内。

六、每種書志均附若干書影，如扉頁、卷一第一頁等揭示書之版本信息頁。

中山大學圖書館《〈廣州大典〉海外珍稀文獻書志》編委會
二〇一六年五月三十一日

目　録

稿本説文聲統 …………………………………………………… 1

明刻本古文小學 ………………………………………………… 6

清咸豐刻本華英通語 …………………………………………… 9

清光緒石印本馬拉語粵音譯義 ………………………………… 13

清抄本廣州將軍都統任內漢奏摺册 …………………………… 19

清抄本廣東鹽務奏鈔 …………………………………………… 24

清末刻本廿四孝圖贊 …………………………………………… 28

清光緒刻本朱氏四子事略 ……………………………………… 34

清順治刻本順治十一年廣東鄉試録 …………………………… 37

清抄本廣東全省經緯地輿圖 …………………………………… 40

明萬曆刻本廣東通志 …………………………………………… 44

明萬曆刻本粵大記 ……………………………………………… 49

清康熙刻本清遠縣志 …………………………………………… 53

清康熙刻本東莞縣志 …………………………………………… 58

清康熙刻本南海縣志 ·········· 62
明嘉靖刻本香山縣志 ·········· 66
清道光刻本佛山街略 ·········· 71
清乾隆刻本三江水利紀略 ·········· 75
清抄本文塘子粵遊記 ·········· 80
清抄本分類廣東清代檔案錄 ·········· 84
清抄本廣東布政司武職各官罰俸冊 ·········· 88
清刻本廣東紳富捐輸銜封貢監折收章程詳稿 ·········· 92
清光緒抄本梁誠書啟簿及函電文牘 ·········· 95
稿本中葡澳門劃界交涉文牘始末記底稿 ·········· 101
稿本呈關州憲興山利條陳稿 ·········· 106
清抄本駐防廣州小志 ·········· 109
清光緒鉛印本廣東巡警分局章程 ·········· 115
清抄本碧琳瑯館藏書目錄 ·········· 120
稿本嶽雪樓藏書目初稿 ·········· 124
清抄本三十有三萬卷堂書目略 ·········· 127
稿本有是樓書目 ·········· 130
清末鈐印本古印藏真 ·········· 133
清嘉慶刻本三教擇錄 ·········· 138
清咸豐元年刻本大學章句疏義 ·········· 143
清道光刻本乙巳年通書 ·········· 146
清咸豐刻本癸丑年通書 ·········· 151
清咸豐刻本甲寅年通書 ·········· 157
清光緒刻本丙戌年通書 ·········· 163
清嘉慶刻本地理尋源 ·········· 169
清光緒（日本明治）刻本茶務僉載 ·········· 173

明萬曆刻本分韻四言對偶啟蒙音律啟蒙	178
明成化刻本六祖大師法寶壇經	181
明萬曆刻本六祖大師法寶壇經	185
清乾隆刻本太上感應經集解	188
清順治刻本太上感應經傳集成	192
清刻本陰騭文儒宗	196
日本抄本新刻國朝白沙陳先生詩選	200
日本抄本瑤石山房稿	203
清初刻本長鑱集劍吟集	206
清抄本鐵橋山人詩稿	210
清康熙刻本藥亭詩	213
稿本五百四峰草堂詩稿	218
抄本倚銅琶館詞鈔	224
清道光刻本古風今雨樓詩鈔	229
稿本聽春樓詩鈔	234
清同治刻本心字香館詩鈔文鈔	238
稿本菊坡精舍課卷	244
民國抄本朱子襄先生雜稿	248
手稿本朱九江先生遺墨	252
清道光刻本新選全本生祭李彥貴	255
清刻本四季蓮花	260
清末刻本反唐女媧鏡	266
清末刻本關倫賣妹	271
清末刻本全套黃飛虎反五關南音	275
清末刻本新刻第十才子金鎖鴛鴦	278
清末刻本正字再世從良	282

清末刻本梅妃報夢 …………………………………… 285
清末民初刻本新編繡像偶遇奇緣全本（陳探花南）…………… 288
民國刻本重訂三春投水龍舟歌 ………………………… 291
民國刻本石女嘆五更 …………………………………… 295
民國刻本特別打天九歌 ………………………………… 299

稿本説文聲統

《説文聲統》十七卷，清陳澧撰。稿本。十六册。半葉十行二十三字至二十五字不等。無欄格。題"番禺陳澧編"。前後無序跋。

陳澧（1810—1882），字蘭甫，學者稱東塾先生。原籍江蘇上元，占籍廣東番禺。早年肄業於粵秀書院。清道光十二年（1832）舉人。四應會試落第，大挑二等，道光二十九年（1849）選授廣東河源縣學訓導。爲學海堂學長數十年，晚年任菊坡精舍山長。陳氏著述頗豐，有《東塾讀書記》、《聲律通考》、《切韻考》、《漢書地理志水道圖説》、《漢儒通義》等。事蹟具《清史稿》卷四八二。

全書十七卷，卷末附《説文聲表所收字韻徵無者》，僅收録卷九至十七所無徵者。另有《説文聲表標目》一册，即全書之目録。此書爲陳澧對上古音研究之著述。其書取《説文解字》九千餘字，以段玉裁古韻十七部爲綱，按諧聲偏旁重新排列，類而聚之，而成一個諧聲系統。每字多抄録大徐本《説文解字》原文及注釋，偶作變更，個別亦取小徐本，陳氏均予以説明。書中另有採用段玉裁《説文解字注》、姚文田《説文聲系》等，亦參有陳氏見解。

書中多處有陳澧朱筆校改。如首册封面寫："依段氏《六書音韻表》第三表，查此書有錯否？此書據建首之字音以入某卷，查有窒礙否？此書

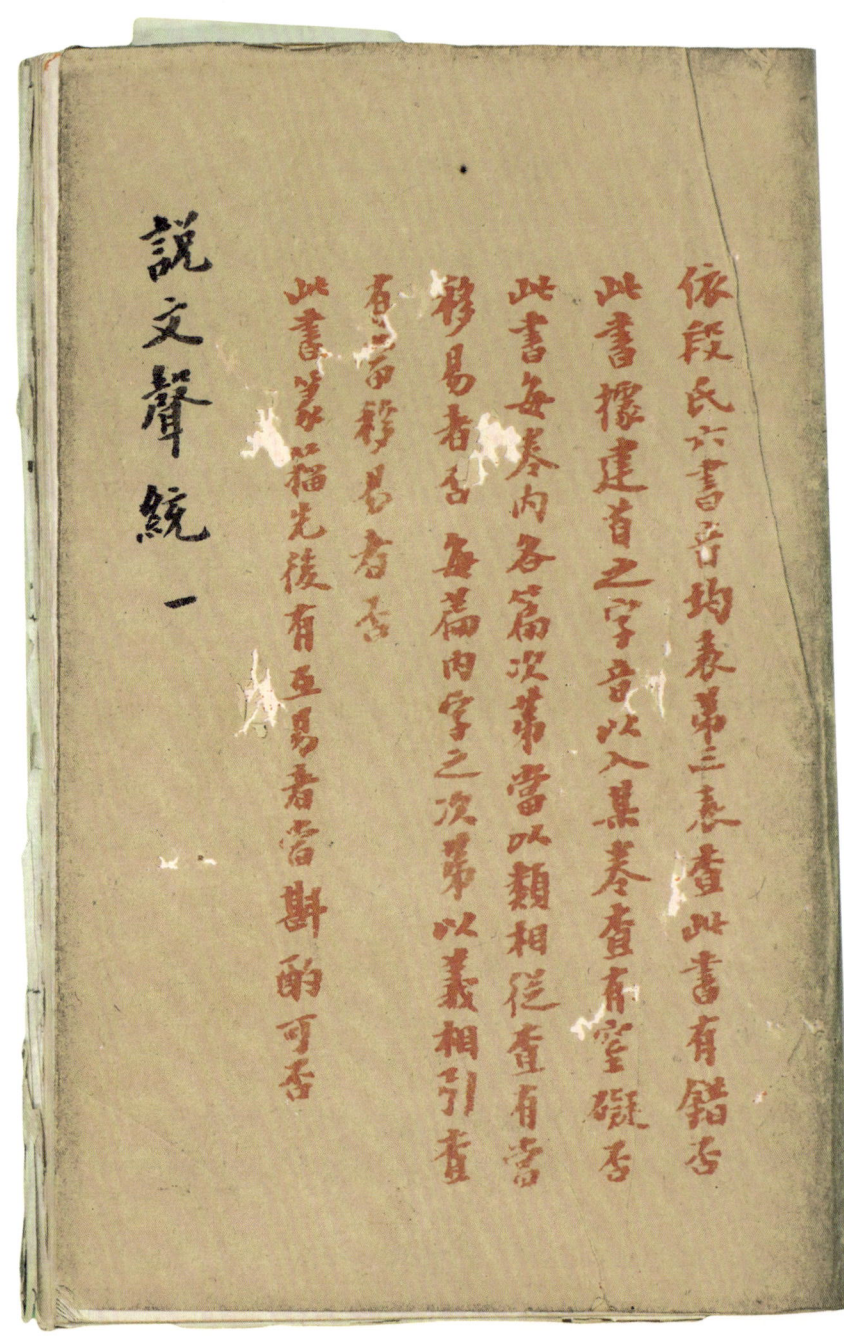

依段氏六書音均表第三表查此書有錯否

此書擇建首之字音以入集卷查有舛礙否

此書每卷內各篇次第當以類相從查有當

移易者否 每篇內字之次第以義相引查

有當移易者否

此書篆文福光後有互易者當斷酌可否

說文聲統一

稿本說文聲統　批校題跋

說文聲統卷一

番禺陳澧編

第一○𠙴 頤也象形切與之
○頌 篆文𠙴从首
○𢉖 養也室之東北隅食所居从宀𠙴聲切與之
○𤞑 司空也从犾𠙴聲復說獄司空也𠭊玉裁曰司空也空字衍復說上有奪字某役者姓名也息兹切
○𦳚 取機比也从竹𠙴聲塘之
○𤣻 石之似玉者从玉𠙴聲讀若貽詳里切與之
○洍 水也从水𠙴聲詩曰江有洍詳里切
○姫 黃帝居姫水以為姓从女𠙴聲居之
○苬 薗也从艸𠙴聲昌改切

每卷内各篇次第當以類相從,查有當移易者否?每篇内字之次第以義相引,查有當移易者否?此書篆籀先後有互易者,當斟酌可否?"第六册封面寫:"競字移入丰聲,切勿忘記。强字,段注無從籀文省之説,不必移改。卺字,説文有,然不可入丞聲内,當入已聲後,切勿忘記。""六卷可刻,只查二字,已查畢。"

此書扉頁貼有英屬哥倫比亞大學亞洲圖書館自製藏書票一枚,其上註明該書受贈於陳之邁先生。陳之邁乃陳澧曾孫,早年畢業於清華大學、美國俄亥俄州立大學。後任教於清華大學、北京大學、南開大學、西南聯大及中央政治學校。書後附一九七一年陳之邁跋,曰:"先曾祖東塾公,諱澧,字蘭甫,遺著中有《説文聲表》一種,爲公三十歲以前所作,初名《説文字聲類譜》,嗣更名爲《説文聲統》,最後定名爲《説文聲表》,共十七卷。初稿即成,原擬請桂星垣(文耀)先生檢校一過,然後刻版,後因星垣先生有韶州之行,遂以底本送徐子遠(灝)先生,并囑其作箋,但無所成。咸豐三年(1853),公循星垣先生之請,即付剞劂,乃於是年八月作自序一首,説明編著旨趣,但仍未及時刊刻。公殁後,是書謄本之一由公之門人廖澤羣(廷相)先生保存,送廣雅書局官刻,尚未著手,而先生遽歸道山,先君(諱强和,字公睦)亦存有謄本一份,原擬在蘇州付刻,又以北返未果,稿存上海中國信託公司保險櫃中。民國二十六年(1937),中日戰啟,干戈擾攘八年,該稿遂散佚無蹤。先君於戰後家書中,一再提起刊刻《説文聲表》之事,有'此稿非刻不可'、'此事非汝不能辦也'、'先祖在天之靈,當佑汝福壽也'之言。惟是時邁於役美京華盛頓,後調菲律賓馬尼拉,對此事實不知從何著手,每一念及,焦急萬分。一九六八年,北大同事張佛泉先生,任教於加拿大温哥華英屬哥倫比亞大學,曾以該大學新近購入之《宋元明清及舊鈔善本書目》一册見贈。余時任職東京,展閱《書目》,則'《説文聲統》十七卷'赫然在内,爲之狂喜,遂即馳書佛泉先生,請代洽全部影印,比蒙允諾,由該大學伍冬瓊女士任其勞,數月後即全部寄來。據該大學王伊同先生考證,此稿原歸徐信符(紹棨)先生之南州書樓,嗣轉歸姚鈞石先生之蒲坂書樓,於一九五九年由該大學購入。邁於獲得影印本後,當即函商該大學圖書館館長史圖瓦·施托士先生,請准影印發行。荷承於一九七〇年八月十日來函慨允,先人遺命,遂得完成,如此奇蹟,冥冥中蓋有呵護也。"

據跋文可知,此書初稿爲陳氏三十歲之前所作,後陸續有所修訂。陳氏先欲撰《篆說》,後改作《説文聲類譜》,又改名《説文聲統》,準備付梓之際定名《説文聲表》。此書陳氏於清咸豐三年曾計劃付梓,并爲此撰寫《説文聲表序》,然其生前未能實現,僅有若干謄抄本流傳。據陳氏《與徐子遠書》知,此書曾有一個多次校訂的謄清本,後據此另鈔一本付徐灝,請爲作箋。陳氏門人胡錫燕亦鈔一本、弟子廖澤群曾送一謄本予廣雅書局,亦未能出版。陳澧孫陳慶龢於抗戰前另存一謄清本在上海信託公司,然因戰火亦散佚。英屬哥倫比亞大學亞洲圖書館藏本購於澳門巨賈姚鈞石,而姚氏所藏之陳澧著述稿本及批校本則得自寓居澳門的藏書家徐信符。徐信符爲徐灝姪,由此推測,此本很可能即爲當初陳澧交付徐灝作箋之本。徐信符(1879—1984)名紹棨,字信符,以字行。廣東番禺人。1898年入菊坡精舍,受業於陶春海門下,爲陳澧再傳弟子。徐氏好藏書,然藏書歷經劫難,"七七事變"後,徐氏將其藏書寄存於香港馮平山圖書館及香港寓所。香港淪陷後,徐氏再將一部分善本運往澳門寓所。最後徐氏將除廣東文獻之外的書鬻予姚氏。姚鈞石,廣東南海人。曾撰《遊台灣日記》。

　　此書現藏英屬哥倫比亞大學亞洲圖書館。廣東省立中山圖書館藏稿本《説文聲類譜》十七卷,國家圖書館藏《説文聲表》僅存卷五及標目,復旦大學圖書館藏王大隆學禮齋抄本《説文聲統》,然王氏抄本僅抄録各字,無每字之注釋,且均用正書抄録,稿本則各字爲篆書。中山大學圖書館藏抄本《説文聲表標目》十七卷,廣東省立中山圖書館所藏稿本《學思稿》中有《説文聲表標目》一種。1971年台灣文海出版社有限公司據英屬哥倫比亞大學亞洲圖書館藏《説文聲統》稿本鉛印出版。

　　鈐印有"南州書樓"、"姚鈞石藏書"、"民國庚辰"、"鈞石所藏金石書畫印"、"蒲坂書樓"。

(肖　卓)

明刻本古文小學

《古文小學》九卷,明湛若水撰。明刻本。二册。半葉十行二十字,小字雙行同。白口,四周單邊,單魚尾。題"禮部左侍郎湛若水編輯并集訓"。前有明嘉靖十二年(1533)湛若水《進古文小學疏》、《古文小學序》、《答問》、《節略朱文公小學題辭》。

湛若水(1466—1560),字元明,號甘泉,廣東增城人。明弘治十八年(1505)進士,選庶吉士,授翰林院編修。歷任南國子監祭酒、禮部尚書、兵部尚書。隆慶中贈太子太保,謚文簡。師從陳白沙,所論以自然爲本體,以勿忘勿助爲工夫。平生篤學力勤,無處不授徒,無日不講學,從遊者遍及天下。又有《遵道録》、《樵語》、《古文小學》、《四書測》、《二禮經傳測》、《春秋正傳》、《古易經傳測》、《學庸訓測》等。《明史》卷三八四有傳。

此書九卷,卷一蒙養,卷二灑掃、卷三至卷五事親敬長,卷六隆師親友,卷七至卷九六藝。

湛氏進疏述成書緣由,云:"臣聞小學者,大學之本而作聖之基也。故《易》曰:'蒙以養正,聖功也。'是以古之君子重之,而聖王務焉。夫大學者,大人之學也,即經文所謂格物致知、誠意正心、修身齊家、治國平天下是也,皆大人之事也。小學者,小子之學也,即朱子序文所謂灑掃應對進

古文小學卷之一

禮部左侍郎湛若水編輯并集訓

蒙養第一

曰蒙養者何曰蒙以養正聖功也奚直蒙養爾有胎養焉太任娠文王目不視惡色耳不聽淫聲口不出敖言生文王而明聖是謂胎養列女傳曰古者婦人妊子寢不側坐不邊立不蹕不食邪味㱾則令瞽誦詩道正事則生子形容端正才過人矣子生男子設弧於門左陽也女子設帨於門右陰也三日始負子男射女否

退之節，事親敬長隆師親友之道，禮樂射御書數之文是也，皆小子之職也，此小子可以服行而習之者也。若今所傳朱子小學之書，《立教》、《明倫》、《敬身》三篇與前序所言不同，或雜以後世之文，涉乎大人之事，如《明倫篇》君臣夫婦類，非小子之職，未可以服行而習之者也。乃仰思我聖祖文皇帝欽定《五經》、《四書》、《性理》、《五倫》諸書，而朱子小學不與焉，意者必有卓見於此乎。臣不自揣，於居山時，嘗依朱子序文本意，采其散見於《禮記》者，輯爲《古小學》一書。首之以蒙養，次而灑掃，而應對，而進退，而事親敬長，而隆師親友，而禮、樂、射、御、書、數，凡七篇，皆古文也，因爲之集訓。此書既成，每私竊自語，昔野人食芹而美，猶思上獻，況夫人臣之事君，如子之事父也，臣子苟有所見聞而不以達於君父者，非人也。然猶不敢以輕易而進，必待間而後可。茲者恭聞前星兆祥，皇儲將誕，而臣舊輯前書，有蒙養，有胎教之道，有接子見子之禮，有輔養太子之法，其餘應對進退、事親敬長、隆師親友、禮樂射御書數諸篇，則通乎天子、元子、衆子之事，皆得以教習於王宮之小學者，乃喟曰：'此千載一時也。'況臣叨貳禮官，此又禮之重者，義不可不以上聞。儻蒙聖明垂覽，採納而行之，謹於胎教之始，以篤生形容端正過人之才，接之於初生。三日，懸弧矢，射上下四方，以啓其宇宙之志。三月，見於南郊，以示其敬天之誠。稍長，則輔導於聖功養正之時，率以此書條件教而習之，而師、保、傅又道之教誨，傅之德義，保其身體，凡預養之者，無所不至焉。則所謂少成若天性，性成諸天，由是基帝王之盛德，而生帝王之大業，永丕丕之基於億萬年焉，端在乎此。《書》曰：'若生子，罔不在厥初生，自貽哲命。'《禮》曰：'一有元良，萬國以貞。'信乎哲命在初，太子正而天下王矣。臣不勝祈祝恐懼之至，謹將前所輯《古文小學》書一部三册，繕寫裝潢，隨本親齎，謹具奏聞。"

《中國善本書提要》著録，作明嘉靖間刻本，王重民按語云："《明史藝文志》、《千頃堂書目》并誤爲《古今小學》，卷數亦誤爲六卷，由未見原書。清代藏書家殊少著録。光緒間修《增城縣志》，頗爲精博，亦未道及。"

是書藏美國國會圖書館。

鈐印有"以懷氏"、"陸可彦印"、"有不爲齋"。

（丁春華）

清咸豐刻本華英通語

《華英通語》一卷,清子卿編著,清子芳重訂。清咸豐十年(1860)刻本。二册。正文字行横排。白口,四周雙邊,單魚尾。框高15.4釐米,寬11.3釐米。前有清咸豐十年養拙山人序,目録,《凡例》五則,《字種》(英文字母表)。

子卿、子芳,生平事蹟不詳,或非本名。

此書原未署編著者姓名。據養拙山人序曰:"余友子芳,自少肄業於英人書塾,至今歷年久矣。凡英國言語文字,靡不留心考究,及披閲前輩所刻《華英通語》一書,别類分門,亦已有條不紊。然類中所刻,不無遺漏之處,貿易家每惜其有所未備,而且唐音不正,故特勗其逐類參訂,將日用應酬事款,問有未備者,補其闕略,無關世務者,稍爲删除,訂正語音。庶幾覽是書者,風韻雖别以華英,而應答無虞其齟齬,未始非習語者方便之門也,是爲序。咸豐庚申清明節後養拙山人謹志。"由序可知此書編者爲"子芳"。序中言據前輩所刻《華英通語》重訂,但未言明前輩姓名。

據《美國哈佛大學哈佛燕京圖書館藏中文善本書志》載:"及檢館藏日本萬延元年(1860)刻本《增訂華英通語》,有譯者福澤子圍序曰:'庚申之春,余從某君航海至桑方西斯港,適得清人子卿所著《華英通語》一篇

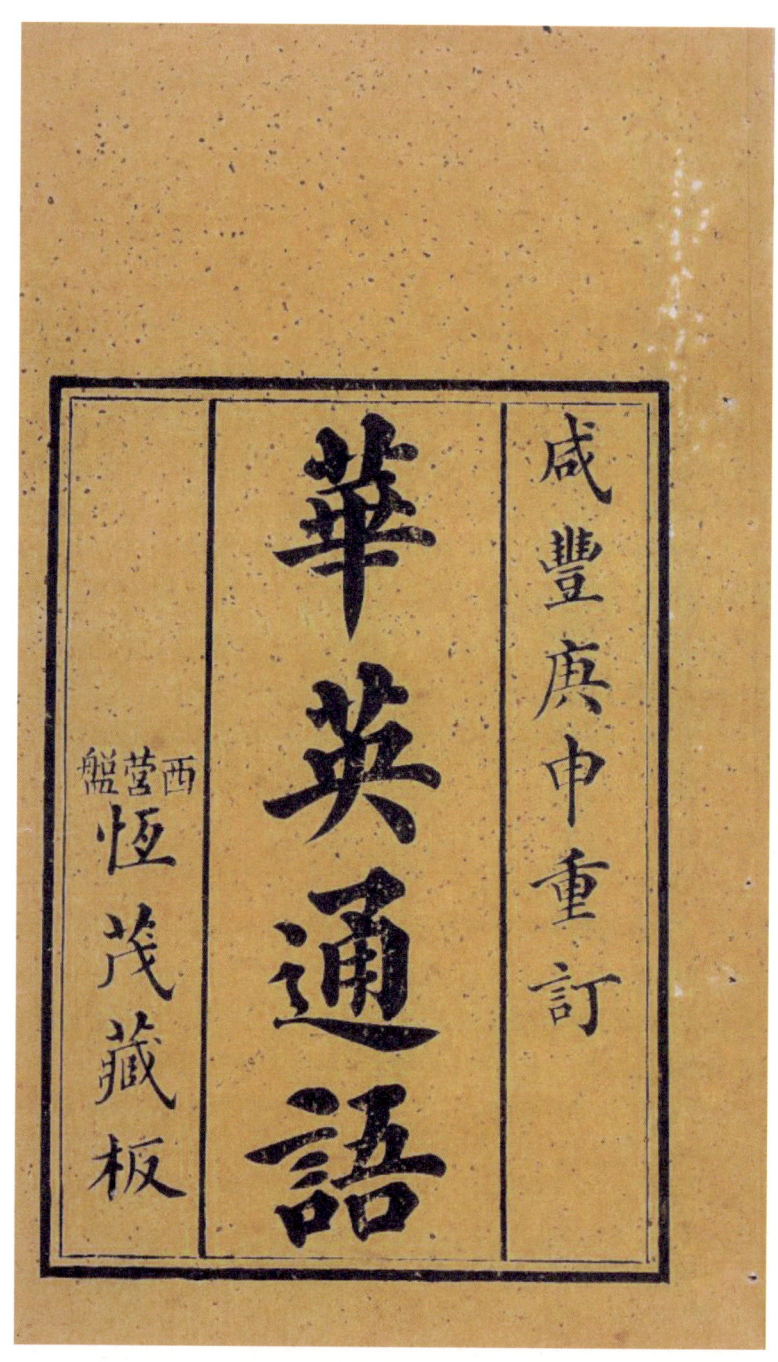

清咸豐刻本華英通語　扉頁

一	1	五	5
One		Five	
溫		輝乎	
二	2	六	6
Two		Six	
都		昔時	
三	3	七	7
Three		Seven	
地簾		些吨	
四	4	八	8
Four		Eight	
科		咽啦	

清咸豐刻本華英通語　卷端

於在港清商。仲夏歸國之後,乃慾上梓,以公諸同志焉。''但其所譯皆用其國文字,故學者自非諳支那音者,則縱令解其義,弗能識其音也,況賈豎牙儈之輩乎?此乃余所以甘淺陋而譯之也。'福澤子圍,即福澤諭吉也。又該本刊載咸豐五年(1855)何芝庭舊序曰:'吾友子卿,從學於英人書塾者,歷有年所,凡英邦文字,久深切究。恒慮華言英語,不異北轍南轅。爰將日用應酬事款,別類分門,既成一帙,名曰《華英通語》,以公同好。'"由此可知,《華英通語》一書,初爲清咸豐五年子卿編著。又日譯增訂本"原書凡例"與清咸豐十年重訂本《凡例》無異,可知子芳重訂所據亦爲子卿所編之書。

是書爲我國早期漢英詞典,主要收錄中英民間通商交流所需之常用語詞文句,分類編排。凡四十一類,依次爲:數目、時節、天文、地理、房屋、器用、首飾、房物、寫字房什物、工器、職份、人倫、百工、國寶、五金、玉石、茶葉、紬緞布疋、藥材、通商、疾病、身體、刑法、顔色、瓜菜、菓子、草木、食物、炮製、飛禽、走獸、魚蝦、酒名、各埠、船隻、單字、二字、三字、四字、長句、單式。

《凡例》五則:"一,凡所傳之英語,因我漢書或無此音,故間有未能畢肖者,然有英字之可考,亦不難於所悟,蓋神而明之,存乎其人耳。一,凡漢字內有小字,務於牙舌唇齒喉五音辨別清楚,方與英語相肖,不然是差之毫釐,而謬之千里矣。一,凡漢字內有兒字者,須以華人正音調之。一,凡相問之語,必用此了字煞尾。一,凡用漢字註腳內有小字相連,須要急口合讀,此一定不易之法也,學者其究心焉。"

所列詞條皆以漢字作詞頭,下爲英文,再下爲漢字注音。其漢字注音多採用粵語發音和粵語音讀。如人倫類"母"注音"孖叮",數目類中"七"注音"些叱",三字類"唔做得"/"It won't do?"/"咽換刀",四字類"樓上樓下"/"upstairs,downstairs"/"鴨時爹時,當時爹時",長句類"我冇本錢"/"I have no money of my own"/"挨蝦父挪文兀呵父埋安"。

扉頁刻"華英通語。咸豐庚申重訂。西營盤恒茂藏板"。西營盤,香港地名,位於香港島西北部,東接上環。

此本藏美國哈佛大學哈佛燕京圖書館,且《美國哈佛大學哈佛燕京圖書館藏中文善本書志》有著錄。《續修四庫全書總目提要(稿本)》未收,各公私藏目亦罕見著錄。

鈐印有"哈佛燕京圖書館珍藏"。

(李 卓)

清光緒石印本馬拉語粵音譯義

《馬拉語粵音譯義》四卷,清馮兆年撰。清光緒十六年(1890)羊城明經閣書局石印本。一册。半葉八行二十字。白口,四周單邊。框高10釐米、寬6.4釐米。卷端署"順德馮兆年穗滋輯"。前有光緒十六年羅維翰序、馮兆年自序、潘飛聲序。

馮兆年,字穗知(滋),廣東順德人。生卒年未詳,約在同治、光緒間。齋堂爲千泉一尺室、味古堂。好金石,蒐藏甚富,尤以古泉勝。存世有《味古堂印存》、《翠琅玕館叢書》。詳見謝國楨《重編翠琅玕館藏書》提要及《篆刻年曆》。

馬拉語,爲新加坡及馬來西亞之語言。此書分類排列詞條,每詞以粵音釋讀,如數目類"六",讀作"亞冧",天文類"天",讀爲"拿咽"。各卷類目依次爲:卷一數目、天文、地理(方位附)、時令、貨物、食物、藥材、器用、衣服,卷二首飾、船中器皿、工匠、顔色、建造物料、房屋、身體、骨節臟腑、病症、人類職事、五金、稱呼、礦物、果菜、飛禽走獸,卷三一字、二字詞語,卷四三字詞語及長短句。

馮兆年自序云:"地球之内,各國語言文字不同,即中國若府若州若縣若鄉里亦異,歐美各洲可知也。惟南洋諸島,通商不下數十埠,皆以馬拉語行,各國之人,貿易雲集,不通語言者輒習是語以通之,至英國官商來南

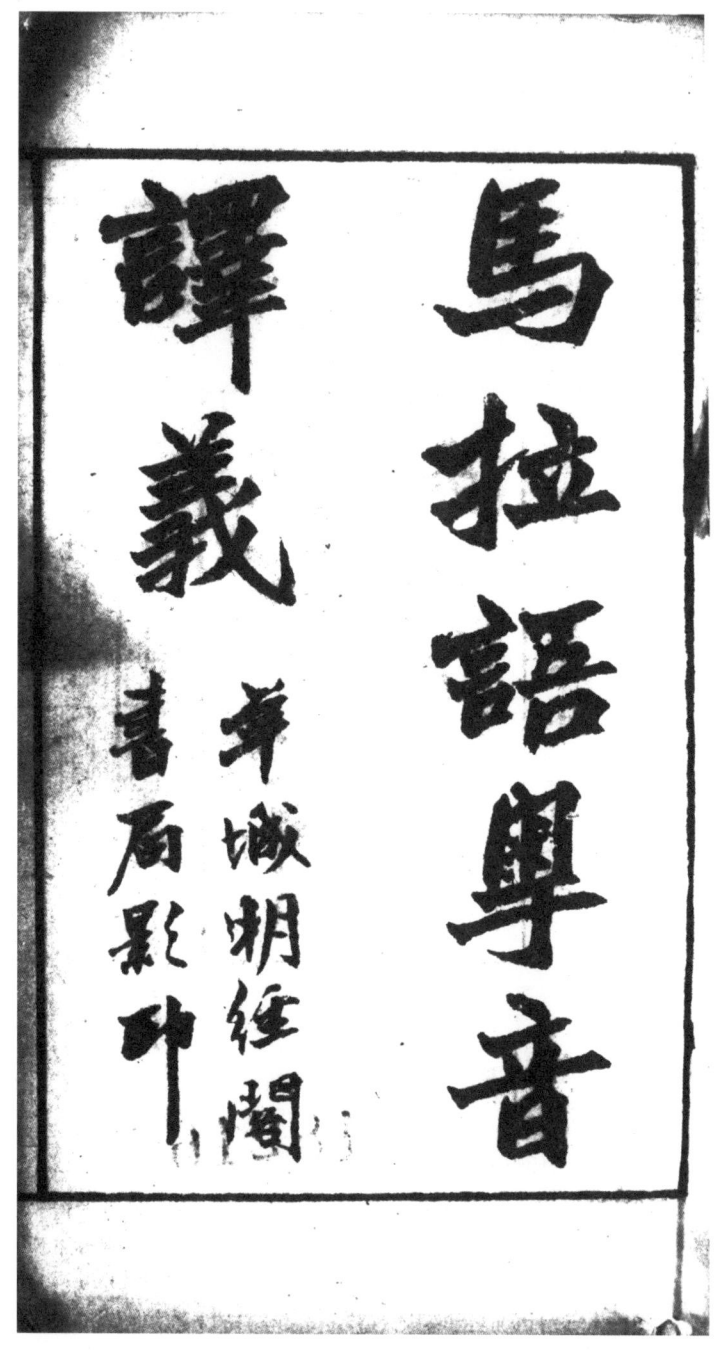

清光緒石印本馬拉語粵音譯義　扉頁(正面)

清光緒石印本馬拉語粵音譯義　扉頁(反面)

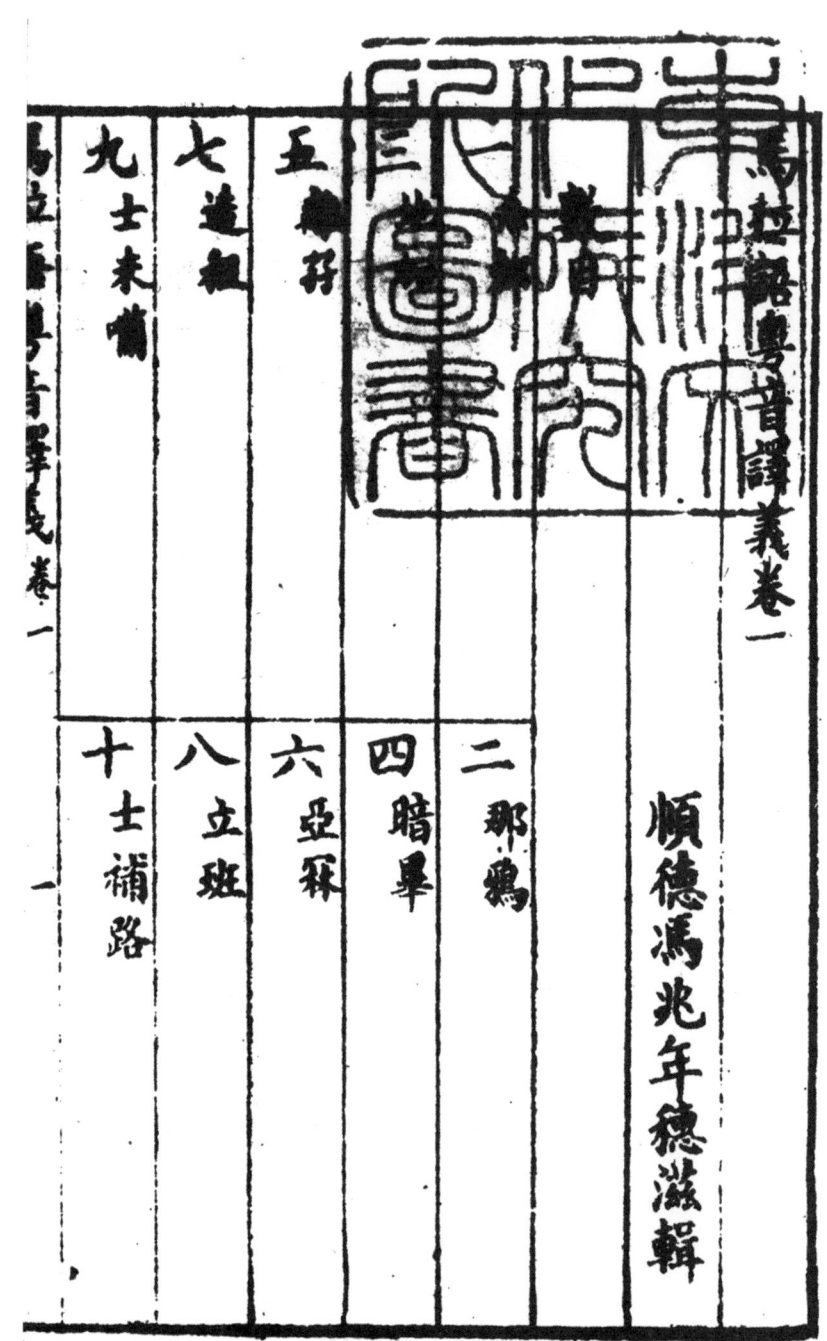

清光绪石印本马拉语粤音译义　卷端

洋,亦須肄習,其用廣矣。余弱冠時,稍習外國語,邇來身歷南洋諸島,時與土人問答,得以訂正,惜前人未有編類刊書,學者苦無所授。今秋東歸,因爲分門別類,註以吾粵土俗之音,知不免韓子所謂掛一念萬漏者,後之人補正而加詳焉,則幸甚。"

羅維翰序云:"南洋各番部,斷續周迴數千里,野番生聚,狂獉相仍,其地如婆羅洲、新嘉坡、麻剌甲、蘇門答臘、噶羅巴、檳榔嶼,皆巫來由種類,漢時嘗通中國,自歐羅巴諸國東來,占據各島,英吉利於新嘉坡創設埠頭,墾闢土地,招集商賈,海舶雲集,遂爲南洋勝地。閩廣之人,商賈其間,攘攘不絕,合之各島,不下數百萬人焉,誠通商之廣區也。其地均操土音,華人謂之馬拉話,實則巫來由之本音,南洋各島均可通用,履斯土者苟不辨厥言詞,誠有捫舌面牆之慮。吾友馮君穗滋,留心時務,足跡所歷之區,靡不考究,曾游南洋各島,以馬拉語與諸國不同,遂逐類分門,譯以廣東土俗之音,今閱者一目了然,誠商賈之秘笈也。爰以石印成書,公諸同好,庶幾鴂音可辨,無煩舌人,其裨益於南游者,豈淺鮮哉!"

潘飛聲序又云:"南洋,中國之門户也。其間萬島環列,野番雜處,西漢時始通貢獻,唐以後市舶麇聚粵東,明初詔鄭和等遍歷各島,諸番喁喁内嚮,如吕宋、婆羅州、噶羅巴、蘇門答臘等處,劼共球者數十族,即蘇禄三島,其力能拒西人。國朝雍正間,遣使入閩,貢方物求内附,蓋各島慕義抒誠,無不欲朝宗中國焉。自西班牙、荷蘭、英吉利東來,占據各島,營立埠頭,貿易百貨,修船備糧,爲歐羅巴之逆旅。而中土之多事,亦遂萌芽於此,蓋門户一失,未有不害及堂奧者。故吾嘗謂,中國欲固守邊圉,經略西洋,則必先經略南洋,驅逐鯨鯢,封溟渤之鎖鑰。近時已有兵船往來,量測海道,異日且將有派游歷以察其扼塞險要人情風土者。然而游歷非諳習彼土言語不能,按各島自爲部落,其種統名巫來由,其語則通用馬拉,閩廣流寓數十萬人,無不習此,而惜無譯音。馮君穗滋曾游南洋,獨取其語,逐類分門,譯以廣音,使游者挾卷而行,無須舌人傳語也。記余今秋由歐洲東歸,泊新嘉坡,登岸僱車訪胡氏昆仲,車夫操馬拉音,啁啾莫可辨,任其需索而去,益歎游者可不通語乎?此書刻成,將見不脛而走也。"

是書扉頁有:"馬拉語粵音譯義。羊城明經閣書局影印。光緒十六年冬十一月成"。按,民國初年新加坡永成書莊也有石印本發行,或據此光緒本再石印。

此本僅見日本東京大學東洋文化研究所收藏,未見其他目錄著錄。南開大學圖書館藏清木活字本,未標卷數。

鈐印有"東洋文化研究所圖書"。

(蔣文仙)

清抄本廣州將軍都統任内漢奏摺册

《廣州都統任内漢奏摺册》一卷《廣州將軍任内漢奏摺底册》一卷，清德克金布等撰。清許濤等抄本。一册。半葉十行二十五字。白口，四周單邊，單魚尾。框高22.3釐米，寬12.2釐米。扉頁題"廣州都統任内漢奏摺册。道光二十三年（1843）七月初二日復任，廣州將軍外郎許濟、王世源復抄。道光拾捌年（1838）正月貳拾日吉立。"遇"聞"、"旨"、"聖"、"訓"、"硃"、"上"、"皇上"等敬字換行另起，并抬高一格。

德克金布（1772—1840），伊拉里氏，鑲黄旗滿洲人。曾任荆州將軍、廣州將軍、綏遠城將軍、成都將軍等。任廣州將軍時間爲道光十七年（1837）至二十年（1840），其間曾改任綏遠城將軍，再回任廣州將軍。道光二十年卒，諡號"勤勇"。臺北"國立故宫博物院"圖書文獻處《清國史館傳稿》656號、7398號載有其傳。

此書所抄奏摺，起自道光十八年閏四月二十一日，止於道光二十三年十月初十，共計十三摺，如下：

《廣州都統任内漢奏摺》十一摺：

德克金布等《奏領催逞兇傷斃人命畏罪脱逃摺》及道光十八年五月二十六日上諭。（此摺係道光十八年閏四月二十一日拜發，五月二十四日到京，二十五日進摺，二十七日摺下，七月初七日回廣。）

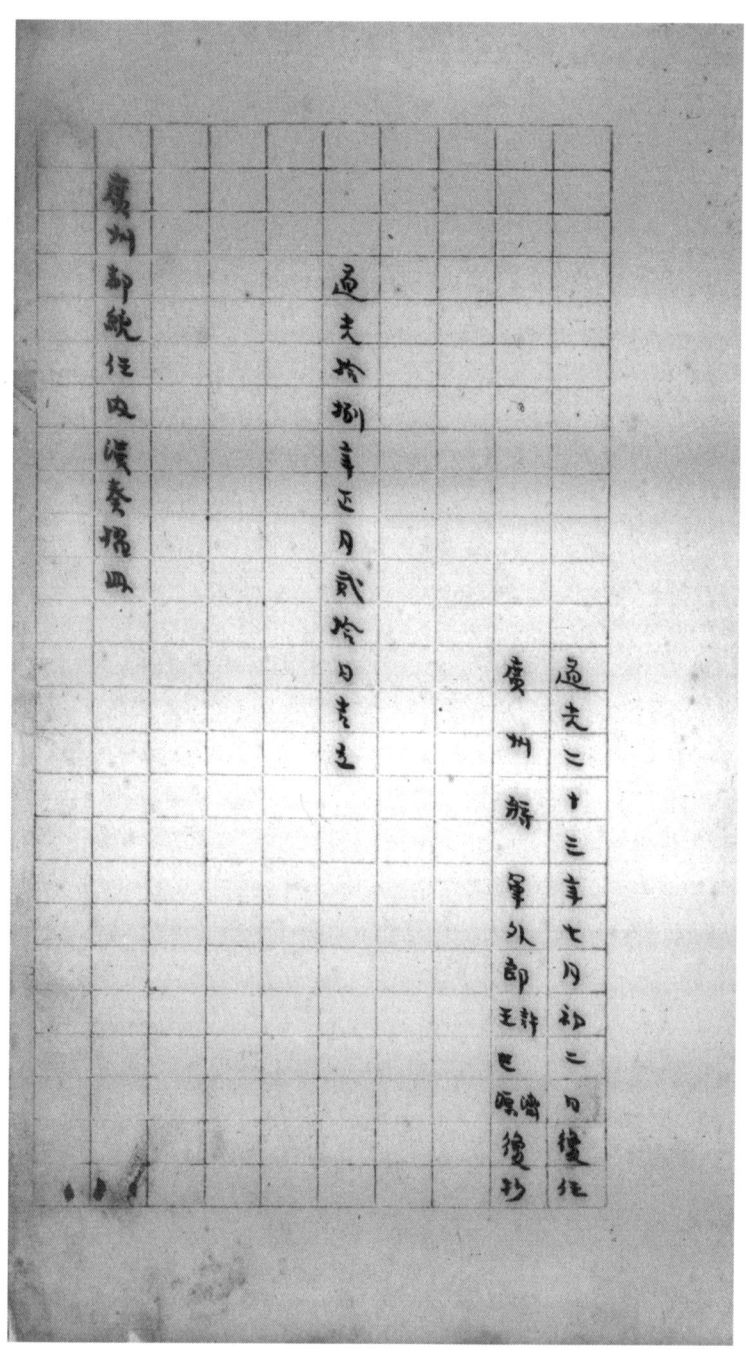

清抄本廣州將軍都統任内漢奏摺册　扉頁

清抄本廣州將軍都統任內漢奏摺册　卷端

德克金布等《奏向在籌備修補軍裝項内動支賞給引見人員資助銀兩名實不符請改入文武舉人會試資助項内動支賞給以歸畫一摺》。（此摺係道光十八年六月十五日拜發，七月十五日到京，十六日進摺，十八日摺下，九月初九日回廣。）

德克金布等《奏額設砲位年久銹蝕照例請旨動項製造完固以備軍械而重操防事摺》及道光十九年（1839）正月二十七日上諭。（此摺係道光十八年十二月十七日拜發，十九年正月二十五日到京，二十六日進摺，二十七日摺下，三月初二日回廣。）

廣州將軍副都統奕湘等《奏謹將查辦廣州駐防旗營戒斷鴉片煙實在情形摺》。（此摺係道光十九年三月二十一日拜發，四月二十日到京，二十二日進摺，二十四日摺下，六月初七日回廣。）

德克金布等《奏粵洋銷毀煙土奴才等接准諮會輪流前往虎門公同查視現在消化事畢摺》及上諭。（此摺係道光十九年五月二十二日拜發，六月二十五日到京，二十六日進摺，二十八日摺下，八月初九日回廣。）

德克金布等《奏遵旨查核廣州旗營地而現更賃居販煙匪徒仍嚴定稽查章程以杜容留而除包庇摺》及上諭。（此摺係道光十九年八月二十一日拜發，十月初一日到京，初二日進摺，初四日摺下，十一月初十日回廣。）

德克金布等《奏旗營新造砲位演放合式并本年操演遇各項砲位情形摺》及上諭。（此摺係道光十九年十二月十三日拜發，二十年正月十七日到京，二十日進摺，二十二日摺下，二十三日出京，二月二十六日回廣。）

兩廣總督臣鄧廷楨、廣州將軍臣德克金布、廣東巡撫臣怡良等《奏英咭利國巡船駛泊外洋圖以夷目稽查商務更變萬章業已密爲防範諭逐回國現在候風開行緣由摺》及上諭。（此摺係道光十八年六月二十六日具奏。）

德克金布等《奏遵旨在粵銷毀煙土會督文武大員公同目擊核實稽查以杜弊混而昭震讋現在銷化已將及半先行摺》。（此摺係道光十九年五月初四日具奏。）

德克金布等《奏英逆在粵兵船雖未敢滋事而漸有擄船尋釁情形現又續添兵勇酌籌水陸剿堵以期早靖夷氛摺》及道光二十年九月十二日承准上諭。（此摺係道光二十年七月十九日具奏。）

兩廣總督臣林則徐、廣州將軍臣阿、廣東巡撫臣怡良等《奏遵旨查議團練水勇情形摺》(此摺係道光二十年八月二十九日具奏。)

《廣州將軍任内漢奏摺底册》二摺：

廣州將軍臣奕、廣州滿洲副都統臣裕等《奏先經奏明撥歸水師旗營操演之戰船現在察看與旗營不甚相宜請撥歸外海水師會同摺》。(此摺係道光二十三年閏七月二十二日具奏。)

廣州將軍臣奕、廣州滿洲副都統臣裕等《奏爲覆核軍功頂戴分別去留以實名置摺》及上諭等。(此摺係道光二十三年十月初十日具奏。)

此本爲清許濟、王世源所抄，時許、王二人皆爲將軍外郎。書中所抄録奏摺，部分見有他書收録，如德克金布等《奏粵洋銷毁煙土奴才等接准諮會輪流前往虎門公同查視現在消化事畢摺》及上諭、德克金布等《奏遵旨查核廣州旗營地而現更賃居販煙匪徒仍嚴定稽查章程以杜容留而除包庇摺》及上諭、兩廣總督臣鄧廷楨等《奏英咭利國巡船駛泊外洋圖以夷目稽查商務更變萬章業已密爲防範諭逐回國現在候風開行緣由摺》及上諭等，《鴉片戰爭檔案史料》中皆有收録。德克金布等《奏遵旨在粵銷毁煙土會督文武大員公同目擊核實稽查以杜弊混而昭震讋現在銷化已將及半先行摺》、德克金布等《奏英逆在粵兵船雖未敢滋事而漸有擄船尋釁情形現又續添兵勇酌籌水陸剿堵以期早靖夷氛摺》及道光十九年九月十二日承准上諭、兩廣總督臣林則徐等《奏遵旨查議團練水勇情形摺》等，可見《林文忠公政書》。

是書屬日本東京大學圖書館藏書，國内未見收藏。

(陳　莉)

清抄本廣東鹽務奏鈔

《廣東鹽務奏鈔》四卷，清佚名輯。清抄本。四册。半葉九行二十字。白口，四周雙邊。框高20.1釐米、寬14.8釐米。

廣東南臨大海，自潮惠地區，以至欽廉二州，俱產海鹽，且產額豐富，漢代即置有鹽官，清代則爲重要鹽務分區之一。此書收錄清乾隆二十七年（1762）至三十五年（1770）兩廣總督與户部往來公文八十八件，内容皆與廣東鹽務有關，所涉兩廣總督有蘇昌、明山、李侍堯、楊景素。

是書錄有咨文、題本、奏摺，據其行文格式，當是抄錄公文之副本。雖非原本，然爲研究乾隆時期兩廣鹽政制度之重要史料。每卷前有目錄，計卷一爲：《遵旨等事兩廣總督咨徵收溢羨銀兩》、《欽奉等事兩廣總督題徵收場羨銀兩》、《遵旨等事兩廣總督咨電茂場墾築鹽漏編徵課銀》、《請改等事兩廣總督咨興國縣請改運省鹽行令照舊配運潮鹽》、《請定等事兩廣總督題各商全完課餉》、《展界等事兩廣總督題各場荒棄田漏缺徵銀兩》、《更定等事兩廣總督題鹽引奏銷》、《敬陳等事兩廣總督咨并無支過緝捕私鹽賞給銀兩》、《請定等事兩廣總督題節年鹽課奏銷》、《更定等事兩廣總督題鹽課奏銷》、《遵旨等事兩淮鹽政奏被搶鹽斤仍請補運通行各省》、《遵旨等事兩廣總督咨各廠員役支過飯食等銀》、《知照事兩廣總督咨收支嬰羨租息等銀》、《請定等事兩廣總督咨撥解滇省鹽課應支鞘箍等銀》、

一件遵

旨議奏事乾隆二十七年十二月三十日准戶部咨

准兩廣總督蘇咨稱歷年予鹽收價除撥京

羨及遭風失水帑價之外所餘銀兩按數分晰

報部今乾隆二十六年通共溢羨銀一萬二千

七百八十七兩一錢三分五厘零內已列入乾

隆二十七年秋季分冊報銀六千三百四十二

兩一錢二分候撥充餉未完銀六千四百四十

五兩一分五厘零催收全完列入季冊報部撥

《欽奉等事兩廣總督咨徵收公費等銀》、《更定等事兩廣總督咨未繳殘引職名咨送吏部》、《更定等事兩廣總督咨乾隆二十五六兩年餘引暫行停解》、《移付事兩廣總督咨解交殘引》、《恭陳等事兩廣總督題各場收鹽分數》、《酌請等事兩廣總督咨新設盤查所應建衙署》、《欽奉等事兩廣總督咨潮屬收支公費等銀》、《奏明等事兩廣總督咨運庫寄存零星平頭銀兩》。

卷二爲：《清出等事兩廣總督咨三年一次清查溢羨銀兩》、《奏聞事各省未解庶吉士銀毋庸具奏於年底咨催》、《札知事兩廣總督咨潮屬各商全完積欠銀兩》、《欽奉等事兩廣總督咨修理廣濟橋浮船追還核減銀兩》、《請旨事兩廣總督咨屆應修造船隻先行咨修於年底彙奏》、《札知事兩廣總督咨潮州運同馬兆登家產變價銀兩解交內務府》、《欽奉等事兩廣總督咨報銷工程核減銀兩年底造册申繳》、《詳請等事兩廣總督咨改設盤查所添支飯食銀兩》、《傳付事大學士公傅等奏各省起解錢糧填給勘合》、《釐定等事兩廣總督咨滇省買運粵鹽應存場羨銀兩》、《咨查事會典館咨取順治十一年題准兩廣正鹽分引數目》、《遵旨等事兩廣總督咨操兵犒賞等銀在溢羨充公銀內動支》、《釐定等事雲南巡撫咨滇省委員辦運乾隆三十年粵鹽》、《遵旨等事運廣總督咨運使王概任內己未場羨銀兩》、《咨催事行催廣東未覆案件》、《咨取事方略館咨取廣東陞科田畝數目》、《鹽課等事兩廣總督題廣東運使王概交代》、《傳付事兩廣總督咨節省河工盤費銀兩毋庸專摺具奏》、《傳付事吏部奏各省未完處分三參四參限內遇赦不准從初參起限》、《詳報等事兩廣總督題電茂場報墾鹽漏陞課》、《欽奉等事兩廣總督咨收支公費銀兩》、《遵旨等事兩廣總督咨滇省買運粵鹽并無折耗裁減耗鹽》、《遵旨等事兩廣總督咨省河各商借水腳銀兩》、《遵旨等事雲南巡撫奏添買粵鹽五十萬斤》、《札知事兩廣總督咨埠商賴貽德應完埠底充公銀兩》。

卷三爲：《詳請等事兩廣總督咨各場應借谷石請改借折色》、《欽奉等事兩廣總督咨參革運使王概應追虧缺銀兩》、《奏明事兩廣總督咨滇省買運粵鹽毋許私帶耗鹽》、《遵旨議奏事兩廣總督奏廣西臨桂等埠增引入額勻銷》、《遵旨議奏事兩廣總督奏雲南買粵鹽仍請帶買耗鹽》、《題參等事兩廣總督咨潮州府河西柵鹽務朱朝棟虧鹽捏報參革追清欠鹽》、《題參等事兩廣總督咨潮州府河西柵鹽務朱朝棟虧鹽捏報追還侵用鹽價銀》、《詳請等事雲南巡撫咨買運粵鹽借養廉銀》、《奏明事兩廣總督咨清查積存運庫雜項銀兩充公》、《奏明事兩廣總督咨廣西臨桂等埠羨餘增引全數入額勻銷》、《咨覆事户部奏浙省京餉運解内務府》、《遵旨議奏事兩廣總督奏廣西臨桂等埠羨餘增引全數入額勻銷》、《欽奉等事兩廣總督咨鹽引奏銷毋庸以厘爲斷》、《奏明事兩廣總督咨廣西各埠認銷增引入額行銷》、《遵旨等事兩廣總督咨滇省買運粵鹽毋庸添買船户耗鹽》。

卷四爲:《呈明事兩廣總督咨委員領解殘引遲延有因》、《改築等事兩廣總督題小靖場業户葉會候懇築鹽漏》、《詳請等事兩廣總督咨香山等場應借谷石暫准以銀借給》、《呈明事各省登記銀兩造入撥册另開銀數》、《咨明事兩廣總督咨各場丁酌借鹽價》、《呈明事各省造送撥册遵照定限送部》、《傳付事大學士尹等奏各省生息名目改爲賞借》、《遵旨等事長蘆鹽政奏各處拿獲私鹽變價事宜》、《遵旨等事兩廣總督咨省河各商未完借領水腳銀兩》、《遵旨等事兩廣總督奏停帑本仍請給商營運》、《申繳等事兩廣總督咨會昌縣短繳殘引》、《通行事户科移會各鹽差任滿應繳勅諭》、《遵旨等事兩廣總督咨省潮各商借領水腳勒限半年收回》、《遵旨等事兩廣總督奏廣西鹽埠仍歸商辦》、《揭請等事兩廣總督咨凌禄司巡檢周徹虧短鹽銀揭參追賠》、《遵旨等事兩廣總督奏各場溢收鹽斤入額考成》。

版心上有"廣東"二字,每卷目録前題"東計開"三字。按,卷三目録頁佚去第一頁之下半及第二頁之上半,今據書中内容補入。

原書無題名,據内容自擬。此本未見其他書目著録,僅日本東洋文化研究所入藏。另上海圖書館藏《兩廣鹽法志》三十五卷(清道光刻本)、《廣東鹽務議略》一卷(抄本)、《兩廣鹽務研究所課存》四卷(清宣統油印本)、《粵東鹽政雜録》一卷(抄本)。

鈐印有日本"養數卷殘書"、"東洋文化研究所圖書"。

(蔣文仙)

清末刻本廿四孝圖贊

《廿四孝圖贊》一卷,清鄭亭撰。清末鄭錦達刻本。一册。有圖。半葉七行十八字。白口,四周雙邊,單魚尾。版心上刻"二十四孝"。前有清乾隆四十八年(1783)鄭亭序。

鄭亭,字瑞谷,廣東香山人。生平未詳。按,序文稱"鐵城鄭亭",香山縣舊稱鐵城,見[道光]《香山縣志》。

"孝"作爲中國古代傳統道德的重要標準,是封建社會構建倫理框架、協調家庭關係、規範子女行爲的主要手段。自漢代以來,關於孝行的故事廣泛流傳於民間,宋元時期基本定型,直至元代郭居敬編定"二十四孝"故事,此種名稱才固定下來,并對後世影響深遠。

是書首題圖名,次配插圖,再附以故事及鄭氏讚語。目録載二十四孝圖名,依次爲:孝感動天、親嘗湯藥、齧指痛心、單衣順母、爲親負米、戲彩娛親、鹿乳奉親、賣身葬父、行傭供母、扇枕溫衾、湧泉躍鯉、刻木事親、爲母埋兒、搤虎救父、拾椹供親、懷橘遺親、聞雷泣墓、哭竹生筍、臥冰求鯉、吴猛飼蚊、嘗糞憂心、乳姑不怠、棄官尋母、滌親溺器。

鄭序云:"嘗聞百行以孝爲先,不孝不得以爲人,不可以爲子,并不足以入聖賢之道。則凡古今之聖賢,未有不出於孝者也,乃何以上下數百年間,僅僅以二十四人傳?此二十四人不知始定於何人,而世遂奉爲公評也。

清末刻本廿四孝圖贊　扉頁

清末刻本廿四孝圖贊　子目題名

清末刻本廿四孝圖贊　子目圖

虞舜瞽瞍之子性至孝父頑母嚚弟象傲其事
見于尚書及中庸孟子而說者謂舜耕於歷
山有象為之耕鳥為之芸其孝感如此帝堯
聞之事曰九男妻曰二女遂曰天下讓焉
亭讚曰聖孝實開先尊親萬古傳當時厄井
廩百折保身全漁陶及耕稼力竭歷山田子
勞親閡恤象傲夔便便罪己難尋孜慕親親

蓋□常處順之聖賢類,皆庸行庸言,旦夕行其所無事,若武王周公之稱達孝之類,其事繁衍深奧,只可與學士究其精微,難以聳愚蒙之耳目,此世俗之所忽也,又何能家諭而户曉哉!若夫遭人倫之變,處時勢之難,意抑鬱以無聊,心惻怛而莫慰,吁天無路,訴地無門,惟恃天性孤行,悽悽愴愴,如窮人無所歸,斯其情豈不泣鬼神而動天地乎!生其後者,覽其事,感其情,流連愛慕,自不能恝然於懷,此二十四孝之所以必傳也,非當時之奉也。予少讀詩書,老而無聞,徒食太平之福,未有涓埃之報,心寔愧之,暇日偶拈二十四孝,講解以訓後生小子,惜從前未有謌咏之者,因作爲各體歌讚,以隸於繡像之後,使天下童而習之,歌詠之,玩味而有得焉,不無少補於人倫日用之萬一云。"

扉頁鐫:"廿四孝圖贊。鐵城鄭亭先生手著。省城心簡齋接刻。本齋發兌。"目錄末刻:"受業姪錦達梓行。學院前心簡齋刻。"按,心簡齋在廣州學院前,清乾隆時已開始刊行圖書。嘉道至光緒年間,心簡齋刻印過《三水縣志》、《陸氏世德記》、《戒纏足文》及廣東鄉試卷等,見林子雄《明清廣東書坊述略》。

未見書目著錄,他館亦未收,僅英屬哥倫比亞大學圖書館入藏。

(蔣文仙)

清光緒刻本朱氏四子事略

《朱氏墓表》不分卷，清朱汝珍輯。清光緒刻本。一册。半葉九行二十二字。白口，四周單邊，單魚尾。前有清光緒三十一年（1905）朱汝珍述家世。

朱汝珍（1870—1942），號聘三，又號隘園。光緒三十年（1904）榜眼及第，授翰林院編修。三十二年（1906）奉部奏派留學日本東京法政大學，三十四年（1908）畢業歸國。充貴州主考官，預保提學使入直南書房，賞食三品俸，頭品頂戴。辛亥革命後參與編纂《德宗實錄》等。又任[民國]《清遠縣志》總纂。後在天津開設印刷館，於香港創辦隘園學院，任香港孔教學院第二任院長兼附中校長。著有《詞林輯略》。

是書《家譜》述家族變革及立世之本，云："思我先世，去沮洳即犖確，值晚明寇亂，汲飲巖谷，得保厥廬墓，爲太平民。《詩》云：'中原有菽，庶民采之。'吾先人其有采於斯矣。自九世後，以詩書仕宦世其家。時朝廷猶以科目取士，士出他途，雖建牙樹纛，纓緌之徒是用諛詬。以故傀才亦俛首就之。顧吾諸父昆弟，猶爲其難，獨吾一人爲其易，易則復何貴焉？雖然，世有鴻碩，亦能爲進士之文，乃伊川所不呵，而侯生之所畏也，然則人亦自爲而已。《易》曰：'拔茅連茹，以其彙貞吉亨。'孔子釋曰：'志在君也。潔白明心，爲大君用，小子以之。'亦吾先人志哉。"

皇清敕授修職郎嘉應州長樂學教諭達河朱先生墓表

曩與朱觀曦秀才讀書粵秀書院始獲謁其從父達河先生洎余入詞館先生司鐸嘉應長樂州人至交口道之以此益知其為人先生姓朱氏諱澧字連渭號達河世居清遠八片村曾祖諱國璋祖諱清貽封修職郎父諱大裕 恩貢生任始興教諭敕授修職郎遷居邑城內母鍾孺人生子三先生最幼少負異稟好文雅弱冠受知於翁學使方綱補弟子員尋食餼乾隆丁酉受知於湯學使先甲選拔貢應

是書内容爲宋湘撰朱澧墓表,崑壽撰朱夢齡墓誌銘,蘇廷魁撰朱猷章墓志銘,朱汝珍撰朱汝琦行述。

朱澧,字連渭,號達河,廣東清遠八片村人。乾隆四十二年(1777)拔貢,歷任武英殿四庫館校録官,連山、大埔、電白、鎮平、樂昌、長樂諸地教諭等。撰有《類函世鈔》三卷。[光緒]《廣州府志》卷一三六、[民國]《清遠縣志》卷六有傳。朱夢齡,字覺初,朱澧子,嘉慶時諸生。[民國]《清遠縣志》收録。朱猷章,字君常,號寶愚,夢齡子。沉勇有謀,以軍功選直隸州知州。[民國]《清遠縣志》卷六有傳。朱汝琦,字錦堂,號筱韓,古文詩詞皆通貫有義法,以直隸判指分直隸試用。

是書美國國會圖書館藏,書名原作《朱氏墓表》,今改爲《朱氏四子事略》。未見他館入藏。

（丁春華）

清順治刻本順治十一年廣東鄉試録

《順治十一年廣東鄉試録》一卷。清順治刻本。二册。半葉九行十八字。黑口,四周雙邊,單魚尾。框高20.1釐米,寬14.1釐米。卷端題"順治十一年(1654)廣東鄉試",書口題"鄉試録"。前有張夙抱序,末有顧贄後序。

按:鄉試,中國古代科舉考試之一。由各地州、府主持考試,每三年舉行一次,一般在八月舉行,故稱"秋闈"。考《四書》《五經》、策問和八股文等,分三場進行。此書乃清順治十一年八月廣東鄉試題名録。

此本前列監臨官、提調官、監試官、考試官、同考試官、印卷官、收掌試卷官、受卷官、彌封官、謄録官、對讀官、巡綽官、搜檢官、供給官之官銜、名姓,下并以小字雙行書其字型大小、籍貫及科甲出身;次録是科各場之題目;最後選録中式舉人之答試及考官批語。

是年所考,第壹場四書類,題爲《動之斯和》《足以有容也》《及其聞一善言見一善行若決江河》。易類,題爲《在師中吉無咎王三錫命》《井養而不窮也》《君子之道或出或處或默或語》《聚而上者謂之升》。書類,題爲《敬敷五教在寬》《大哉王言》《次三曰農用八政》《一人有慶兆民賴之》。詩類,題爲《羔裘晏兮三英粲兮》《承筐是將》《綱紀四方》《自天降康豐年穰穰》。春秋類,題為《秋七月隱公六年》《春王正月

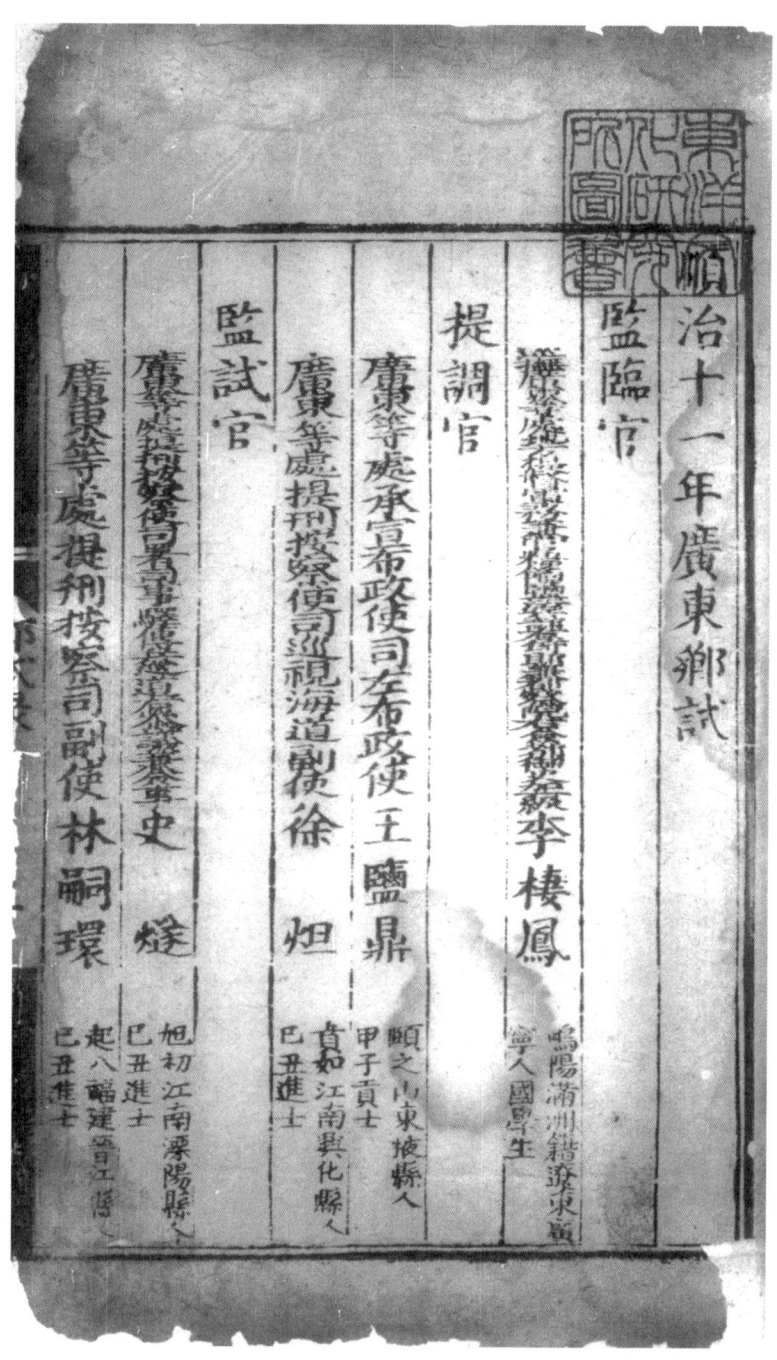

清顺治刻本顺治十一年广东乡试录　卷端

肆大眚莊公二十有二年齊人救邢閔西元年》、《次於陘僖公四年會於蕭魚襄公十有一年》、《春晉侯使韓起來聘昭公二年》。禮記類,題爲《國之肥也》、《德盛而教尊》、《所以治禮敬爲大》、《力行以待取》。

第貳場"論",題爲《君子以容民畜衆》、《詔誥表内科一道》、《擬漢舉賢良方正直言極諫之士詔建元元年》、《擬宋以狄青爲宣徽南院使誥皇祐元年》。"表",題爲《擬上軫念畿輔災荒發帑金二十四萬兩特命滿漢大臣分行賑濟務期均霑實惠群臣謝表》。另有"判語"五條。

第三場"策"五道,抄録策之全文。後録"中式舉人九十三名",依中舉名次先後,登姓名、出身及中舉科目。

是書選録部分中式舉人之試卷,且全文刊出。如"四書類",選録第一名梁炳宸答《動之斯和》,前有同考試官知縣費度批"端亮沖和",同考試官知縣沈蘭批"神理高越",同考試官知縣蔣如松批"文心鮮麗",同考試官知府鄭龍光批"旨趣昭融",考試官大理事評事顧贄批"美備",考試官兵部郎中張鳳抱批"靈顯"。後爲梁氏答試全文。

是次鄉試主考官爲張鳳抱,副考官爲顧贄。

張鳳抱,字義庵。直隸天津衛人。軍生。明崇禎三年(1630)舉人,十六年(1643)進士。清順治三年(1646)任河南彰德府推官,歷升福建延平知府。順治十一年以兵部武選清吏司郎中任廣東鄉試主考官。

顧贄,字葤來。江南吴縣籍長洲縣人。清順治六年(1649)進士。順治十一年以大理寺右評事任廣東鄉試副考官。吴梅村《送顧葤來典試東粤》詩前注"《梅村顧母施太恭人壽序》:吏部考功郎顧君葤來,天下精强,開濟駿雄,闊達之君子也。舉進士年才二十餘。起家廷評,銜天子之命以取士於嶺表五管,號稱得人。"

此次鄉試,廣東中式舉人有八十八名,其中第一名梁炳宸(高明縣學生),第二名陳一熊(順德縣貢生),第三名李逢祥(惠州府學附學生)。撤闈後,復遵帝命加額五名,《易經》一名,《詩經》二名,《書經》一名,《春秋》、《禮記》共加一名。中舉者合共九十三人。

《中國古籍善本書目》收録歷朝各地鄉試録頗多,未見著録此本,此爲日本東京大學圖書館所藏,國内未見收藏。

(陳　莉)

清抄本廣東全省經緯地輿圖

《廣東全省經緯地輿圖》不分卷。清抄本，一册。無序跋。

是書爲廣東全省之州、府、縣輿圖。前有輿圖目錄，含廣州府轄南海、番禺、順德、東莞、新安、從化、龍門、新寧、增城、香山、新會、三水、清遠、花縣。韶州府及轄下曲江、樂昌、仁化、乳源、翁源、英德。肇慶府轄高要、四會、新興、陽春、陽江、高明、恩平、廣寧、開平、德慶、封川、開建、鶴山。惠州府轄歸善、博羅、海豐、陸豐、河源、龍川、和平、長寧、永安、連平。潮州府轄海陽、潮陽、揭陽、饒平、惠來、大埔、澄海、普寧、豐順。高州府轄茂名、電白、信宜、化州、吳川、石城。廉州府轄合浦、欽州、靈山。雷州府轄海康、遂溪、徐聞。瓊州府轄瓊山、澄邁、定安、文昌、會同、樂會、臨高、儋州、昌化、萬州、陵水、崖州、感恩、羅定州、東安、西寧，南雄州、始興、綏瑤廳、連州、陽山、嘉應州、興寧、長樂、平遠、鎮平、佛岡廳、南澳廳。

有圖104幅，依次爲廣東全省輿圖、各府、州屬及轄下郡縣輿圖，排序與目錄一致。如廣東全省輿圖後即爲廣州府屬輿圖及其轄下南海、番禺、順德、東莞、新安、從化、龍門、新寧、增城、香山、新會、三水、清遠、花縣等縣輿圖。後則爲韶州府屬及轄下輿圖。

值得注意的是，目錄中瓊州府轄下之羅定州、東安、西寧，南雄州、始興、綏瑤廳、連州、陽山、嘉應州、興寧、長樂、平遠、鎮平、佛岡廳、南澳廳，

廣東全省經緯地輿圖

廣東全省輿地在赤道之北南自瓊海崖州十八度起北至南雄州梅嶺關與江西大庾縣分界二十五度半止此乃全省地面之緯度為南北之界限又有經度者

京師居中所定故從正中經度直至廣東潮州府屬為中線又從中線各分偏東偏西之經度東至饒平縣大成所與福建詔安縣分界為偏東實得五十分未足一度西至欽州分茅嶺與越南國銅柱分界共得九度整每度之度數以六十分為一度每度得二百五十里乃經緯度里度數並非塘汛程途之道里也南北緯度是測各府州縣北極出地高低應太陽經度是測日蝕月蝕有見處有不見處或見之多少各方時刻暑有不同所謂天時節氣皆隨各地度數水土分別但地面經緯應天上經緯無差得所宜乃自然之理九地分之天地經緯相通相合各興最要者經緯數也今詳列於後

清抄本廣東全省經緯地輿圖 卷端之一

在全省輿圖中皆不屬瓊州府,其中羅定州、南雄州、連山綏瑤廳、連州、嘉應州、佛岡廳、南澳廳當與瓊州府并列,餘皆各州轄下郡縣,如羅定州轄東安、西寧二縣,南雄州轄始興縣。這與清同治五年(1866)刻《廣州圖》、同治年間刻《廣州圖志》一致。

另,此七州、廳,除連山綏瑤廳僅一圖外,皆有州屬、廳屬地圖及轄下郡縣圖,但題名未註明州屬、廳屬。如直隸羅定州輿圖為兩幅,皆未署"州屬",但其一上題"州屬輿圖,每度分屬兩格,每格度數得三十分,每格度

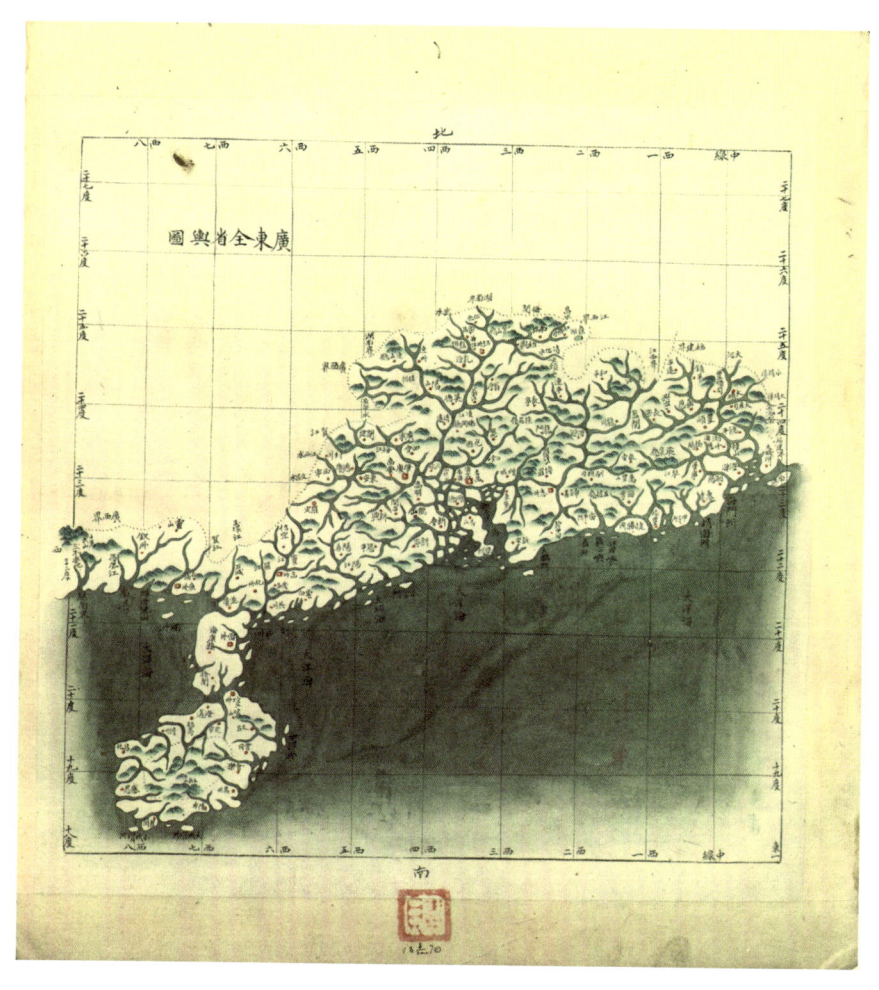

清抄本廣東全省經緯地輿圖　卷端之二

里方停得一百二十五里,經緯相同",顯然即直隷羅定州屬輿圖。

　　輿即大地。《易·説卦》云:"坤爲地……爲大輿。"又《史記·三王世家》"御史奏輿地圖",唐司馬貞《索隱》:"謂地爲輿者,天地有覆載之德,故謂天爲蓋,謂地爲輿。"現存較早之輿地書籍有宋歐陽脩《輿地廣記》、王象之《輿地紀勝》、祝穆《新編方輿勝覽》,明蔡汝楠《輿地略》、張天復《皇輿考》與《廣皇輿考》、陸應揚《廣輿記》、汪縫預《廣輿考》等,輿圖則有元朱思本撰《廣輿圖》、明桂萼撰《皇明輿圖》、清内府本《内府輿地全圖》、王龍圖撰《古今輿圖二卷附天下水路路程一卷》等。廣東地方輿圖,則有清康熙三十六年(1697)禹之鼎彩繪《廣州十四屬地圖》、張人駿等編清光緒二十三年(1897)石印本《廣東輿地全圖》、廖廷相等撰清宣統元年(1909)鉛印本《廣東輿地圖説》等,均與是書不同。其中《廣東輿地圖説》前所列目録,與此書目録較爲相類。

此本美國國會圖書館藏,《美國國會圖書館藏中文善本書續録》著録,《中國善本書提要》未見著録。

(丁春華)

明萬曆刻本廣東通志

［萬曆］《廣東通志》七十二卷，明陳大科、戴燿修、郭棐等纂。明萬曆三十年（1602）刻本。半葉九行二十字，四周雙邊，白口，單魚尾。前有戴燿序、明萬曆二十九年（1601）李時華序、萬曆三十年陳性學序、袁茂英序、萬曆三十年郭棐序。附嘉靖戴璟、黃佐舊序兩篇。凡例二十七則。

陳大科（1534—1601），字思進，號如岡。江蘇南通人。明隆慶五年（1571）進士。歷官兵部侍郎兼右僉都御史、廣西巡撫、兩廣總督等。

戴燿（1542—1628），字德輝，號鳳岐。福建長泰人。明隆慶二年（1568）進士，歷官兵部侍郎兼右僉都御史、兩廣總督、右都御史兼尚書。

郭棐（1529—1605），字篤周，號夢蘭。廣東南海人。明嘉靖四十一年（1562）進士，初授户部主事，後改禮部，任湖廣道屯田副使，晚爲光禄寺卿。曾爲廣東修《粵大記》、《嶺海名勝志》與［萬曆］《廣東通志》。

全書分藩省志與郡縣志兩部分，又按千字文細分三十二部。正文藩省志十三卷，有天、地、玄、黄、宇、宙六部，分輿圖、分野、沿革、氣候、事紀、公署、學校、禮儀、兵防、秩官、名宦十一門。郡縣志四十九卷，分洪、荒、日、月、盈、昃、晨、宿、列、張、寒、來、暑、往、秋、收、冬、藏、閏、餘、成二十一部，涵蓋廣州府、韶州府、南雄府、惠州府、潮州府、肇慶府、高州府、廉州府、雷州府、瓊州府和羅定州十府一州，所載涉輿圖、沿革、山川、風俗、城

廣東通志卷之一

藩省志一

輿圖

職方氏掌輿圖與土訓誦訓相表裏斯不出戶而阨塞利害可坐策也粵隸荒服廣州中奠環以九郡若碁置焉譬諸腹心四體皆天委和少有疾痛痾癢其脉胳靡不貫急則互維之緩則互調之期以共厲諸安運化視身而粵政一矣爰及位署登繪事曰臣以至百司奉職者楊離局者檳其靖共爾位乎

池、公署、學校、坊都、驛鋪、橋渡、水利、户口、賦役、鹽課、兵防、壇廟、亭榭、古蹟、塋墓、土産、職官、選舉、名宦、流寓、人物等。藝文志三卷,屬歲部,有書目、碑記和詩賦三門。外志七卷,分律、吕、調、陽四部,涉仙釋、寺觀、罪放、貪酷、番夷、瑶僮、俚户、雜蠻、倭夷、雜録十門。所載内容全面而繁雜,體例獨道,如仙釋、寺觀列爲外志,另增罪放、貪酷二門,與他志略有不同。

《四庫全書總目提要》云:"其藩省志輿圖之後即列事紀五卷,茫無端緒,惟仙釋、寺觀列之外志,較他志體例爲協。又增罪放、貪酷二門,以示譏貶,則仿佛嘉靖江西志例也。"《鄭堂讀書記補逸》云:"其以仙釋二門屏之外志,爲從來地志所未有。至增罪放、貪酷二門,則明代志書間有之,皆可取法也。惟事紀門内,仿朱子綱目,及南氏續編之例,分注孫吴宋齊梁陳五代宋元紀年,及明代事,迄隆慶六年而止,則殊可不必。"

明萬曆二十七年(1599)陳大科等以戴璟、黄佐所纂修舊志成書已四十載,因聘郭棐、王曾學、袁昌祚三人重修,閲三載而成。戴燿序詳言撰志緣起,云:"粤去天萬里,先督府廣陵陳公天行以視師至,念粤嶺海都會,文獻實埒中土,奈何紀乘脱略,徵信惟艱,方策之□圖,政將安傳?有如季札、韓起其人,得以如濡之嚳,求多於在事者,無論掌故實闕,亦安所傳以揚大風,而知周禮盡在魯乎?於是與直指馬公文卿謀於藩臬大夫胡君心得等,共圖所以方策粤者,僉謂粤故有通志,成於宫詹黄公,迹熄且四十年,紹聞今日,否亦今日。乃以幣介光禄郭公棐、王公學曾、少參袁公昌祚及所徵文學賢良,若而人館之、穀之、盟之、申之,先期檄十郡長吏,各以方言來會,乃按宫詹舊本合而訂之,已復衷之、益之、更之、定之,體裁不必同,要以竊取筆削,備萬年文獻之傳,則炳炳乎其大觀也。"

郭棐序則詳述此志纂修之經過,云:"粤有紀載,其來逖矣。高固相楚,鐸椒發其微。自是王範有《交廣春秋》,楊方著《吴越春秋》,或輯《十三州記》,或編《瓊海方輿》,各成一家言,未粹其全也。皇明道化淪濡,裨乘觕備。戴直指璟創爲初藁,鬱有體裁。黄宫詹佐始輯全書,備極藻繢,第自絶筆以來,迄今又四十禩。凡吏治之因革,學校之創修,城郭之經營,官署之建置,以及宦轍陞遷,賢才選舉,與夫所改而縣,縣陞而州,皆時政攸關,不有纂組,後將何攷?制府維揚陳公大科、直指馬公文卿爰議修志,左轄游公應乾,右轄胡公心得僉謀胥同。乃肅刺具幣,詣不佞棐倩偕王禄丞學曾、袁藩參昌祚總其事,而以恩選林生挺、文學黃生作霖、霍生尚守、盧生廷龍、朱生完、劉生克治、張生鴻、黎生遠昌各司分校。未幾,馬公代去,游、胡二公并以擢行,而直指顧公龍禎繼至,則偕左轄王公泮、右轄王公任、憲使王公民順、胡公桂芳、大參李公同芳、憲副章公邦翰、佘公夢鯉、李公開芳、陳公鳴華、少參周公應治、劉公一瀾胥議,以己亥九月念七之吉,肅筵開局,各矢精白,惟公維愍,以綜志務。克治尋以恩選北上,完罹內艱中輟。自冬十一月至七月,凡九閱月,諸青衿緣大比期逼告假。比撤棘,而盧生廷龍、張生鴻掇魁北上,諸生以冬十一月復局。辛丑春,制府長泰戴公燿、直指貴陽李公時華先後下車,視志益虔,催竣惟亟。憲副學道袁公茂英、朱公燮元相繼督學,咨詢志事,爰以藁上,參閱發梓。乃直指尤銳精研磨,創理學傳,以翼文運,選留挺、作霖、尚守、遠昌四生編讀,委番禺司訓黃天榜督其工。天榜尋以憂去,而番禺倅錢柏代之。時黎生遠昌先辭歸省,挺偕、作霖、尚守增闕訂譌,焚膏繼晷,又越三月,剞劂就緒。制府戴公、直指李公、左轄陳公、督學袁公各有弁言,陸離炳蔚,翼斯志以傳不朽,甚大美也。"

李時華序對此志贊譽有加,曰:"萬曆庚子(二十八年,1600)冬季,不佞奉命按粵東,越明年春仲,粵志告成,因披覽迴環,不覺神王。雖未即躬徧方內,而一切大較,歷歷如指諸掌,則爲之歆羨,曰:善志哉!大而覈,簡而該,婉而嚴,麗而不靡,非良史才,孰能載筆若此!"

廣東最早之通志當屬《廣東通志初稿》四十卷,爲明嘉靖中巡按廣東的戴璟等纂修,僅中國國家圖書館入藏。後黃佐復增爲七十卷,僅廣東省立中山圖書館藏全本,海外尚有日本京都大學人文科學研究所入藏。郭棐即據之而成是書。清代陸續有數次纂修,如金光祖等纂修康熙志,郝玉麟、魯曾煜等纂修雍正志,阮元、陳昌濟等纂修道光志,鄒魯纂修民國志。

《千頃堂書目》著錄戴璟《廣東通志》七十二卷,又著錄郭棐、袁昌祚纂修《廣東新通志》七十卷,萬曆壬寅(三十年,1602)修。據盧文弨校改《廣東新通志》爲重修廣東通志。戴璟本當爲[嘉靖]《廣東通志初稿》四十卷,七十卷本實爲黃佐纂修,《千頃堂書目》或將戴燿誤爲戴璟,并混淆四十卷本與七十卷本。

此書現藏日本內閣文庫。《四庫全書總目》入史部地理類存目。《中國地方志聯合目錄》、《中國古籍善本書目》著錄上海圖書館殘存十卷,爲卷二十三、三十七至三十八、四十五至四十七、五十五至五十六、六十八至六十九。日本所藏中文古籍數據庫（全國漢籍デ一タベース）著録除内閣文庫外，尚有宫内廳書陵部、公文書館、紅葉山文庫入藏。

卷七十二末鐫："監理司吏文士奇。繕寫書吏周通、楊□幹、李國棟、郭家興、潘光寀、吕應龍、簡方新、劉瑞。管工典吏李鏜、羅德富。"

（肖　卓）

明萬曆刻本粵大記

[萬曆]《粵大記》三十二卷,明郭棐纂。明萬曆刻本。存卷二至二十五,二十九至三十二。半葉九行二十字,雙行小字二十七字至二十九字不等。白口,四周雙邊,單魚尾。版框高19.8釐米,寬13.5釐米。卷端題"嶺南郭棐篤周甫編"。《廣東文選》收錄郭棐自序及袁昌祚序。

郭棐(1529—1605),字篤周,號夢菊,郭大治之子。廣東番禺人,南海籍。明嘉靖四十一年(1562)進士,歷任户部主事、夔州知府、湖廣道屯田副使、四川提學、廣西右江副使、雲南右布政使,晚年官至光禄寺正卿。又有《嶺南名勝記》與[萬曆]《廣東通志》。

是書爲郭棐所纂修之第一部廣東方志,萬曆五年(1577)始修,二十三年(1595)成書。分事紀、科第、宦績、獻徵、政事五門,記載廣東地方政事、人物、宦跡和典章制度等,體例不似一般方志,書中未涉及分野、沿革、氣候、學校、風俗、公署、古跡、職官、藝文等内容。卷二至三爲事紀類,首記粵省郡縣建置及歷代沿革,繼用紀事本末體記述了從秦漢至明萬曆二年(1574)之前南粵史上若干大事件,如武周開粵、尉佗稱藩、漢將平南、盧循寇廣、蕭勃據粵、黄巢僭亂、宋師南伐、狄青討叛、廖永忠平粵、黄蕭養亂廣、山箐聚嘯、海島澄波等。卷四至五爲科第類,記載自唐永昌元年(689)至明萬曆二十六年(1598)間廣東地區進士及第者1194人,簡述各

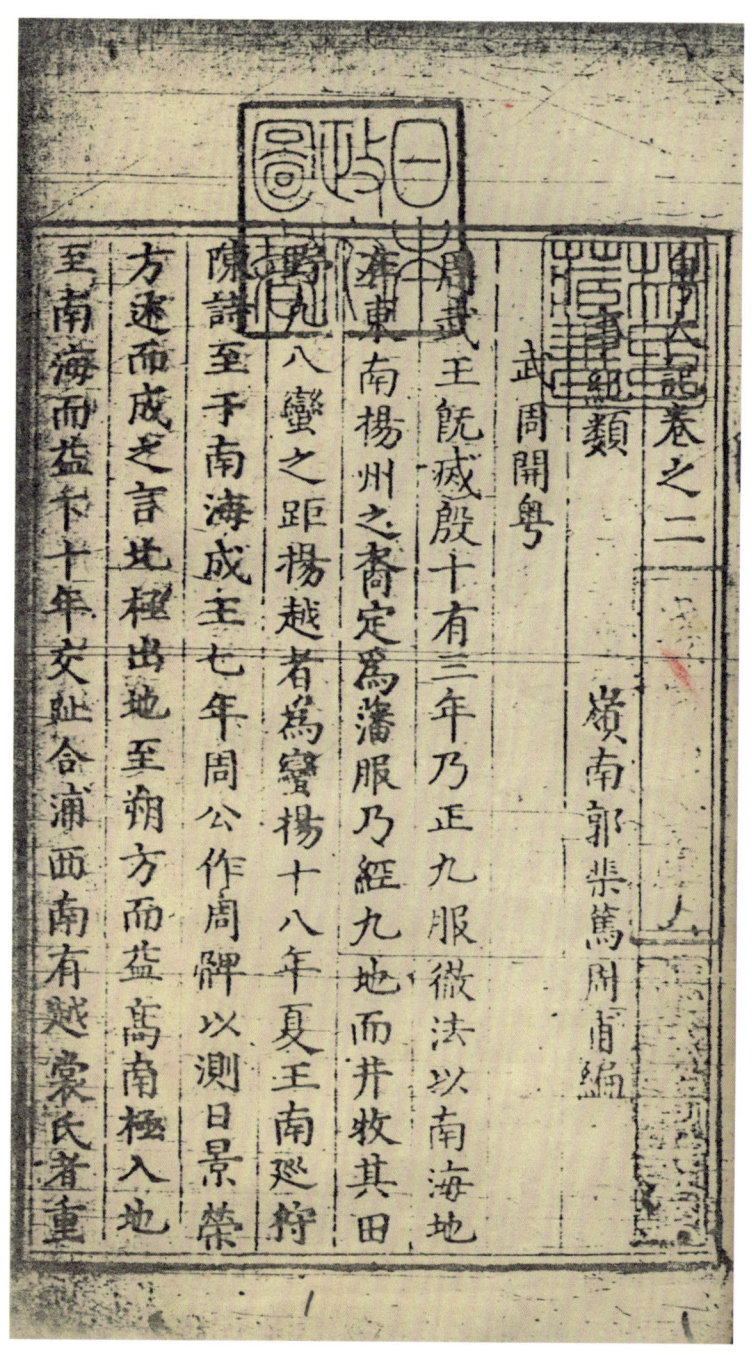

明萬曆刻本粵大記　卷二卷端（據日本藏本複印）

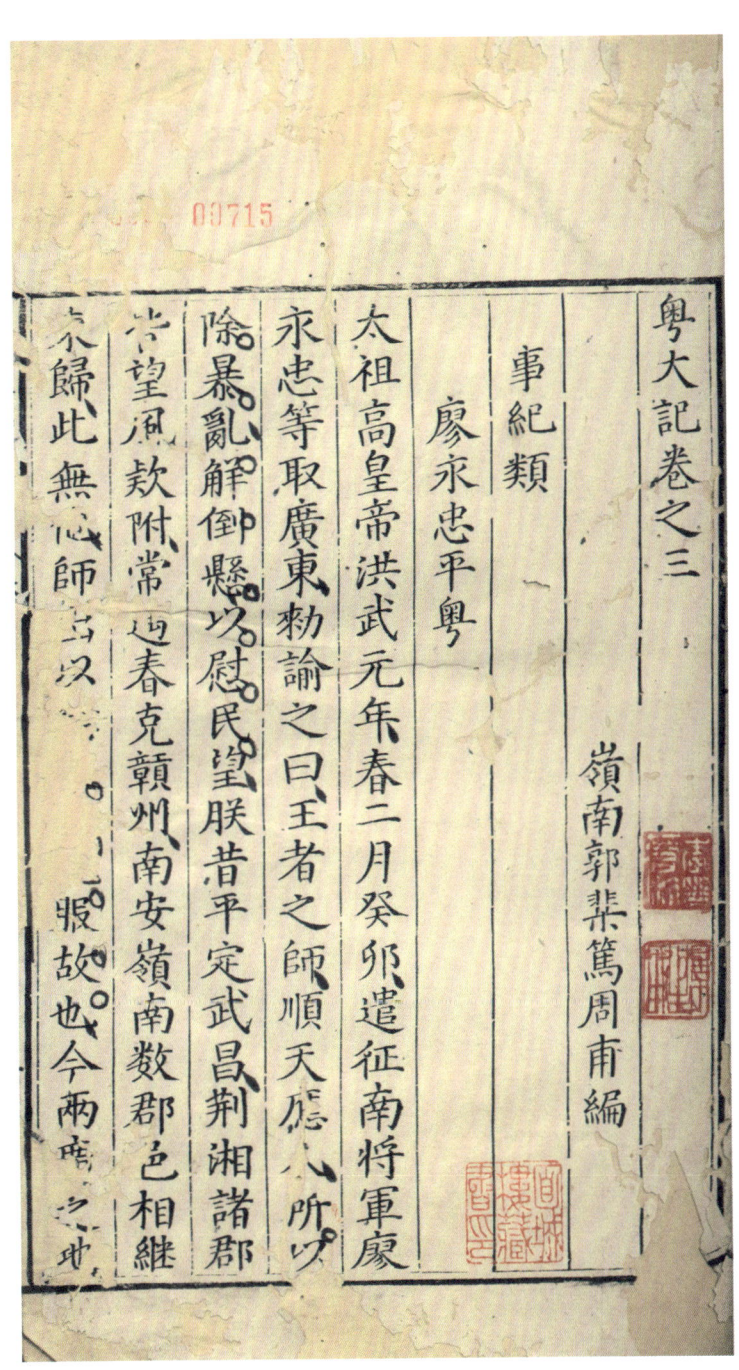

粵大記卷之三

嶺南郭棐篤周甫編

事紀類

廖永忠平粵

太祖高皇帝洪武元年春二月癸卯遣征南將軍廖永忠等取廣東勅諭之曰王者之師順天應人所以除暴亂解倒懸以慰民望朕昔平定武昌荆湘諸郡常望風欸附常迴春克贛州南安嶺南數郡邑相繼來歸此無心師旅之加一暇故也今兩廣之地

人籍貫、生平等，有詳有略。宦績類涵括卷六至十三、獻徵類涉及卷十四至二十六，此兩類所收資料頗爲豐富，所述廣東人物 574 人，與廣東有關人物傳記 421 人，爲研究廣東歷史人物的重要資料。卷二十九至三十二爲政事類，分兵職、軍制、軍器、弓兵、營堡、沿海汛地、水利、屯田、鹽政、海防等目，詳述古今經濟、軍事事宜及相關典章制度。書末附廣東沿海圖，對古今海防頗具參考價值。

《粵大記》之編纂原在郭棐欲完成其父遺志，自序云："予家粵白先大夫，素有志於百粵典故，爰以命棐。向來浮游齊、楚、蜀、夔間，未展初心。頃得丐休南還，訂盟泉石，思以酬先大夫未了之志，乃取黃、戴二氏《通志》參訂之，旁蒐瓊臺、白沙、甘泉、渭崖、西樵、東所、青蘿、白山諸集，凡數十百家，標其所可書，補其所未備，各類分爲三十二卷。"

袁昌祚序云："郭勳卿語余云：'異時新城先大夫嘗志茲事，謂《通志》作於宮詹黃太史有年矣，欲補近事而緒正其浮濫，因詮次留笥中，間以草示蜀諸生，未就也。頃幸天子憐其筋力，早賜歸，得弛負擔。因撿舊笥，自山川、國紀、良吏、獻民，與夫兵食、諸重防，時加論著其間，庶以昭明先志。'"該書的修纂始於萬曆初年，完成於其致仕之後，前後歷時約十六七年，其用力之勤可見一斑。

中山大學圖書館藏本前有周連寬跋，云："《粵大記》三十二卷，明南海郭棐編，萬曆間刻。此本尚缺卷一至二及卷三十至三十二，世罕流傳，恐無法抄補矣。阮元《廣東通志·藝文志》略載之，注云存黃慈博廣東宋元明經籍刊本，紀略失載。道光重修《南海縣志·藝文略》云：據《廣東文選》并載郭棐自序及袁昌祚序全文，足補此本之缺佚。"

此書爲稀有珍貴嶺南史志性文獻，在廣東文獻史上有相當重要地位，後世兩廣修者多引用該書，學者譽之爲"嶺南文獻之瑰寶"。饒宗頤亦認爲該書"尤爲考證清以前港九地理之無上資料"。

是書爲日本國立公文書館藏本。原書流傳不廣，《四庫全書總目》未收，《中國地方志總目提要》略有介紹。《中國古籍善本書目》與《中國地方志聯合目錄》僅著錄中山大學圖書館收藏此書（缺卷一至二、三十至三十二），據黃國聲考證，中大藏本爲初刻本，而公文書館本是在初刻本基礎上删改、增補而成的增訂本。《廣州大典》則合兩書底本影印而成目前最全之本（僅缺卷一）。

鈐"昌平坂學問所"、"尚□□山房"印。

（肖　卓）

清康熙刻本清遠縣志

[康熙]《清遠縣志》十四卷,清劉士驥等纂修。清康熙刻本。有圖。半葉九行二十字。白口,四周雙邊,單魚尾。題"知清遠縣事天中劉士驥孟閑甫纂輯,儒學教諭鳳城盧大經達敷甫、訓導韓江李滉天鏡甫仝修"。前有清康熙二十六年(1687)劉士驥序,又有清陳丹蓋舊序、黄許燦舊序、明隆慶元年(1567)黎恕舊序、孫鱗舊序。凡例十三則。

劉士驥,河南汝寧府汝陽縣人。貢生,清康熙二十年(1681)知清遠縣令,後升奉天府通判。見[康熙]《汝陽縣志》卷八。

盧大經,字達敷,廣東順德龍山人。貢生,清康熙二十二年(1683)任清遠教諭,康熙三十六年任邵陽知縣。

李滉,字天鏡,廣東潮州府海陽縣人。貢生,清康熙二十一年(1682)任清遠縣訓導。

清遠,秦爲南海郡洌江縣,漢更名中宿縣,仍屬南海。晉改隸始興郡,梁始名清遠郡,即故中宿及翁源地。隋開皇十年(590)廢郡爲清遠縣,屬廣州,後世因之。

全書十四卷,記事至康熙二十五年。卷一提封,爲輿圖、縣肇、年表、分野、疆域、形勝、山川、古蹟、瑶峝;卷二建置,爲城池、縣署、公署、屬署、衛署、舖舍、里巷、鄉都、村落、墟市、坊表、臺榭、橋渡、堤陂;卷三學校,爲

卷之一

知清遠縣事天中劉士驥孟閑甫纂輯

儒學

　　教諭鳳城盧大經達敷甫

　　訓導韓江李　滉天鏡甫　全較

輿圖說

周禮大司徒掌土地圖知廣輪方物名數以攷邦政漢相入關收其版籍圖書光武披輿圖知天下戶口阨塞處則邑乘之首圖經斷固制治之心印也是故山川土田於是乎載名物器數於是乎紀

學宮、書院、義學、社學、射圃、學田;卷四嘗祀,爲壇廟、寺塔(附廢寺田);卷五戶口,爲丁册;卷六食貨,爲田賦(附當稅)、賦役、起運、存留、歲辦、額辦、雜辦、鹽鈔;卷七職官,爲知縣、縣丞、主簿、典史、巡司、驛丞、教諭、訓導;卷八武備,爲衛所、城守、屯田、軍制、兵器、兵防、巡捕、哨江、民壯、弓兵、鄉兵、營兵;卷九辟舉,爲含徵辟、甲榜、鄉榜、選貢、歲薦、例貢監、監生、武舉、掾辟;卷十人物,爲鄉賢、名宦、封贈、道學、詞人、義士、節婦、隱逸、耆壽、流寓、僊釋;卷十一禮儀,爲祀典、慶賀、開讀、朝覲、救護、鞭春、上任、鄉飲;卷十二風土,爲氣候、風俗、土產;卷十三藝文,爲文、記、賦、詩、詞、傳、說。卷十四政事,爲告示、紀事、政略。興圖六幅,依次爲興地之圖,城池之圖,縣治地興之圖,縣城之圖,縣署之圖,學宮之圖。

劉士驥序云:"茲幸際聖天子踐祚之二十有六年,德化淪洽,薄海內外,咸受裁成,上礴星辰,下及蜎蠕,無弗奠麗,方封泰山禪梁父,由翕河而祠四瀆,考興圖,購遺書,以廣幅員,盛事以垂,奕口禳芳型。而我大中丞李公復仰體天子右文至意,崇儒重道,徵獻考文,取百粵之志而繙閱之,訝其舊史遺編,間多錯落,比年逸事,尚未增修,恐不足以稱上旨,乃下其事於藩大夫,藩大夫下二千石,二千石轉檄諸州縣,莫不齋桌祓濯,振策珥筆,黽勉將事。而余涼薄藐劣,待罪清邑,歷茲六載。六載以前,某事得,某事失,父老猶能言其略。六載之間,孰宜筆,孰宜削,則余之責也。敢不延集耆儒,周諮遺佚,取前志而合訂之,繼以近事,以成一邑之書,而上襄盛典乎?是故縣城衙署,別繪新圖,記更置也。邑里四至,各著方名,正疆界也。學校必飭,崇文教也。兵數必核,嚴軍實也。禮樂田賦,典章由舊,尊王制也。鄉試歲薦,得士即書,重舉賢也。德行之士,可美而傳,不過數輩,寧慎毋濫也。節烈之婦,未得其人,不敢輕舉,寧闕毋誤也。至於詩歌詞賦,非能表勝山川、并關民事者,削去不錄,崇實黜華也。凡此皆採集士庶之傳聞,據一得之獨斷,補綴卷末,以續簡編,詎敢謂嘉言懿行,一事靡遺,亦庶幾於史之闕文云爾。"

凡例計十三則,詳析各類目撰寫原則,曰:

"序志首圖經,次縣肇,推原始末,繫以歷年,年表次之,以稽星土,察時變也,以定疆域,辨方位也。山川不越境而袒,故不以先疆域,形勝標邑中佳麗,故不以後山川,若古蹟則苞孕於山川,而點綴乎境物者也,故次第列之,以秩編云。""地事既詔,王制次之。自城池衙署以暨村里,經野之意也。自墟市以暨瑤峝,舉遠之意也。尺寸之土不敢假,雖廢署必紀其地(邑人往有包佃官地者,故云)。散處之兇不敢忽,雖瑤雜必註其窠(廣志載清遠瑤峝凡一百有六種,一一查紀之,於志所云虜在吾目中,有事勷緝,便於鄉導也)。""學宮應在建置之內,然建邑以飭文事為首務,故拈出示之,馨宗有地也,肄習有所也,公廩以外有儲也,備志俟考。""諸侯祭封內山川廟中者,境內之象也,凡應祀壇廟祠宇,繫時綴文於其下,若寺塔以關風氣,梵田以存遺版,并附志之。""風土據舊稿,并參廣志直書,不敢濫美以誣治理。""戶田消長,歷屆編審詳紀其數,錢糧科則本折起存解支,按籍分注項下,以杜侵牟,如瞭指掌。""攷條鞭差役,元志僅載市務錢數緡,迄明初僅徵物料數件,至成化、嘉靖,加增十倍矣,豈物力國事,自簡趨繁也歟,備書以驗登耗,以覘繁簡,若夫權宜搜括之制不載。""武備世勛,必著其蹟,旌勞勩也。軍實軍器,必存其籍,防侵冒也。水陸哨壯,必稽其制,陋近規也。""建官惟其備,弘治年以瑤變議兵,憲節鎮茲土,旋寢其議,移鎮韶石,故謹記其當時一二表,表載入廣志者,餘不盡書。尹丞簿尉及學諭司訓,雖有沿革,存之備考,至秩官之後,附以儀節,為國以禮之旨也。""宦蹟已入名宦,載在廣志者,錄如原傳,不敢增減,新採入諸君,俱憲老見聞,野史列傳,如修學宮之巽峰,剏印沙之關鎖,置田以贍貧士,賑粟以活饑民,摧挫權瑠,廓清崔苻,苟有一段血性,即為不愧汗青,錄之以見小邑尚有幾希也。""人物首鄉賢,崇名碩也。錄薦舉,昭異品也。孝義烈節必詳,重懿德也。名僧仙道,亦必載其始末,不以異學泯高韻也。""文翰碑文詩記,取有關風教者急錄之,治內峽山名勝,古來名公巨卿騷人韻士,登臨題詠者充棟,姑臚列數十首以點綴山靈,至有比物懷人,寄情詠事者,不敢附入以滋聚訟。""志有志運,自宋建炎己酉(三年,1129)廣州教授林公勷來署縣事,手筆作志,元季散佚。明正德庚午(五年,1510),邑令張公欽搜之耆民徐禮家,銳意肇修,尋去不果。嘉靖洪公子誠,草卒業矣,旋擢別駕,報罷。迨隆慶丁卯(元年,1567),陳公嘉謨,急欲捐俸付梓而未就,說具黎君恕序稿中。崇禎丙子(九年,1636),邑令孫公轔較定入梓,工迺告竣,迨皇清順治庚寅(七年,1650)間,邑經鼎革,遺板盡失,邑明經夏君雲藏得孫志舊本,重刻工竣,不一二年,因匠人印刷失慎,板又為回祿所燬。康熙元年(1662),邑令陳公丹薑、學諭黃公許嶸,與夏君雲重緝梓復,上下五百餘年志運,屢有隆替,豈禮樂有待而興也耶!至於順治四年(1647)以前事蹟,一遵古先遺藁,四年以後事蹟,據實直書,以備稽攷,倘有掛漏錯訛,尚訂之高明是望。"

清遠縣修志自宋已有,明黎恕序詳言之,然經宋、元、明三朝兵燹天災,均未能保存,今所見最早版本乃康熙元年陳丹藎等修十一卷本。此十四卷本與十一卷本比對,類目設置基本相同,應是在十一卷本基礎上增補而成。

《四庫全書總目》《中國古籍善本書目》《中國地方志聯合目録》均未收。《中國地方志總目提要》著録,僅日本國立公文書館入藏。

(蔣文仙)

清康熙刻本東莞縣志

[康熙]《東莞縣志》十四卷首一卷,清郭文炳等修,清張朝紳、李作楫等纂。清康熙二十八年(1689)刻本。十二册。半葉十行二十二字,小字雙行同。白口,四周單邊,單魚尾。框高15釐米,寬13釐米。前有康熙二十八年郭文炳序。

郭文炳,字郁甫,後改字中孚,直隸保定府蠡縣(今屬河北)人。清康熙十五年(1676)丙辰科進士。二十六年(1687)出任東莞知縣,實心愛民,力圖振作。二十八年捐俸銀一百二十兩購造寶安義學,後又督建靖康書院。[光緒]《蠡縣志》卷六有傳。

張朝紳,字偉行,號元沙,廣東東莞人。清順治十四年(1657)丁酉科舉人。康熙三年(1664)甲辰科進士。曾任山東高密知縣。爲人廉介清白,愛民如子,興學校,愍刑獄,循聲甚著時。生平通經學古,爲文辭有家法,名著於時。年八十四卒。著有《醉古洞詩文稿》。《東莞詩録》卷二五有其傳。

李作楫,字濟巨,號白川。廣東東莞人。性方正慎密,燕處必以禮,終日無惰容。弱冠中順治十一年(1654)舉人,十八年(1661)中進士,授推官,改江南溧水知縣。時尊經閣圮,出私錢重建,召多士講學論文。後遷山西汾州府同知、雲南鶴慶知府、大理知府等。著有《藏公堂集》、《白山文稿》、《中山治略》。阮元《廣東通志》卷二八六有傳。《廣州鄉賢傳》、

東莞縣志卷一

圖考

禹貢九州鑄爲九鼎後世之圖所由昉也莞在襄邑本一掌地然城郭山川實爲廣之壯邑且扼塞於茲在焉戶口田賦於茲出焉圖固繪事乎哉而實訪治者之所不忘矣首全封總其要也次諸司備其詳也次縣城舉其本也次縣治以修政也次學宮以敷教也次虎門省會門戶也不出庭階而窺四境之爲義大矣哉

縣總圖　京山圖　中堂圖　缺口圖　原白沙圖
縣城圖　　　　　學宮圖　虎門圖

圖紀

《廣東文徵作者考》皆有載。

東莞，秦漢時屬南海郡。晉成帝咸和六年（331）置寶安縣，屬東莞郡。唐至德二年（757）改寶安縣爲東莞縣，東莞之名縣自此始。宋開寶五年（972），廢東莞縣入增城，六年（973）復置東莞縣。明復分東莞，置東莞守禦千户所，隸屬南海衛（洪武初年置）。清康熙五年（1666）分東莞守禦千户所，改立新安縣。

是志共計十四卷首一卷，首一卷爲元皇慶元年（1312）郭應木、明正統七年（1442）陳璉、明天順八年（1464）盧祥、明弘治十七年（1504）劉存業、明嘉靖四十一年（1562）黄佐等舊序。劉祖啟撰凡例十二則。纂修姓氏。目録及《東莞縣志目序》。卷一沿革；卷二疆域、星土、山川、風俗；卷三城池、坊都、橋渡、墟市；卷四户口、田賦、特産；卷五鹽法、屯田、水利；卷六職官，爲守令、佐貳、教職、雜員、武職、名宦；卷七公署、倉庾、郵傳、憫恤；卷八學校、選舉（唐宋元）、選舉（明上）、選舉（明下）、選舉（國朝）；卷九秩祀、禮儀、祠廟；卷十祥異、荒政、兵防；卷十一古蹟、丘墓、坊牌、寺觀；卷十二人物；卷十三藝文，爲詔誥、對策、章奏、序跋、記、文狀議事蹟、語録、書、賦銘詩、書目；卷十四外志。

郭文炳序云："況邑自有明崇禎己卯（十二年，1639）修志之後，於今五十餘年，事隔兩朝，地經百戰，因革損益，久已别具章程，消息盈虚，不免動關民莫，官茲土者，尤所當亟考而知也。文炳下車，即兢兢以此爲念，會逢聖天子特命史館纂修大一統全書，詔徵天下郡國新志，炳仰承憲檄，商之同年文挺叔、學正尹爾任兩先生，未幾，而皆以赴選，未獲卒業。乃復請正於鶴慶守李先生濟巨、高密令張先生元沙，偕孝廉明經諸君而訂緝之，書成，得細讀焉。夫志者，識也。其自地圖沿革以及人物、藝文稱名取類，皆所以識也。於是文炳受而識之，以審經畫，以圖可繼，比之烹鮮者，固奉爲餂治之全鼎矣。若夫遵列憲之體裁，紀一方之典故，而用以備聖朝之採擇，則所稱函牛之一臠倘是乎。"

劉氏《凡例》云，"舊志沿分八款，其中所隸之目多有强屬者，如古蹟、丘墓、坊牌皆編列學校志，殊費辭也。茲編各自立項，不爲牽綴，即秩祀亦然。""是編各則皆務詳前人之所略，而祠廟寺觀乃獨略前人之所詳者，此中有矯世挽俗之微意焉，其徑削雜志而薄存仙釋即此也。""是書意在寧嚴毋濫，寧簡毋繁，有徵斯録，有疑則删，而中亦有不能盡然者，則所謂鄉曲之言，君子存之而已，然一字之褒實，未嘗苟焉。""是編雖比舊志加詳，然告竣僅以七十日,程期過速,前輩名集尚有未及搜者,典故事實尚有未及核者,閭巷見聞尚有未及訪者,修飾討論統俟後之君子。邑志自戊辰上春開局修纂,時奉羔鴈董厥事者,爲文挺叔進士、尹爾任學正,藁未脱而皆先後赴選去。尋以憲檄督急,繕録者竊將崇禎舊志草次抄入,凡我朝科條典則多所未備,令公郭先生念其有關體要,特請張元沙茂宰、李濟巨太守,重加改輯,兩先生共取前藁,爲之定其出入,乃畀家孟月子暨陳君子大、張君唯子相與考覈、删訂,祖啟受而論次成書,則發凡舉例,有所不辭焉爾。"

按:東莞有志,始於元皇慶元年郭應木、陳庚纂修之《寶安志》,惜此志板毁於兵燹。明永樂初,東莞上林教諭莊恭、陳義等訪得郭氏舊本,續而修之成《寶安續志》。明正統七年(1442),陳璉、周式等人依郭氏舊志,增入明代制度、文武、公署、事蹟、縉紳詩文等成《東莞縣志》。明天順八年(1464),吳中、盧祥等人以陳璉所纂舊本爲藍本,而成《東莞舊志》十二卷。四十餘年後,天順舊志板刻散亡,篇帙殘落。明弘治十七年(1504)劉存業等續修又成《東莞縣志》十五卷。明嘉靖四十一年(1562)喬誥、謝邦信等修《東莞縣志》,孫學古、陳士俊等成《增修東莞縣志》。明崇禎十二年(1639)張二果、汪運光等人纂修縣志成八卷,歷時五年。

此康熙志以崇禎舊志爲基礎,補以五十餘年事蹟。於舊志史實嚴加稽核,以補前闕。內容分類也較舊志明晰,"荒政"一類爲此志獨創。"山川"一類,僅記縣內山、泉、湖、海而不及河流,凡所載屬名勝者,均附有前人題詠。"藝文"一類,除録莞人詩文外,又列莞人著作書目一四七種。"物産"一類,除記莞産之動植物外,尚載"布屬"、"帛屬"和"貨屬"。"人物"類中有方技,爲古代工匠者立傳,勝過前志。

該志纂修姓氏者題"東莞縣知縣蠡吾郭文炳重修。縣丞會稽郭一泓、教諭長樂劉注、訓導程鄉李恒煊校訂。邑人張朝紳、李作楫、文超靈纂輯。尹之逵、劉連輝、劉祖啟、陳之琰、張長美同編。"

《四庫全書總目》、《中國古籍善本書目》、《中國地方志聯合目録》、《中國方志叢書》皆未收。《廣東歷代方志集志》收録是志,然卷十三藝文八缺第二葉,楊寶霖校訂[康熙]《東莞縣志》可補(東莞市人民政府1994年據日本内閣文庫藏本影印)。

此志藏日本國立公文書館之内閣文庫。

鈐印"秘閣圖書之章"。

(陳 莉)

清康熙刻本南海縣志

［康熙］《南海縣志》十七卷,清郭爾戺、胡雲客修,冼國幹等纂。清康熙三十年(1691)刻本。半葉十行二十二字,小字雙行同。白口,單魚尾,四周單邊。前有清康熙三十年胡雲客序、康熙二十六年(1687)郭爾戺序、康熙三十年梁佩蘭序。《纂修姓氏》後有明崇禎十五年(1642)朱光熙序、龐景忠序、明萬曆三十七年(1609)劉廷元序、王學曾序、宋淳祐七年(1247)李昂英序、元大德八年(1304)陳大震序。冼國幹撰《凡例》九則。

郭爾戺,陝西華陰人。生卒年不詳。舉人。康熙二十年(1681)任南海知縣。

胡雲客,字秋遠,浙江德清人。清康熙六年(1667)舉人。康熙二十八年(1689)任南海知縣。

冼國幹,廣東南海人,清康熙二十一年(1682)進士。四十八年(1709)任湖州太守。

南海縣,在秦時置番禺縣,隋代改爲南海縣,明清時與番禺并爲廣州府治。此志分十七卷。前有新舊縣治儒學各圖,包括邑隸省城圖、邑總圖、新縣署圖、舊縣署圖、縣儒學圖、金利司圖、三江司圖、黃鼎司圖、江浦司圖、神安司圖、五斗口司圖、西樵山圖、靈洲山圖、石門山圖等十四幅。卷一輿地志,爲形勝、分野、疆域、山川、坊廂、都堡。卷二建置志,爲沿革、

南海縣志卷之一

輿地志

形勝　分野　疆域　山川　坊廂
都堡

惟王建國辨方正位以為民極蓋君制方以理民依方以生畫疆而治示封守也南海藩服防周初郡縣則昉漢唐顧治遷靡常稱名代異要以東控扶胥西封漭陿南襟萬派千支流峙高深僻靈窟宅巍然首善區也奠山川以壯形勢辨星野以備修禳樹幅幀以正經界定坊都以聯澳散保邦圖治不能越茲而弁冕矣志輿地

形勝

城池、公署、壇廟、坊表、倉庫、刑獄、恤政、墟市、圩岸、津渡、橋樑、道路、郵鋪、臺榭、古蹟、附寺觀、家廟、墳墓。卷三編年志，爲事紀、災祥。卷四官師志，爲知縣、縣丞、主簿、典史、教諭、訓導、巡檢司、河伯所，附禮儀。卷五選舉志，爲薦辟、進士、舉人、歲貢、恩拔、封贈、恩蔭、武科、例監（係舊志所載者，析監繁多，概不錄）。卷六風俗志，爲習尚、語音、歲時附氏族等。卷七食貨志，爲户口、服役、租税、鹽法、錢法、課程、物産。卷八學校志，爲儒學附學田地、社學、書院、考法附。卷九兵防志，爲白口軍制、屯田、營哨、斥堠、汛防。卷十名宦志，爲名宦、寓賢附。卷十一至十三人物志，爲名臣、理學、循吏、節烈、文學、武功、孝義、隱逸、貤封、耆壽、列女附仙釋、方技。卷十四至十六藝文志，爲書目、漢詔、奏議、記、賦、詩。卷十七國朝藝文志，爲奏疏、碑記、詩。

　　胡雲客序云："前令關中郭君爾戺宰邑之六年，奉臺檄修邑乘，才不他借，皆與邑薦紳士夫分曹發例，述故增新，凡十二朏而書成十七卷，既繕呈報可，值以事去官，未及授梓，非缺典歟。瀕行，諄諄以屬余不佞，亦舊政必告之一也。余不佞自惟迂拙，承乏大邦，方惴惴汲深綆短之虞，而常懷暗室獲炬之冀，遂以膏晷餘力，受而卒業。""事必據實，言取有徵。雖文稍遜雅馴，然按狀直書，不事骫牙，務求明備，未可疵也。惟越稽元序，亟稱圖經，而其書久亡，故未及羅蒐。今天子注意輿圖，前特命道臣、郡丞親行巡歷，考其山川城郭里道遠近，繪圖恭呈御覽，俾載入《一統志》，以成鉅典。參藩蔣公伊、僉憲韓公作棟實殫力焉，進呈稱旨，圖之不可忽也如是。余照式增入，作南海縣總圖，而六司各爲一圖，列所隸山川、鄉堡、學宫、縣治各一圖。靈洲、石門、西樵皆名山也，亦各圖之，使燦然簡策，與古左圖右史之義罔缺，於斯志不無小補云。因捐俸壽之棗梨。"

　　郭爾戺序云："以爾戺之固陋不學，乏考稽之能，又簿書鞅掌，日不暇給，獨喜得薦紳之士，相與延訪博考。自明季迄我朝四十餘年，政事人文，可法可傳者，皆不容泯滅之跡，輒因舊本條分纍次，按據故實，輯而續之，毋使其無聞焉，庶幾藉手以酬憲臺之規畫，少補職方之掌故云爾。"

　　《凡例》大體就新志結構設置略作説明，與舊志相較，其因革及新創之處，未逮之處亦有交代。如，其一則云："舊志有政事、禮樂二條，竊謂邑《志》何事非政？僅摘數條以爲政事，紊隘矣。兹凡有事於邑者，盡屬之建置，不言政而政括焉。若邑中無樂可紀，止載禮儀數款，標曰禮樂，似失之誣,今摘學校一志,而'禮儀'附見於'官師'焉,庶幾名副其實耳。"又,"人物傳,舊志只按年代開載,未免洪纖共貫,今將名臣、理學等目區分條析,俾忠孝節義、文章武伐各以類從,而潛德貤封附見焉。後之興起者,亦將觀感於斯篇。"又,"士君子身後論定,雖今日功名顯赫之人,巖穴高蹈之上,未敢預爲立傳,列女亦然。苦節、未亡,概竢異日。"又,"粵省《通志》,剞劂在數年前,時邑《志》未經纂修。今校讎編摩,有執《通志》所增人物以相繩者,鄙性硜硜,與共事矢公矢慎,知罪聽之輿論。"所謂的"舊志",即宋、元、明歷代所修之《南海縣志》。所謂"通志",即清康熙時金光祖所修《廣東通志》。南海爲南國之舊邦,聲名藉藉。此志在各舊志基礎上,又以新修《廣東通志》作爲參覈,經郭爾戺、胡雲客二任前後主持修纂,務求明備,無論體例及內容,後出轉精,翔實而又特爲突出其時代、地域特點。文雖質直,實信史也。

此志刻印精良,而國內沒有入藏。日本國立公文書館藏有一部,《廣州大典》即據以影印出版。

(李福標)

明嘉靖刻本香山縣志

[嘉靖]《香山縣志》八卷，明鄧遷修，黃佐纂。明嘉靖二十七年（1548）刻本。半葉十行二十字，小字雙行同。白口，四周單邊。前有嘉靖二十六年（1547）黃佐序、嘉靖二十八年（1549）曹逵序。《目録》後有《南至諸番大洋》圖一幅。末有嘉靖二十八年鄧遷後序、嘉靖二十六年楊維震跋。

鄧遷（1504—1575），字世喬。明嘉靖七年（1528）舉人。爲香山縣令，待里胥以嚴，定賦役以法，政教兼舉，尤重學校。縣治後有仁山，爲豪猾所占，捐俸贖之，修創書院，與諸生講學其中。治行最諸邑。督府歐陽必進獎其賢能，移文十郡，以爲守令法。陞嘉興府判。瀕行，吏以例得柴薪銀歸之，遷益以俸金，令里胥市牛酒勸耕農及周老而貧者，深山窮谷，莫不感動，爲立德政碑於石岐頭。

黃佐（1490—1566），字才伯，號希齋，晚號泰泉。廣東香山（今中山）人。祖籍江西，明初定居香山。祖父黃瑜、父黃畿皆爲一代儒宗。明正德十五年（1521）進士，選庶起士，授翰林院編修。歷江西僉事、廣西學政。因母病辭歸。後晉侍讀掌南京翰林院，擢南京國子祭酒，穆宗詔贈禮部右侍郎。晚年謁王守仁，得其稱揚。與大學士夏言論河套事不合被罷歸，棄官歸養，築室於禺山之陽，潛心研習孔孟之道。卒謚"文裕"。

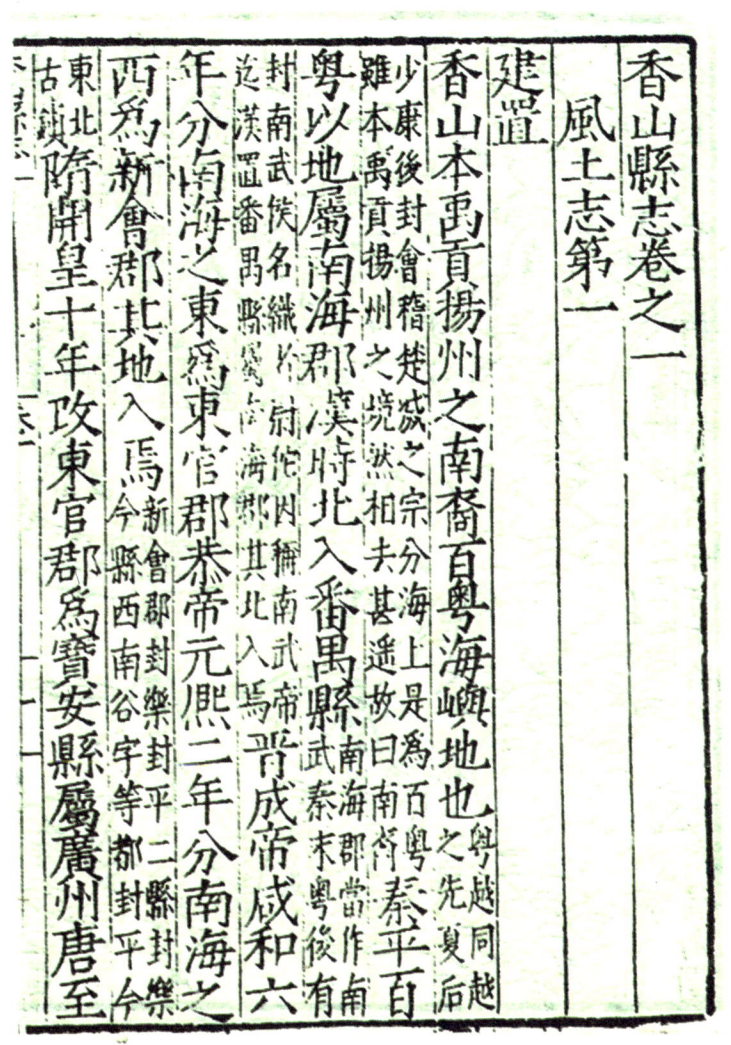

香山縣志卷之一

風土志第一

建置

香山本禹貢揚州之南裔百粵海嶼地也粵越同
少康後封會稽楚成之宗分海上是為百粵之先夏后
雖本禹貢揚州之境然相去甚遠故曰南裔秦平百
粵以地屬南海郡廣時北入番禺縣晉成帝咸和六
封南武帔名織後爲尉佗因稱南武帝南海郡當作
遠漢置番禺縣屬南海郡其北入焉秦末粵後有南
年分南海之東爲東官郡恭帝元熙二年分南海之
西爲新會郡北地入焉新會郡封樂封平二縣封平今
東北隋開皇十年改東官郡爲寶安縣屬廣州唐至
古縣

香山，宋代即置爲縣，明清皆屬廣東廣州府，民國時改爲中山縣。此爲香山縣現存最早之志書。分八卷。卷一風土志，爲建置、城池、形勝、坊都（街巷、鄉村附）、風氣、水土、風俗、山川、潮汐、土田、井泉、牌坊、關梁、津渡、古跡、陵墓。卷二民物志，爲户口、田賦、土貢、雜賦、輸納、徭役、食貨、物產、虛市。卷三政事志，爲公署、行署、壇廟、兵防、屯田、水利、寄莊、魚鹽、預備、存恤。卷四教化志，爲學校、社學、國禮、縣禮、鄉禮、絃歌。卷五官師志，爲官制、縣官、所官、學官、名宦、流寓。卷六黎縣志，爲仕格、科貢、恩例、材能、人物、儒林、文苑、孝友、勇義、列女。卷七藝文志，爲文、辭、賦、詩。卷八雜志，爲祥異、寺觀、仙釋、藝術、地愿、方愿、雜考、雜事。此前，香山有明永樂容悌與舊志及成化黃經舊志，是書有此作爲參考，而重爲刪削，又增其未逮，補其未備，經一代大儒黃佐及其弟子楊維震撰次論贊，誠爲一地之信史。

黃佐序云："敝邑褊小，僻在海嶼，未可謂無人，顧簡册久逸，可使寂而隳與？舊志創自永樂中邑人容君悌與，迄成化甲辰（二十年，1484）庠生黃君經增損以爲新志，詳於鳥獸、草木，而名宦人物則略。至是賢令文巖鄧君復延縣文學齊君啟和、郎君良、胡君禮，開局纂修，補其未備，俾予裁定之。予方在苫，謝未能也。乃令門人楊上舍維震輩撰次論贊。比及祥禪，躬爲潤色，昭其晦，芟其蕪，立綱振目，稍可觀省，凡八卷云。是故風土以觀媺惡，民物以察登耗，政事以審弛張，教化以知興替，官師以稽賢否，黎獻以考盛衰，藝文以備徵信，雜志以辨妖祥。一邑之事，亦略具矣。矧邑負仁山以施仁政，周官之本，其在兹哉。"

曹逵序云："香山有志，其來尚矣。而或詳於鳥獸、草木之名，異端、曲技之末，而於大經大法所以關世教、裨政體者，顧多略焉，且間有文從字舛、豕亥魯魚，類未及正。太史公泰泉先生竊病之，於是爲之刪其繁，補其缺，訂其訛謬，廣摭舊文，斟酌損益，斷以己意，而是書遂燦然明備，爲一邦不刊之典。邑令鄧子持以示予，予閱其書，發凡立例，爲綱有八，爲目六十有九。先王體國經野，辨方置位，必以驗風氣、相土宜爲先，故首風土。風土正，而後籌口制賦、飭材化居之法可行，故次民物。民物阜，而後興廢整墜、布法垂象之令可舉，故次政事。政事修，而後上知所教、下知所學而軌極建，故次教化。教化行，而後善知所勸、惡知所懲而鑒戒明，故次官師。

官師興,而後菁莪棫樸、譽髦化成,故次黎獻。黎獻作,而後染翰操觚、黃中理暢,故次藝文。末復以雜志終焉。比物醜類,而邪正自見,譏妖察祥,而幽顯以達。其文直而潤,其事該而核,其義辯而精,可謂探倫理之要,綜今古之情者矣。執此而往,雖以之潤色皇猷可也,邑志云乎哉。若其中所載,某利所當興,某弊所當革,某事如何經畫而善,某令如何更改而非,變而通之,與時宜之,則固予等司民牧者責也,持以詔諸同志,俾交勗焉,以期不負作者之志云。"

鄧遷後序云:"嘉靖甲辰(二十三年,1544),遷承乏香山知縣事,既儆恪職事,脩舉廢缺,蓋稍稍有次第,遂及於編輯志乘之事。迺即邑容君悌與黃君經所爲志觀之,曰:夫志,固職方之遺,郡國之書之舊也,所由來尚矣。然記載弗詳,雖盛無所與傳,語弗經焉,垂示方來,後學將無所考信矣。則是書也,祓餙厥文,綜其行事,成一邑之史,意者其在斯乎。適詹事師傅泰泉公,先國子祭酒,以内艱終喪墓下久之,遷迺肅幣拜而請於公曰:'香山立縣,始宋紹興壬申(二十二年,1152),凡三百九十餘年於兹,其文獻所遺,至淺鮮矣,唯我公裁之。'公時方在苦,儼然憂服之中,辭未能也。又明年,是爲嘉靖丙午(二十五年,1546),遷以志事請於司馬大中丞張公、巡按侍御陳公、楊公、督學陳公,皆報曰可。遷迺延儒學教諭齊子啓和、訓導郎子良、胡子禮,暨諸生開局纂脩,俾各執其事。又申請於公曰:'惟公蓋官太史之官矣,周官太史掌建邦之六典,凡辨法者攷焉,然則論譔叙述,垂諸志乘,凡可損益世道,以存夫勸戒者,固太史公之所事守也。況公從先代國族於斯,世有令德,篤生於公,以弼我明之盛,誠著是書,傳之其人,則此邑雖小,泱泱乎大國之風矣。公豈有意乎!'公曰:'表前正之德,宣宗國之風,叙世傳之後先,究人事之終始,推見得失,俾縉紳學士有所考正,斯教之大者也,余將不忘其所論著矣。'迺令門人國子生楊子維震輩,采獲舊聞,考證時事,撰次論贊。既詳悉可折衷,公則爲之載筆芟潤,裁而定之,蓋燦然皆實録,信今垂後,足勸戒云。書成八志,凡目六十有九,紀載上下三百九十有六年之行事,即大義所存,斯章明較著者也。遷遂命工鋟諸梓以傳,并叙諸末簡。"

楊維震跋云:"吾邑自建置迄今,吏不乏良,産不乏賢,獨志爲闕典。鄧侯文巖始至視篆,即訪邑志,無所於得,憮然興嗟。明日屬縣文學述焉,且曰:'邑有良太史,是役也可後乎哉。'乃介書幣請於大司成吾師泰翁,泰翁曰:'志之闕,吾懼久矣。昔嘗志吾郡,今略於吾邑可乎?'遂爲之凡例,俾震撰次卷末,既乃躬自删潤,僅閲月而志成。"

  此志國内今不藏。日本國會圖書館藏一部,書目文獻出版社2002年版《日本藏罕見中國地方志叢刊》收録,《廣東歷代地方志集成》據以再次影印。

(李福標)

清道光刻本佛山街略

《佛山街略》一卷。清道光十年(1830)禪山怡文堂刻本。一册,有圖。行款字數不等。白口,四周單邊。框高 20 釐米,寬 12 釐米。

佛山,位於廣東中部,爲中國四大名鎮之一。此書詳細記録佛山各街道名稱,於地標位置、走法、所賣物品特色、各墟開墟日期等均有詳細介紹,類似旅遊指南,反映了彼時佛山經濟之繁榮。

此書有靈應祠圖、靈應祠記、佛山街略(由接官亭中路至祖廟程、由接官亭東路至祖廟程、由接官亭西路至祖廟程、由正埠往蛋家沙路程、由正埠往大基尾路程、由祖廟往柵下新文塔路程、由祖廟往村尾通濟橋路程至軍營汎)、各墟指南、各行暗語、較秤法(梁教之新選、將較少兩數開列、聽人還價法、將拆數開列)。

佛山最重要之名勝曰祖廟,其卷首靈應祠云:"祖廟之名由來久矣,内祀玄天上帝併三十六員天將,左有宣化宮、文昌閣,右有流芳祠。觀音殿外有錦香池、萬福台、奏樂亭。諭祭牌樓、崇敬門、端肅門六門相通。昔黄蕭養掠佛,著民欲降,有烈士梁廣等二十四人同告於神,神許力戰,後神助陣,大破海賊,名揚於朝,封其祠曰靈應,春秋諭祭云耳。"

扉頁刻:"佛山街略。内附各埠渡額日期來往客商賣買什物者依街道

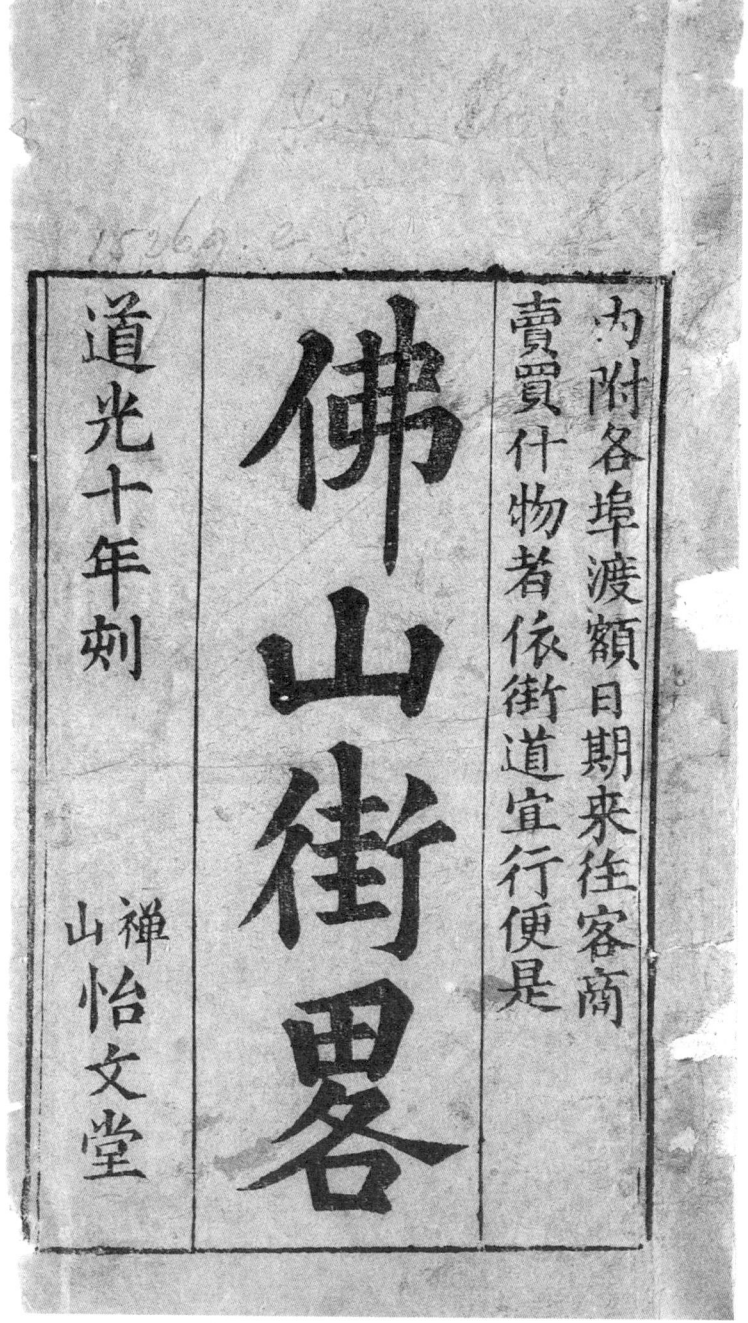

清道光刻本佛山街略　扉頁

佛山街略

分水正埠 上有接官亭大小文武官員赴任下屬皆在此迎接對岸文昌鷹嘴二沙有廣州粵海二關稅

接官亭 佛山同知黃老爺建亭前水分三江人住西北二江北通省城石龍芋魚糖芋芋物東通順德香山芋處西通三水四會程亭後路開三枝而至祖廟一洞

由接官亭中路至祖廟程附後分府憲衙門

中路永安街 賣海味牛燭醬料 **永聚街**東通東慶街西通鎮地街賣蟹 **二帝廟**內有清升萬汲不竭世傳霍尚書讀書處 **官廳脚**字路口太海參蛋

佛山街界

宜行便是。道光十年刻。禪山怡文堂"。

《廣東文獻綜録》未見著録。

此書現存英國國家圖書館。

(張　紅)

清乾隆刻本三江水利紀略

《三江水利紀略》四卷,清莊有恭撰。清乾隆刻本,馬惟醇跋。四册。半葉九行十九字。白口,四周雙邊,單魚尾。框高19.8釐米,寬13.6釐米。前有莊有恭自序,蘇爾德序,李永書序。

莊有恭,字容可,號滋圃,廣東番禺人,祖籍福建晉江。清乾隆四年(1739)狀元,授修撰,累遷侍講學士、光祿寺卿、内閣學士、户部侍郎,官至刑部尚書。《清史稿》卷三二三有傳。

卷一《三江水利圖》、《水利文檄章奏詳稟》,卷二《章程條議》,卷三《水利各河原委寬深丈尺土方銀數》,卷四《水利善後事宜》,在事各員銜名及各屬董事姓名。

《三江水利圖》依次載:《吴江震澤二縣境轄水利圖》、《長(洲)元(和)吴三縣境轄水利圖》、《崑(山)新(陽)太(倉)鎮(洋)上(海)青(浦)嘉(定)寶(山)八州縣境轄淞婁二江水利圖》、《婁青(浦)二縣境轄泖湖圖》。

三江即吴淞江、婁江、東江。太湖湖水通過吴淞江、婁江和東江入海。《尚書·禹貢》云"三江既入,震澤底定"。莊有恭《請濬三江水利奏摺》言:"竊見太湖居蘇、常、湖三郡之中,北受荆溪百瀆,南受天目諸山之水,

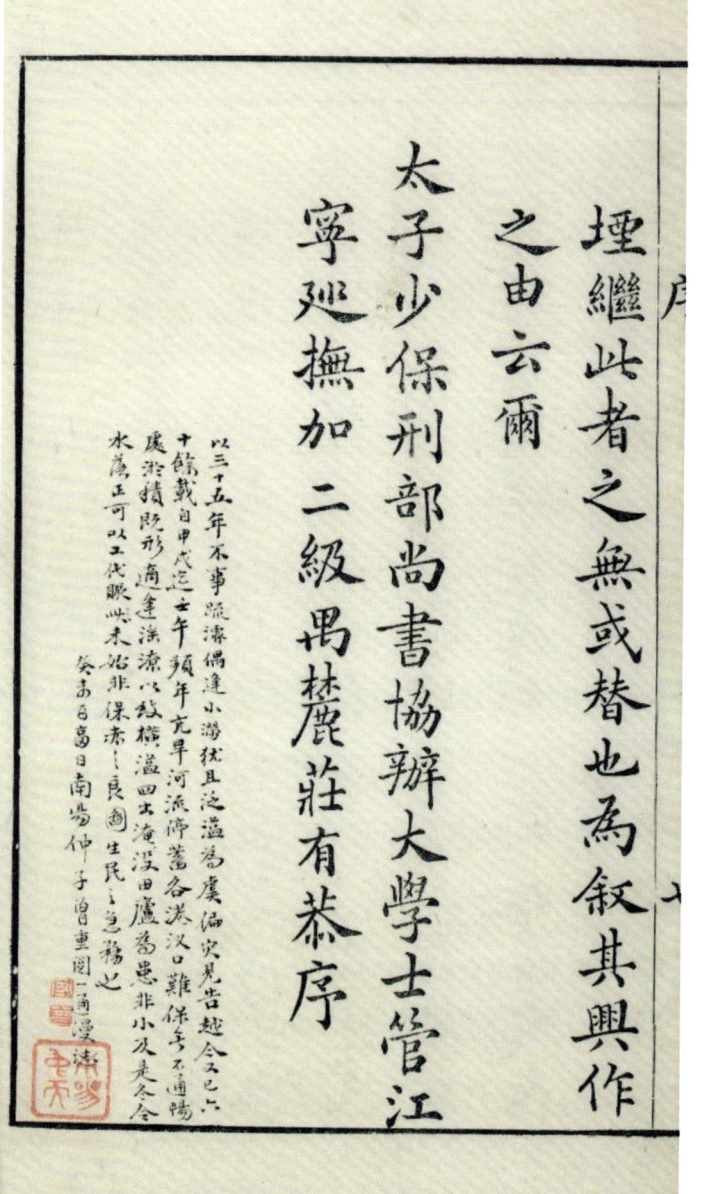

清乾隆刻本三江水利紀略　題跋

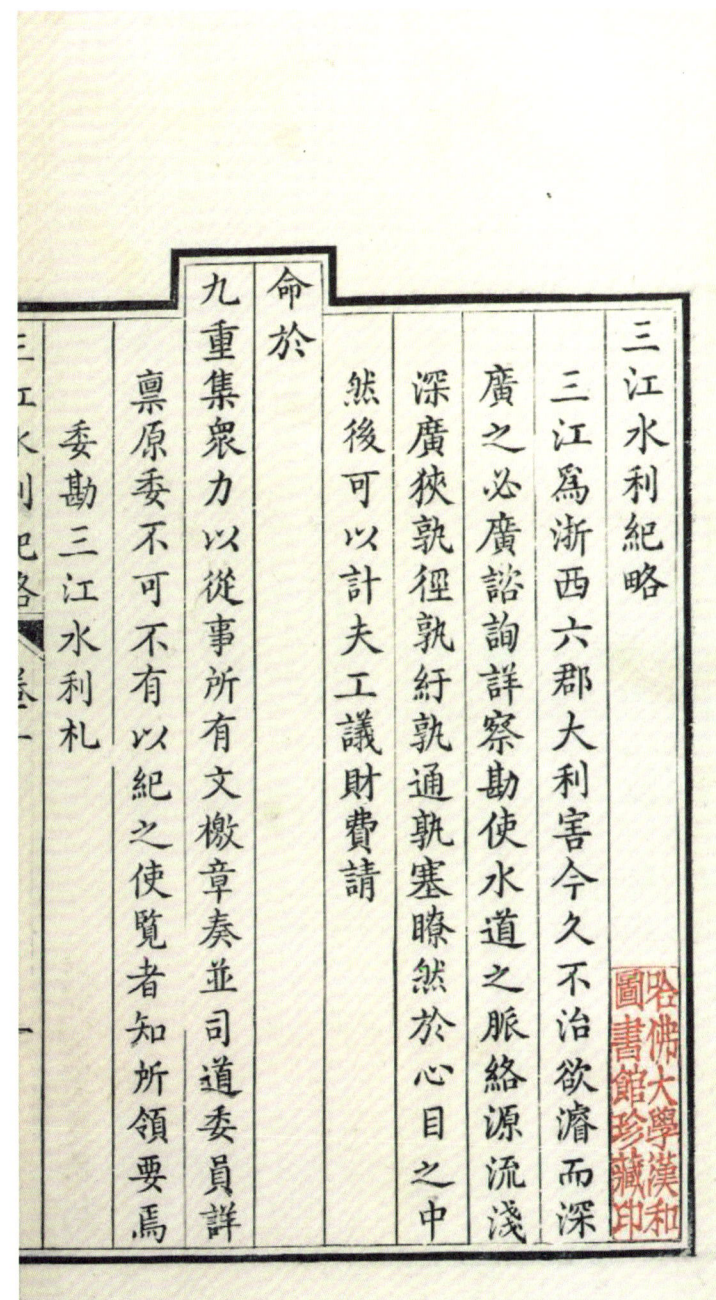

三江水利紀略

三江為浙西六郡大利害今久不治欲濬而深廣之必廣諮詢詳察勘使水道之脈絡源流深廣狹熟徑熟紆熟通熟塞瞭然於心目之中然後可以計夫工議財費請

命於

九重集眾力以從事所有文檄章奏並司道委員詳禀原委不可不有以紀之使覽者知所領要焉

委勘三江水利札

清乾隆刻本三江水利紀略　卷端

匯爲巨浸,而分疏之大幹,則以三江爲要。三江者,吳淞江、婁江、東江也。"三江自雍正五年(1727)至乾隆二十六年(1761),已有三十五年未疏通。莊有恭任浙江巡撫期間,大興水利,調任江蘇巡撫,亦繼續疏通河道。莊有恭自序曰:"余在浙時,已有成言,將歸湖溇港大議疏滌矣。其自湖達江,由江歸海之途,且與鄰疆大吏徐商其便。適是年冬,再叨恩命,調撫江蘇。下車之日,即問之吏:'淞婁不治幾何年矣?'吏曰:'自雍正五年撥帑疏治,至今蓋三十有五年矣。'爰謀之方伯蘇君爾德、觀察李君永書,僉曰,'往者水患所鍾,以淮南北爲重,幸鑾輅三臨,大工畢舉,轉瘠爲沃,易危而安。惟茲二江雖年久不治,其患不若淮南北之重且急也,又大役不可并興,未敢以請。'顧浙西六郡,財賦半天下,今以二江不治之故,偶逢小潦,泛濫爲虞。及今浙蹟尚存,涓流尚達,爲功猶易,爲費猶輕。若失今不治,所病於民者益深,即所損於國者必大,雖曰勞費,是烏可已。時浙之當事,已踵行前議,將有事於浚溇之役矣。因遣員張世友、楊宜崙等,循淞、婁二江,上至湖濱,下至海口,尋脈絡,辨形勢,量廣狹,測淺深,繪圖陳説,又商之制府、今相國尹公。公適以公事至松,詳諮博議,亦深以爲然。余乃復與觀察李君自幹達支,周遭親勘,得其要領,方復計夫工,議財費,而此邦人士知將有事於二江而懼其不果行也,合詞同聲,願以民力成之而官董其事,顧銖納畝輸未可時集,遂援常熟、太倉借帑築塘例,與今相國尹公據情入告,得旨允行……是役也,經始於癸未之十二月,蕆事於甲申之三月,借帑二十二萬有奇,兩郡一州之士大夫樂其事之有成,願有紀焉。"

馬惟醇跋云:"以三十五年不事疏濬,偶遇小潦,猶且泛濫爲虞,偏災見告,越今又已六十餘載。自甲戌迄壬午,頻年亢旱,河流停蓄,各港汊口難保無不通暢處,淤積既形,適逢淫潦,以致橫溢四出,淹没田廬,爲患非小。及是冬令水落,正可以工代賑,此未始非保赤之良圖,生民之急務也。癸未百福日南陽仲子曾重閲一通漫誌。"鈐"守曾"、"南陽中天"。

馬惟醇,字守曾,號春谷。約爲乾嘉時人。張芃士曰:"先生植學敦行,家貧幕游,謹慎詳密。嘉慶己卯(二十四年,1819)秋,江淮水災,亟贊阜寧令通牒敘流離困苦狀,大府據以入告賑恤,下民和安集。由是名益重於時。"見《樅陽風雅》第242頁。

《三江水利圖》末鐫"吳門穆大展局刻"一行。

《中國科學院圖書館藏中文古籍善本書目》、《美國哈佛大學哈佛燕京圖書館藏中文善本書志》著録。《四庫全書總目》、《中國古籍善本書目》皆不收。

是本爲翁同龢舊藏,現藏美國哈佛大學哈佛燕京圖書館。

鈐印有"哈佛大學漢和圖書館珍藏印"、"晚香草堂"、"艷秋閣物"、"常熟翁同龢藏本"、"孫慧冀印"、"冥生草堂珍藏"。

(李　卓)

清抄本文塘子粵遊記

《文塘子粵遊記》一卷，明黎允儒撰。清抄本。一册。半葉九行二十一字，白口，四周單邊。卷端題"盱江黎允儒著羅浮楊起元評；門人東莞盧見田輯、馮翊郭維屏校"。前有明萬曆十七年(1589)楊起元序、萬曆十七年郭如魯序。末有萬曆十五年(1587)黎允儒自撰後序、楊起元傳（輯自《廣東文獻輯覽》）、曾釗《楊貞復雜著跋》（録自《面城樓集鈔》卷三）。

黎允儒，號文塘。嘉靖萬曆間江西盱江人。著名理學家，其學出自泰州學派羅汝芳。

楊起元(1547—1599)，字貞復，號復所。廣東歸善縣塔子湖（今屬惠州橋東）人。少聰穎，詩文俱佳。明隆慶元年(1567)中解元，明萬曆五年(1577)成進士。歷任編修、國子監司業、司經局洗馬、國子監祭酒、南京禮部右侍郎、吏部右侍郎攝吏部禮部尚書事。萬曆二十六年(1598)召爲北京吏部右侍郎兼侍讀學士，因母卒未任，持喪歸鄉。次年卒。諡文懿。盧見田，其人未詳。

此書爲探究理學而作，旨在發明四書五經主旨及爲人立世之本。其主體部分爲師友問答之語，後有楊起元評語，點出黎氏立論之價值，頗能醒人眼目。如前段爲："有友問'我未見好仁者、惡不仁者'一章，其意如何？曰：這一章書'爾'、'我'，最要在'仁'上。看得分曉，原是他老者説

粵遊紀

旴江黎元儒著
羅浮楊起元評
東莞盧見田輯
門人馮翊郭維屏校

丙戌冬予訪復所楊大史至粵東莞盧生龍見適在會問曰吾人論作聖法子必曰孔子而論爲學方法亦必曰孔子不識孔子所學何如曰子問誠善夫人有志慕聖固是難事而究及聖人的學尤不可忽汝

得親切。觀其答哀公曰'仁者愛人也',答子貢曰'仁者,己欲立而立人,己欲達而達人'。夫謂'仁者愛人也'、'立人'、'達人'者總是個通天下國家以同此心,聯屬天下國家以成其身而已。孔子一生,徹首徹尾,渾是個無我的心,合人己爲一體,故明明德就去親人。……"後楊氏評云:"會得到此,則六合常春,而五百年貞元會合,猶是説夢。"黎氏與友人問答之語,親切婆和,貼近日常生活,多有新論,而楊氏之評,鞭辟入裏,可謂全書提綱挈領,又得畫龍點睛之妙。倘黎氏問答之語無楊氏之評,恐不能振起;倘一味以楊氏之評而臨人,斷不能體貼入微、得中肯綮如此。此書確爲廣東理學中頗有特色之一種。

楊起元序云:"學之不明也,則明德之不明使之也,於是乎昧乎人道而妄施功力以鑿其天。明德者,天之道也,而明明德者,人之道也。古人之學,盡人之道而已,豈能於天道致纖毫之力哉。……嗟乎,大明之世,宇宙之廣,蓋必有明此學者矣。余未學則久寐之人也,十年之前,幸文塘子一呼,寐已旋寤。去年文塘子入吾粵再呼,復攜入盱,近師翁復大呼,雖欲不寐不可得也。然後知我師門之教,直接□之傳,而文塘子其入室弟子。文塘子在吾粵兩月耳,諸友翕然親就問難,無虛日夜,立寤者則五六人,一何善呼也。文塘子嘗語予曰:言者不離於宗,則聽者直達天德,稍不潔浄,益起疑情。予每會聽文塘子之論,當紛然之辨,徐而攝之,使歸於一言,言從天而下。予以冗沓,又苦乏記性,徒惜寶珠隨風輒散,乃請文塘子盡檢括之,俾有所留,文塘子頷之,茲紀亦其十之一也。文塘子年已六十,在師門寤後垂三十年,未嘗立一字,而特徇予請,蓋虛而無所執也如此。嗟乎,鈞天廣樂,屬耳暢神,不必知音乃賞,然世未嘗無天聰,倘遇之直神解矣。予何足以知之。"

郭如魯序云:"《粵遊紀》,紀文塘黎先生訪我座師復所楊先生之粵,與其同志友論學語也。蓋復師當歲丙戌,收不佞輩若干人,每訓迪言聖凡一道,而聖人之道,直在當下,孩提知能便是性真,順而適之,堯舜不過。其言無慮數百千,皆直捷易簡,令人心悦神怡,勃勃乎若有動者然,而每言則必稱説文塘先生,顧其時猶未睹文塘先生面,亦未閲文塘先生所爲著述語也。比己丑春,不佞以曲梁令入計長安,而先生業以客歲十二月從復師至自粵,因得拜先生於邸舍,商訂移日,既取所爲《粵遊紀》,卒讀之,與昔所聞於師説,參互考質,實出一轍,夫然後喟然歎曰:'吁嗟乎,道脈真在是矣。蓋世之鋭意作聖者,豈曰乏人,惟是一涉意見,去聖千里。讀是編也,千層疑障,一朝而破,是烏可以無傳也?'"遂歸而付之剞劂氏。

後序云:"儒本魯鈍人也,遊羅師門踰三十年,素聆心旨,稍知其概,然方受人之言者,敢受言於人哉?去冬訪楊太史於粤,聯會同志,越二月,乃冒昧共商數百語,太史命盧生録,既録,復命盧生輯。儒悚然懼夫師言至矣。録而輯,輯而梓宜矣。……歲丁亥秋七月吉旦旰江山人黎允儒言。"

曾釗跋云:"楊貞復先生著述凡七種。先生號復所,歸善人。《明儒學案》節録其《證學編》,餘六種未詳也。此鈔經當時刊刻,然今世罕傳本,《寶顔堂秘笈》刻其《孝經引證》一卷,此鈔亦無之,當補録以備嶺南文獻。戊申三月記。"

從以上序跋目之,此本最初似有明萬曆十七年刻本,然未見傳本。此抄本藏加拿大英屬哥倫比亞大學圖書館。

鈐有"紫雲青華硯齋"、"鈞石所藏金石書畫印"、"姚鈞石藏書"、"蒲坂書樓"、"民國庚辰"。

(李福標)

清抄本分類廣東清代檔案録

《分類廣東清代檔案録》二十二卷，清佚名編。清抄本。十册。半葉九行二十四字至二十九字不等。無欄格。每卷前附目録。

是書彙鈔清乾隆之後廣東户部檔案，略涉兵部、刑部海防、審斷等類。具體分爲糶務、沙坦、商漁、渡船、關税、市廛、糧食、海防、雜類、穀米、户役、田宅、山墳、養廉附俸銀廩膳、解支、雜項、承追、鹽法、鐵爐、審斷、捐助、孤貧二十二類。所記載者多關乎國計民生之事項。紀事起於乾隆間，止於光緒十二年（1886）。如《清查沿海沙田升科給照擬定章程》即爲光緒十二年所擬。

其糶務者，記録了廣東地區有關糶穀、平糶、買補、脚費、採買等各項事宜與章程，如《廣東平糶買補各款章程》、《平糶買補各事宜》、《嚴禁派買倉穀》。

粵東沿海州縣因田少人稠，所産穀物糧食不敷民食，因而允許人民對無礙水道之沙坦進行開墾升科，而沙坦一卷多收録開墾沙田相關的各類告示、章程、奏摺等。例如，《同治五年初詳清丈沙坦田章程》、《沙田總局定議章程未盡各條告示》、《奏開辦清丈沙田情形摺》等。

商漁、渡船、關税爲第三分册。商漁著重於有關商船出洋捕魚的規章制度，也可略窺清政府縮減通商口岸的措施，例如《天津地方商捕漁船出

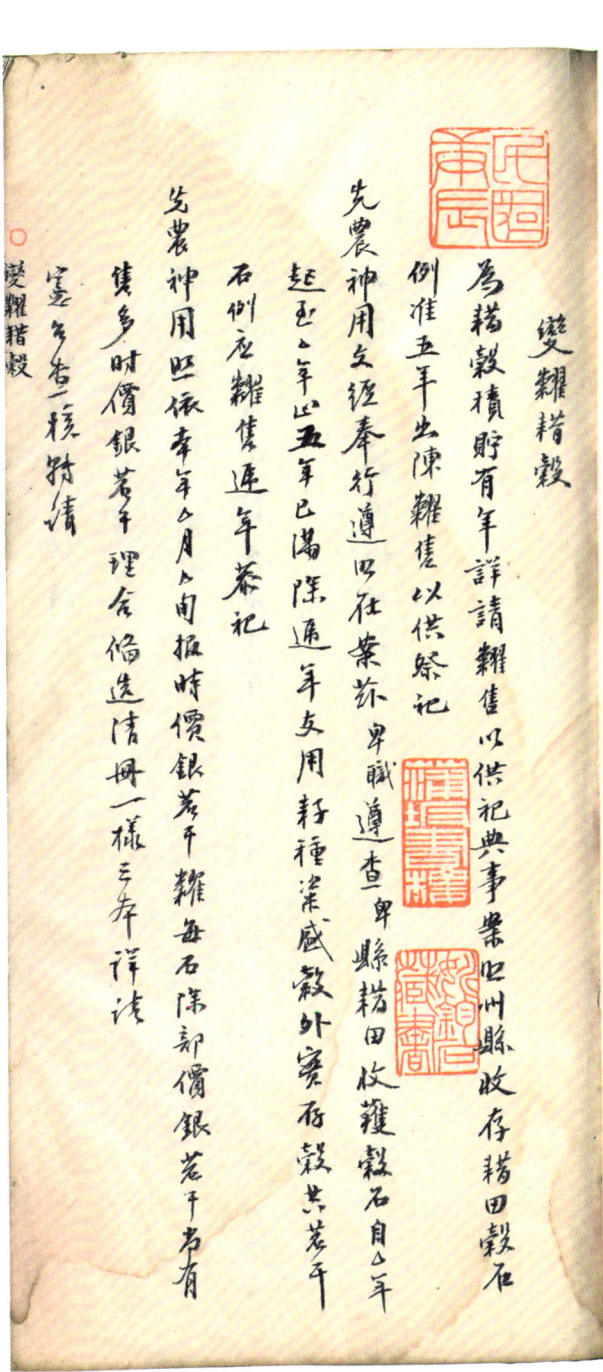

變糶耤穀

為耤穀積貯有年詳請糶售以供祀典事案卅州縣收存耤田穀石例准五年出陳糶售以供祭祀先農神用支經奉行遵照在案茲卑職遵查卑縣耤田收糴穀石自△年起至△年止五年已滿除遵年支用籽種深感穀外實存穀共若干石例应糶售連年荅祀先農神用所依本年六月初间振時價銀若干糴每石陈卻價銀若干尚有餘多時價銀若干理合俻造清冊一样三本詳送憲台查核批请

○變糴耤穀

口給照移粵查照》、《閩浙稽查漁船出洋章程移粵查照》等。還可了解其對明遺民的態度，如《前明投靠勢家疍氏聽其從良不許指稱世僕仍行壓賤》。渡船多收官渡之增設、行船之章程相關檔案。例如《向無官渡之處不許增設》、《渡船違例多載覆溺人命河泊所及捕巡分別功過》、《渡船猝遇大風致湮斃人命渡夫水手均免科罪》。關稅部分所收內容較少，僅《部議江督奏常鎮道經征楊由關稅短收酌減免賠一摺》與《官紳私抽釐金懲治章程》兩篇。

市廛、糧食、海防爲第四分冊。市廛主要涉及商販執照的發放、更換、注銷等的規定。例如《商販行户各設簿據承充行户取結給照》、《行户執照無庸遞年更換》、《當户閉業當照無存稟請注銷》。糧食爲關乎米穀豆麥的採買、販運、稽查等問題，如《商民採買米穀由海運者給照事例》、《販運米穀分別內河海運給照》等。海防則關涉商船、漁船、差船、巡船、匪船等的出入洋稽查與規定等，如《粵東請照閩省一例開洋并稽查出口入口帶米各條》、《別省商船漂流到境查驗撫卹緣由通詳》等。

此檔案中有雜類與雜項兩卷，所涉事項龐雜，例如雜類有《清查案內應豁各款》、《捐補清查無着攤款》、《報銷養廉》等，雜項則有《南番兩縣辦公支銷款目》、《駐廣二旗循分節婦給匾嘉獎》、《奏定洋行各章程》、《粵海關監督奏覆每年提撥關稅盈餘銀兩請仍留海關緣由》等。

穀米類所涉內容關乎倉穀、民米、省米、兵米、耗米、社穀等的彙報、採買、查驗、運解、存儲等事項，例如《道府倉穀石歸徑管軸線倉穀項下選報》、《各縣倉穀毋庸運儲府倉》、《省米在本地採買運解不得在省買解嚴禁勒索鋪户包解》等。

第七分冊爲户役、田宅、山墳。户役是有關各縣人口遷徙、保甲等事宜，例如《民人攜眷遷往隔屬墾耕於本籍官呈明給照》、《商民前往安南貿易務遵定例呈報給照毋得偷越出境》、《編查保甲事宜》等。田宅爲有關田宅變遷的相關規定，如《禁止省會私立宗祠及書院、義學等項》、《鹽田改築稻田》、《兩省民人告争田土報明兩省上司移訂會勘》等。山墳所記載爲祭掃、立墳的規定。如《兩造各認祖墳聽其各爲祭掃》、《營葬官山以穿心四丈爲限》、《五服內子孫聽其在祖墳前後左右營築》。

第八分冊爲養廉、解支、雜項、承追。養廉主要涉及俸銀的發放、廩膳的報銷等，如《外俸按日計支》、《正品降從官員俸銀均照降職二級折半扣繳》、《廩膳核實報銷》等。此類與前所提及雜類中内容略有重復,如雜類中《報銷養廉》、《文武官署缺分别全支半支俸廉各條》當可入養廉類。解支即各項開支的規定,如《兵米奏銷未完處分扣算分數》、《閩省被風船隻到境需給口糧、修費,在於襍項或田房税羨借給》、《會計册款目》等。承追爲督催完成某些事項的規定,如《命案及襍賍罰銀兩扣限六個月照不作分辦之襍項錢例將承追官開參,條案内臟銀兩扣限一年》等。

　　鹽法主要爲廣東對食鹽徵税及專賣的各項制度,如《鹽船失水嚴禁搶奪》、《埠運海運具報遭風失水地方官實力查驗》等。鐵爐爲有關鐵爐的鑄造販賣規定,如《商人由廣販運鐵鍋農具赴瓊售賣照舊結報給票》、《鐵爐私鑄私販治罪》等,具在第九分册中。

　　末册爲審斷、捐助、孤貧。審斷爲刑部所涉及内容,如《詞訟干涉兵丁作證及兵丁事份身犯分别開糧斥革》、《互争田未押割變貯候斷》、《清釐積案章程》。捐助與孤貧均爲救助、撫恤等相關内容,如《知縣病故請給路費周郵銀兩》、《煙瘴人員丁憂事故無力回籍加倍郵給路費》、《各府收養孤貧議詳》、《困苦無依瞽民無論男婦一律歸於孤貧項下注册撫補》等。

　　封面題"分類廣東清代檔案録"。

　　此書現藏英屬哥倫比亞大學亞洲圖書館。未見他館著録。此檔案當從各上諭奏折檔案中彙鈔出與廣東相關者,如《平糶溢穀按府定價》末有"硃批知道了,本年九月二十三日奉到"。又如《漁船配帶鹽觔章程》,其後書"光緒六年三月奉鹽運事何詳准通行摘録"。

　　鈐印有"蒲坂書樓"、"姚鈞石藏書"、"民國庚辰"。

(肖　卓)

清抄本廣東布政司武職各官罰俸册

《廣東布政司武職各官罰俸册》不分卷。清光緒二十八年（1902）抄本。一册。半葉十二至十三行不等，行十二至十八字不等，小字雙行同。無欄格。

是書前有成書事由，云："廣東等處承宣布政使司爲定限嚴催未完錢糧事，今將光緒貳拾柒年分武職各官陸續奉文降住罰俸，除欽奉恩詔寬免并銷紀録、抵免降罰毋庸開造外，所有應扣罰俸銀兩，各員原罰案件，分别案由、銀兩數目，按年逐一備開造報施行須至册者。"末有"以上光緒貳拾柒年分共完降俸銀捌拾壹兩零陸分壹厘，俱候列入光緒貳拾玖年春季册報合註明"，"光緒貳拾捌年拾壹月貳拾貳日布政使丁體常"，由上可知，成書時間當在清光緒二十八年。

此爲罰俸之公文，行文結構明晰，由成書事由、入册案件及罰俸狀況匯總組成。

入册案件，以公文咨行爲準，内含數起案件。内容爲咨行公文、案驗官員、罰俸匯總并實施狀況。以本書首案爲例，記爲"計開光緒貳拾肆年分一件，欽奉事奉兩廣總督部堂譚，案驗光緒貳拾肆年柒月貳拾伍日，準兵部咨，粘單内開一件。三水縣屬事主蘇鋆等同屋居住，被盜行劫銀錢衣物一案，應將二參限滿贓盜仍未弋獲之專汛，把總高佐清照例罰俸一年，

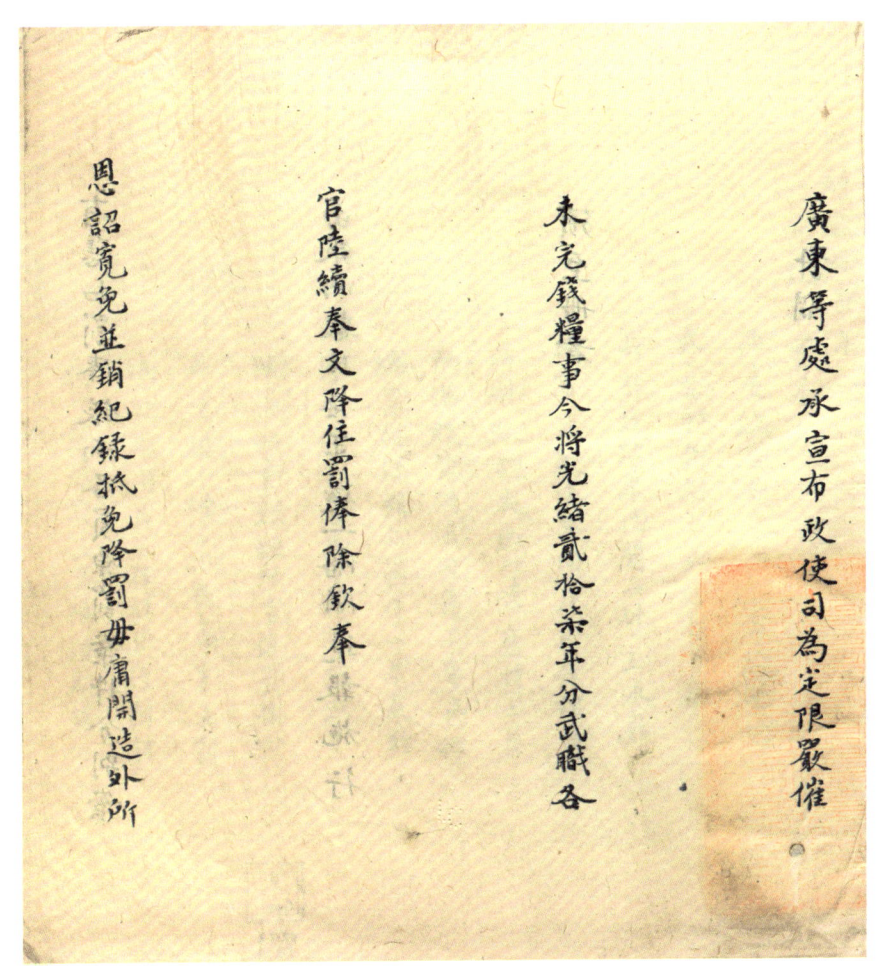

清抄本廣東布政司武職各官罰俸册　卷端

兼轄署守備事儘先守備陳子照於限内卸事,照離任,官俸罰俸一年,完結一件。三水縣屬事主劉滿廷等同屋居住,被盜行劫銀物一案,應將三參限滿贓盜仍未弋獲之專汛,把總高佐清照例罰俸二年一件。三水縣屬事主鄧泰來家被盜行劫銀物一案,應將三參限滿贓盜仍未弋獲之專汛,把總李鷹揚照例罰俸貳年一件"。案件陳述結束後,即爲本案件罰俸及實施狀況彙總,云:"前件查得把總劉萬昌,儘先把總畢鴻光、鄧滿祥、黃士平、吳弼臣,候補把總黃翰華、羅有勳、梁國安、林璋,儘先千總張國楨,儘先守備陳仁昌、羅笙、吳鳳友、陳子照,候補都司常林,記名提督張拔萃","均未得官。千總陳洪彬調省察看。離營遊擊文斌已開缺回旗。千總鍾北清、都司吳祥光已撤任離營,均俟回任日食俸列扣,把總高佐清罰俸拾壹年,該銀壹百叁拾柒兩壹錢捌分壹厘,查係不敷扣抵……"

是書末爲全册罰俸彙總,內容含罰俸總數、各年"不敷扣抵"、"病故免追"之銀兩數等,及各年完解銀兩狀況。另,是書入册案件主要爲清光緒二十二年(1896)至二十七年(1901)間咨行公文者,書末全部案件彙總則自光緒十七年(1891)至光緒二十五年(1899)間罰俸及實施狀況。

是書所含案件以入屋盜竊行劫銀物爲多。另亦有殺人潛逃追緝不力者,如光緒二十六年(1900)三月初八日,廣州府藍旗滿洲甲兵禧林因習學騎射用刀矛砍斃甲兵景禄等三命,兇犯既逃一案。又有前後任交接延誤,如光緒二十三年(1897)正月十六日,署吳川營守備許世恩於光緒二十一年(1895)三月三十六日,到署接收前任守備李炳釗延期案。再有挪用公款者,如前署守備陳增福挪用櫃項銀兩請出文呈繳册,結逾限半年以上。各項案件處罰各有不同,除罰俸數額不同外,亦涉及到撤職、降級等。

册中亦揭示了部分職官及其職責、俸禄等。案驗公文者如清光緒二十四年(1898)兩廣總督譚鍾麟、光緒二十六年兩廣總督李興銳、光緒二十六年廣東巡撫德壽、光緒二十八年布政使丁體常等。涉案人員包括千總、把總、守備、副將等,而他們罰俸時間及銀兩則可與罰俸條例等公文檔案互爲參考,并揭示罰俸條例在實際執行中的變化等。

官員罰俸,戰國時期《秦律》已有相關規定。魏晉南北朝時期有罰金刑,至隋有所削弱。唐前期出現削減官員俸禄以資國用的主張,開元後,國力漸弱,裁減官員阻力極大,罰俸這一變相的罰金刑應運而生,其後各朝代皆有罰俸。清代有關官員薪俸條例不少,如《文武職養廉俸薪表》、《俸禄養廉條例》、《漢員爵秩官俸》、《旗爵秩俸禄考》、《清光緒朝官俸表》等,罰俸自順治時期開始亦成爲懲處官員之常見手段,但罰俸册之類文獻較少。近年關於罰俸之研究論文亦層出不窮,如《唐代罰俸制度論略》、《唐中後期的罰俸及其對唐律的發展》、《論宋代官吏的財産性處罰制度》、《雍正時期文官罰俸探析》、《論乾隆時期議罪銀制度與罰俸制度的區别》、《論清代官員的罰俸制度》等,但所據多爲聖旨、律令、公文及史書記載,罰俸册極少提及。

是書美國國會圖書館收藏。《中國善本書提要》、《中國古籍善本書目》未收。《美國國會圖書館藏中文善本書續錄》收錄,李宏爲《散失在境外清代檔案文獻調查報告》亦收,詳見中國第一歷史檔案館官網。

（丁春華）

清刻本廣東紳富捐輸銜封貢監折收章程詳稿

《廣東紳富捐輸銜封貢監折收章程詳稿》一卷，清廣東海防兼善後總局、廣東布政使司撰。清刻本。一册。半葉十一行二十四字。白口，左右雙邊，單魚尾。框高20.5釐米、寬11.6釐米。

所謂捐輸，即捐納制度，指政府爲解決財政問題，向社會出售各種與做官有關的資格。此種制度，淵源有自，秦漢至宋元，謂之納粟鬻爵，明景泰年間，始開捐職納監之風，清代沿襲而下，形成定制。清代捐納制度之運作，主要依照"事例"，即捐納事由、標準價格以及銓選的相關規定。捐納可在中央（北京）和地方（各省）進行，地方主管爲各省布政使司。

是書僅存呈文，云："竊查本省遵旨勸辦紳富捐輸，現奉憲台、督憲奏請，仿照兩江折收成數，照新海防例減一成，五品以下按三成實銀核收，四品以上按四成實銀核收，道府無論何項出身，均照四成實銀核收，州縣遇缺，先班次，仍與道府以下各官一律，以八成實銀上兑。虛銜封典，按三成例銀再減一成，以二成實銀上兑，以示公溥。業經分移，飭屬知照在案。惟查各省來粵勸辦賑捐，銜封翎枝，均實收一成四厘，減成貢監，實收一成六厘。現辦紳富捐案，内如捐生指捐，虛銜封典，減成貢監，不能不稍事變通。本司道等公同商酌，擬請：銜封，一律折收紋銀一成四厘，減成貢監，實收一成六厘，以廣招徠。所減之數，將來歸入截留外用項下，設法融銷，是

廣東海防兼善後總局
廣東布政使司爲詳請示遵事竊查本省遵
憲台
督憲
旨勸辦紳富捐輸現奉
奏請仿照兩江折收成數照新海防例減一成五品以按
三成實銀核收四品以上按四成實銀核收道府無論何
項出身均照四成實銀核收州縣遇缺先班次仍與道府
以下各官一律以八成實銀上兌虛銜封典按三成例銀
再減一成以二成實銀上兌以示公溥業經分移飭屬知
照在案惟查各省來粵勸辦賑捐封翎枝均實收一成
四厘減成貢監實收一成六厘現辦紳富捐案內如捐生
指捐虛銜封典減成貢監不能不稍事變通本司道等公

否有當,理合具文,詳請憲台察核,俯賜批示下局,以便通飭遵照,實爲公便。除詳撫、督憲外,爲此備由具呈,伏乞照詳施行。"

"光緒二十六年(1900)十一月初五日,奉兼署兩廣總督部堂德批本局呈詳。本省奉辦紳富捐輸,虛銜封典,減成貢監,擬請仿照現辦各省賑捐一體,分別折收,以廣招徠,請察核批示由,奉批如詳辦理,仰即分移飭屬遵照,仍候撫部院衙門批示繳。又於是月十三日奉廣東巡撫部院德批同前由,奉批如詳辦理,仰即通飭遵照,仍候督部堂衙門批示繳。"

此書書名據封面題。是書未見其他書目著録,僅日本東洋文化研究所入藏。北京大學圖書館藏有《粵省捐輸例章》一册,清末活字印本。

鈐印有日本"仁井田博士遺愛"、"東洋文化研究所圖書"。

(蔣文仙)

清光緒抄本梁誠書啟簿及函電文牘

《梁誠書啟簿及函電文牘》不分卷，清梁誠撰。清光緒二十九年（1903）至三十三年（1907）抄本。十册。

此本含《書啟簿》、《賀節書啟簿》、《致外務部丞參公函》、《外務部信稿簿》、《收回粤漢函電文牘》五種。

《書啟簿》抄錄梁誠與公卿重吏、僚屬友朋的信函，牽涉人員事件廣泛。其中有致袁世凱、陳賡虞、孫慕韓、楊彝卿、陳儀熙、潘珮如、吴景祺等人及致駐法、比、英等國公使，甚至如巴拿馬商人陳拔卿等人的函件。三册，藍布書衣，十至十二行不等，字數不一，無行格。封面書簽題作"書啟簿"，下書"欽差出使美日秘古國大臣 光緒×年×月×日起，錄至光緒×年×月×日止"。册一題簽未題起止時間，抄錄書啟始於光緒二十九年四月十二日，止於光緒三十年（1904）十一月初一日；册二題簽爲"欽差出使美墨秘古國大臣 光緒三十年十二月初四日起，錄至三十二年（1906）十二月初六日止"；册三題簽時間爲"光緒三十二年十二月十七日起"，抄錄書啟始於光緒三十二年十二月十七日，止於光緒三十三年（1907）三月十九日，後半册爲空白頁。

《賀節書啟簿》爲梁誠往來應酬文字，抄錄其致慶親王、榮禄、鹿傳霖、徐世昌等人賀節信函。兩册，裝幀同《書啟簿》。封面書簽題"賀節書

清光緒抄本梁誠書啟簿及函電文牘　封面

啟簿"，下書"欽差出使美秘古墨國大臣"，册一於右上藍布書衣書"光緒三十年分"，册二上書簽另題"附各謝函"，下書簽另題"光緒三十二年冬間起"，兩册均抄至十數頁止。

《致外務部丞參公函》爲梁誠出任美墨秘古四國欽差大臣時，對清廷外務部丞參報告或商討事項的信件。一册，朱絲欄，半葉十行，字數不一。框高17.8釐米，寬14.7釐米，版心下印"九華堂"。前有目録，自光緒二

清光緒抄本梁誠書啟簿及函電文牘　卷端

十九年三月二十五日"美字第一號",至光緒二十九年十二月二十五日"美字第二十六號"止。

《外務部信稿簿》兩冊,朱絲欄,半葉十行,字數不一,版心下印"朵雲軒"。册一封面題作"其四　光緒三十二年正月起",自光緒三十二年正月初十日"美字第九十六號",至光緒三十二年十二月二十六日"美字第一百三十一號"止;册二封面題"其五　附錄減收賠款案往來電文　光緒三十三年正月起",自光緒三十三年正月初八日"美字第一百三十二號"至光緒三十三年五月十九日"美字第一百四十三號"止。此三册實爲《致外務部丞參公函》第一、四、五册。丞參者,左右丞及參事。全部公函應爲光緒二十九年三月第一號至光緒三十三年五月第一百四十三號止,每年一册。第一册以商討與美、墨等國加税、設郵局、阻止奸商承允煙務信件居多;第四册主要是商討華人入境諸事及在華開埠通商信件;第五册信件内容涉及三類,數量最多的是與美交涉將超額庚子賠款退回中國問題,其次是關於齊梅爾孟洋行在哈爾濱誘招華工赴墨西哥,交涉保護華工情況,再次是三藩市限制中日學童與美童同校,日方交涉措施。

《收回粤漢函電文牘》上下兩册,亦"朵雲軒"紙。此爲梁誠出使美國期間,關於如何收回粤漢鐵路,致電盛宣懷、張之洞、岑春煊及外務部、商部,商討與美交涉情況的來往函件。

梁誠(1864—1917),原名丕旭,字震東,廣東番禺人。清光緒元年(1875)被派往美國留學,進菲力學院肄業,光緒七年(1881)被召回。後在總理衙門任章京,兼理電信和記録工作。光緒十二年(1886)以候選縣丞資格,隨張蔭桓公使赴美,後升任使館參贊。光緒二十三年(1897)隨張氏赴英,奉賀女皇維多利亞登極60年慶典,返國後獲授直隸候補道。光緒二十七年(1901)隨載灃赴德國,依《辛丑條約》向德皇謝罪。光緒二十九年以記名簡放道加三品卿銜,出使美國、西班牙、秘魯、古巴等國。在任4年,交涉退回庚款事宜;奏請清廷依照西法創立紅十字會;又以承辦粤漢鐵路的美國合興公司私將公司底股的三分之二售與比利時國公司,与美國有關各方交涉,得以贖回路權。任滿返國,升爲頭品頂戴。隨後任粤漢鐵路廣東部分總理。清宣統元年(1909)受命隨海軍考察團出洋考察,宣統二年(1910)任駐德國公使,次年出席荷蘭海牙萬國禁煙會議。中華民國成立後,交卸公使職回國,晚年移居香港。據梁碧瑩《梁誠與近代中國》所載,香港大學圖書館藏《梁誠文書》收録馮丕承致梁世華信,言梁誠於1917年正月十二日逝世。梁誠擅長外交,雖未撰寫過與外交、教育有關之專著,也未曾編印刊行過自己的文集,但他留下了豐富的處理外交事務的往來函件、文牘、電稿等,這些被抄錄整理成册,由其後人妥善保存,此十册即其中一部分。

關於梁誠的研究,具有代表性的專著爲香港大學教授羅香林《梁誠的出使美國》,該書以第一手資料詳細記述了梁誠的生平,梁誠之子梁世華曾向其出示梁誠出使美國時的奏稿、函札、電報等資料。羅香林自梁世華處所見《致外務部丞參公函》只光緒三十一年一册,署"其叁",自"美字第六十一號"至"美字又九十五號"止。另有一册,抄錄光緒三十三年正月至五月的"美字第一百三十二號"至"美字第一百四十三號",爲1962年梁誠門人潘康盛借梁誠長子梁世瑞家藏所抄,即"其五",哈佛大學哈佛燕京圖書館所藏爲原件。是書於1968年10月31日入藏哈佛大學哈佛燕京圖書館,是否即梁世瑞家流出,未可知也。羅香林於梁世華家中所見《收回粤漢函電文牘》,即1962年以哈佛大學哈佛燕京圖書館所藏本爲底本轉錄,核對羅氏所列目錄,遠少於哈佛本内容。《美國哈佛大學哈佛燕京圖書館藏中文善本書志》一書詳列哈佛本兩册具體款目,本文不復贅言。

梁誠赴美上任時,恰遇粤漢鐵路收回自築風潮。梁誠竭力盡智,發揮其聰明才智,配合張之洞、外務部的部署,最終以六百七十五萬美元將粤漢鐵路贖回自辦,原約作廢。《收回粤漢函電文牘》上册後附旅美學生致梁大臣函,曰:"不勝額手爲中國慶,爲使憲賀。查粤漢路約中吾國所失權利甚多,隱患莫測,不僅關乎三省之安危,抑亦全國利害之所繫也,是以中外士夫群起力争,廢約自辦之説徧騰閭巷,上下一心,百折不回,然非得老於交涉,熟諳外情如我使憲者主持其事,則辦理未有如是之妥善。事機屢變,卒能收回已失利權,達我目的,吾知三省父老青年有不有口皆碑,頌使憲之功不置哉!"湖南紳士致函曰:"感公毅力苦心,堅持勿懈,用能操縱自我,轉危爲安,斯固三省紳民馨香以祝之者,其感激豈有涯涘耶!"可見贖回粤漢鐵路意義重大,亦可知是書之重要史料價值。

此書藏美國哈佛大學哈佛燕京圖書館。香港大學圖書館藏縮微資料《梁誠文書》，内容包括梁誠每執行一次外事活動時給朝廷的奏摺、與外務部往來的信函電函、與美國外交部的照會、與中外友人的中英文信件、美國媒體關於梁誠的一些報道，以及梁誠在國外的演講。但因未見資料，無法與本書所抄録資料進行對比。

鈐印有"哈佛大學哈佛燕京圖書館珍藏印"。

（李　卓）

稿本中葡澳門劃界交涉文牘始末記底稿

《中葡澳門劃界交涉文牘始末記》一卷,清佚名撰。稿本。一册。半葉十六行字不等。無欄格。

此稿内容涉及外交事務,亦有民事糾紛者。第一件爲"録通稟稿",首云:"敬稟者,竊卑職於六月間,據灣仔汛哨官王鳳岐稟稱:六月二十日,有蛋婦周郭氏來廠哭訴,口稱'本日因天色風狂,將艇駛過灣仔上沙停泊,有更練葉光來艇,索取工食錢壹仟二百文,小婦人當以苦言哀告,遵出錢壹百文,葉光不允,奪去漁網一張'等語。哨官當傳葉光來廠,勸令將網交回。詎葉光倚勢肆詈,不服勸理,至今竟未交還。""鈔周郭氏口供,稟請傳案究追等情,據經飭差傳訊去後,旋據生員楊鎮波、舉人楊鎮洪稟稱'灣仔上沙有一石塘圍,係先父經費六七千金,可容千艇,以備蛋艇避風,原爲救人起見,并非以本圖利。嗣因該沙水陸雜處,良歹不齊,須僱巡丁防守。議定每月每艇收錢數百文,盡歸巡丁工食之用,自己毫無入款。自咸豐年間起,設巡丁收工食至今,歷至十年無異。緣蛋婦周郭氏積欠工食錢壹仟二百文,屬□□□竄匿别處。前月二十日,周郭氏入塘避風,巡丁取其繒網扣留,獨□致奉稟拘葉光到案。生等係屬塘主,葉光又年久可□,巡丁可否傳至……'卑職竊查灣仔地方與澳門洋界正對,中隔一海,不過一二里之遥。其地左、右、後三面皆高山環抱,

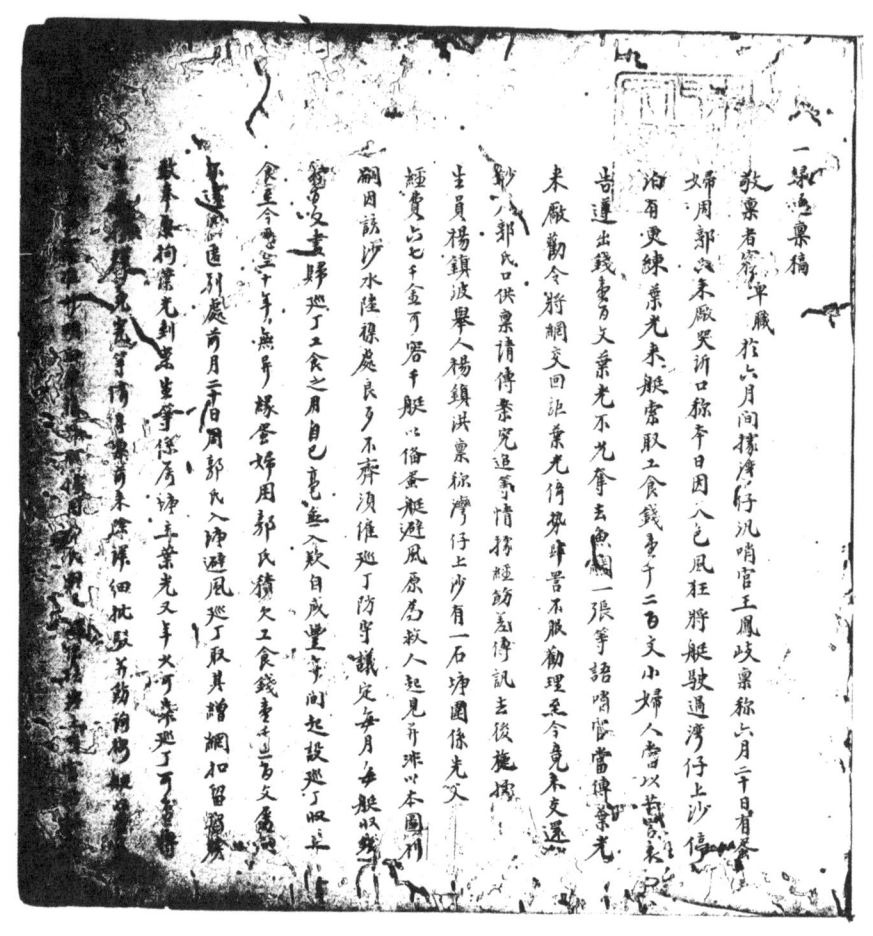

稿本中葡澳門劃界交涉文牘始末記底稿　卷端

自山麓至海濱，橫約一里，縱約三里，實爲船艇避風之要地。各鄉居民以楊姓爲大族，統名曰北山楊家。咸豐初年，有楊姓武紳，就地勢分爲上中下三沙，圈築長圍，以便小艇入圍避風。又集資添築擺渡馬頭兩處，以便鄉人渡澳泊船之所。至此以後，圍內陸地日填日廣，蓋屋貿易，居然成市。小艇聚集，亦日益繁多，并有支架寮蓬棚艇，長住圍內者，利興而弊亦起矣。卑職到任後，查因海防汛地，親勘得灣仔一帶，有長住鋪戶約一二百家，蛋戶約七八百家。至因風入圍躲避之艇，時入時出，更難數計。前已訪聞有自稱沙主者，顯佔官荒，劃地抽費，久爲民累。其按家丈地，限井計租，則有地稅銀，而房租猶不在內也。……"

第二件爲《稟善後局》稿,首云:"敬稟者,竊查澳門地方,本香山轄境,通商以來,貨船齎集,萬户雲連,亦以香山民人爲最多。由香山至澳門,一水可通,香山屬下市場,則以附城之石岐爲最大。由東海入石岐貨物,以香港爲首站,由西海入石岐貨物,以澳門爲首站,故香、澳、石岐之間,貨物流通,來往人衆。粵海關分設税廠駐岐,榷税歲入甚鉅,不獨民間獲無窮之利也。年來通商口岸,愈闢愈多,洋人每逞無厭之謀,妄冀奪我内地之利,攜遊歷之護照,便作貿易,藉官用之輪船,漸圖載客,歷蒙我總理衙門及大憲分别駁詰,力杜詭謀,誠以權損益之端,不得不嚴內外之略也。不料近日澳葡洋人,竟有違約妄行,無所顧忌者,謹爲我憲臺縷悉陳之。"又:"……又出示葡人所繪澳門水陸地圖一紙,卑職詳查該圖,東至九洲洋,南至橫琴過路環,西至灣仔銀坑,北至前山城後山腳,周圍百餘里,皆加以紅線劃入葡人界内,謬妄之極。即經逐款按圖詳細指駁,令該税司了然於胸,俾資轉達。"又,"卑職云:'已奉憲諭嚴守水陸界限,不准越界滋事,亦不准以中國寸地讓人。'賀云:'我再請教陸路以關閘爲界,已有總理衙門照會爲憑,故不必説。請問海面在中國以何處爲界?'卑職云:'陸路交界原在三巴門、水坑尾、新開門一帶,至今圍墻猶有存者。今春葡人在關閘外新立路燈一盞,我總理衙門照會西洋大臣,内開關閘以北,乃是中國獨管之地,與約内界務全不相涉。關閘外路燈一盞,請速撤去,免致粵省官員亦在關閘內有所作爲等因。是我總理衙門寬宏大度,不許粵官在關閘内有所作爲,凡我粵省文武官員,均當遵照辦理,不然,我直認三巴門爲陸路交界之處,方與約內彼此不得有增減改變之意相合。'"

其後又有涉言澳門葡人填海築堤之通稿,有云:"奉批據稟及節略均悉:辦理中外交涉事件,固貴嚴以防之,尤宜靜以俟之,毋遽就,毋張皇,實事求是,庶於地方公事有益。若徒事鋪張,不求實際,匪特空言無補,轉恐枝節橫生,殊非慎重邊防之道。現在澳門既未定界,築堤亦未侵越,何必徒與爭辯,致啓猜疑。如葡人果有侵越確據,斯時其曲在彼,即當確堪侵越實情,繪圖貼説,據實具稟,以憑按約,照會詰責,切勿輕舉妄動,以滋口實,是爲至要。等批奉此。查此案前因澳門葡人在青洲海面培土築堤,意圖侵界,直達前山,并遣驅前山水師守界拖船,不令照常灣泊,當經卑職會同署都司黎中配酌商，加船增防，預爲堵截辦法。"又："……本年冬，該西洋水師提督，又刊送紅線劃界華洋文字地圖，託拱北關稅務司賀璧理面交卑職，爭辯水界圖内將九星洲、十字門一帶外洋暨灣仔前山一帶内海，皆劃入葡人管理之紅線界内，指爲即是條約所載之現時情形。由此而觀，葡人侵界漸推漸廣，如彼果得其利，則我永受其害，實於國計民生大有妨礙。謹將實在情形，分別厲害，縷陳於後。"計開五條，專指内外水道而言，所陳利害均屬實在情形，合併聲明。

此類材料，涉及到中葡澳門關係史上一重要事件。1909年2月，中葡雙方達成查勘澳門界址之協議，規定在劃界期間葡方停止收鈔浚海，并撤兵撤艦；中方則撤去原駐紮關閘及前山之軍隊。3月8日，香山縣各界代表在北山集會，成立"香山縣勘界維持會"，搜集界務證據，以維護領土完整。由鄭岸父創辦的《香山旬報》尤爲關心澳門界務，導致澳葡當局要求中方查禁"勘界維持會"，查封《香山旬報》，規定新開香洲埠不得有妨害澳門商業活動，在澳華人必須加入葡國國籍等。此固引起香山縣民公憤，清廷也斷然拒絕。7月15日，葡方代表馬沙鐸與中方代表高而謙在香港舉行第一次會談。馬沙鐸提出勘界方案稱：澳門及其附屬之地應包括由關閘以南至媽閣廟整個澳門半島、青洲、凼仔、路環、大橫琴、小橫琴、對面山及附近一切島嶼與水域，關閘至北山嶺爲局外中立地區。劃出地域有300多平方公里，比原居留地大30倍之多，已佔和要佔之地都包括在内。中方立場爲"先查明舊日界址，作爲澳門原界；於原界之外，查彼最先佔據之地，作爲附屬，示不食言；其與澳不相連各島，無論已佔未佔，一概極力駁拒；潭仔、過路環兩島，彼雖舊有盜佔之處，亦不過一隅，區區數畝之地，斷不能指爲舊佔全島，能一併拒絕最好，萬不得已，只可於澳門附近覓地照所占畝數抵換。"談判期間，葡方不但顯示武力，還通過外交途徑拉攏英國對清廷施壓。香山縣各界人士得悉葡方要求後，群情更爲洶湧。高而謙見"澳門全島、青洲、潭仔、路環久被佔據，在其掌握之中，恐無索回之望"，遂有意將澳門劃界之事延宕，以免干犯民情。最後清廷除了駁拒馬沙鐸的方案外，還要求將談判地點移往廣州，以免受英國干預。馬沙鐸見此遂於11月14日退出談判，中葡劃界談判就此結束。此後中葡雙方再未開過有關澳門勘界的會議。此稿即可爲研究者提供最爲原始而真實的史料,彌足珍貴。

前有半紙,抄録詩文典故數則,如"鶴糧"、"餐菊"、"三徑"、"根苗"、"折腰"等,蓋撰文時備查者,與原書内容無關。

此書破損蟲蝕較爲嚴重,文中多字被蛀,不能辨識。

現藏日本東京大學東洋文化研究所。

（李福標）

稿本呈關州憲興山利條陳稿

《呈關州憲興山利條陳稿》一卷,清黃錫銓撰。稿本。一册。半葉十六行字不等。無欄格。題下署"丁酉六月"。末署"光緒二十三年中伏節謹擬"。丁酉年即清光緒二十三年(1897)。

黃錫銓,字鈞選,廣東嘉應州(今梅州市梅縣區)人。清咸豐二年(1852)生,民國十四年(1925)卒於北京寓所,享年七十四歲。他有長期出使海外的經歷,了解西洋文化,對國内及鄉梓落後局面頗爲痛心,回鄉之後,亟思改變。時粤東嘉應州土匪頻年蠢動,驚擾鄉里。黃錫銓創辦團練,於清光緒十九年(1893)建立五福鄉禁會,嘗於四十日間擒獲打家劫舍之三盜魁置之於法,境内得以寧靖。繼又抽調大立、龍文兩堡壯丁,教練新式兵器洋槍隊,建立團練局。光緒廿五年(1899)粤東土匪據梅州以北之佘坑,風聲鶴唳,梅城戒嚴。錫銓率大龍局勇馳往援救,夜扼仙鎮橋以槍攻之。匪驚潰,捕獲十餘殘匪正法,鄉人服其神武,境内肅然。黃錫銓除勇於保安鄉里外,并廣興教育,創辦紹德學堂。最可嘉者爲倡女學,創立女校,由長媳劉氏任校長,夫人羅氏任訓導主任,促鄉人子弟就讀,提高鄉人文化與培植建國人才。并擬興辦"嘉應大學",已覓得校址,惜後離鄉進京未能有成(此校後經其五女與海外華僑全力募集資金,終於一九八五年建成)。

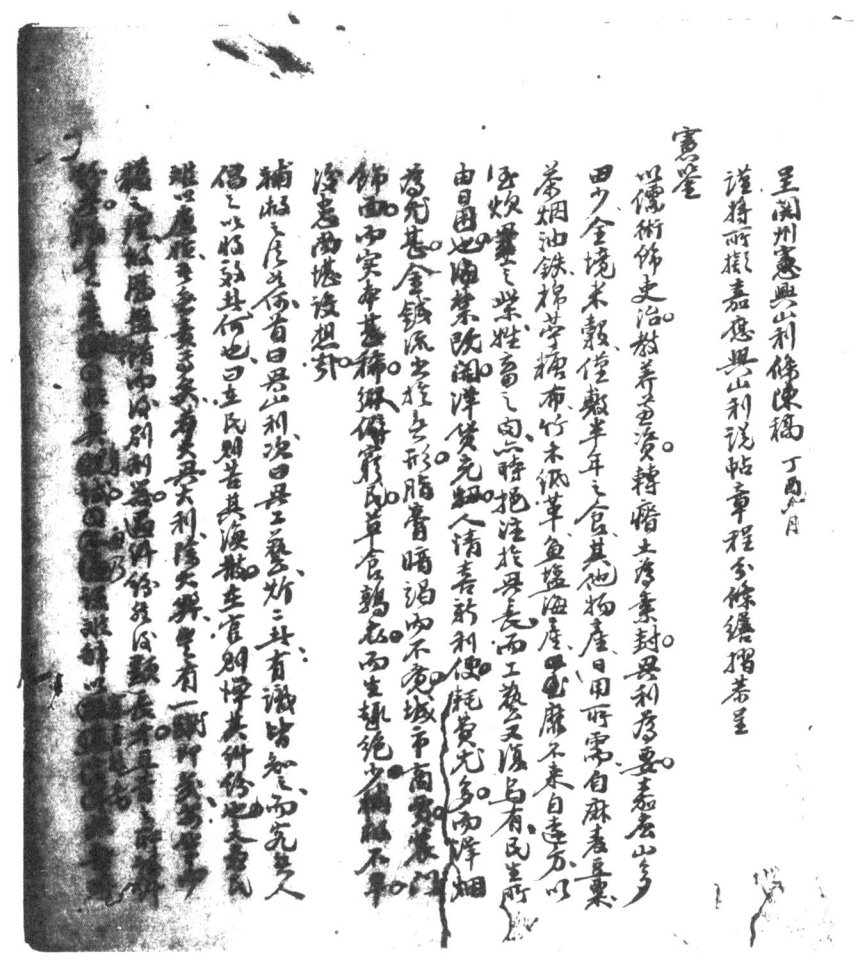

稿本呈關州憲興山利條陳稿　卷端

錫銓著此《興山利條陳稿》，乃呈送當地政府之建議書，提倡"種樹供樵薪"等，爲地方興利除弊。其事蹟被採入[光緒]《嘉應州志》。此稿首云："謹將所擬嘉應興山利説帖章程分條繕摺恭呈憲鑒：以儒術飾吏治，教養兼資。轉瘠土爲素封，興利爲要。嘉應山多田少，全境米穀，僅敷半年之食，其他物産，日用所需，自麻麥豆粟，茶烟油鐵，棉苧糖布，竹木紙革，魚鹽海産，靡不來自遠方，以至炊爨之柴，牲畜之肉，亦時挹注於興長，而工藝又復烏有，民生所由日困也。海禁既開，洋貨充牣。人情喜新利便，耗費尤多，而洋烟爲尤甚。金錢流出於無形，脂膏暗竭而不覺。城市商賈，裝門飾面，而實本甚稀，鄉僻窮民，草食鶉衣，而生趣絶少，補救不早，後患尚堪設想哉！補救之法如何？首曰興山利，次曰興工藝，斯二者，有識皆知之，而究無人倡之以收效者。何也？曰：在民則苦其渙散，在官則憚其糾紛也。"建言地方官造福斯土斯民，條陳其利害，云："合一州之山，勸植土宜之物産，植基期以三四年，收效期於六七年，美利且及於數百十年。不必侈言博外洋之利，但期能保不外溢之利，吾知枯瘠之民，忽澤我躬，且及我後，有不紀諸志乘，報以馨香也？斷無此不情之人矣。"所謂土宜之物産維何？請悉數之。一曰茶，二曰杉，三曰取油之桐茶，四曰竹，五曰樟樹，六曰雜木，七曰青、藍、綠染品，八曰藥草，九曰百果，十曰罌粟，十一曰棉、苧，十二曰種蔗製糖，十三曰牧牛羊、養蜜蜂。"綜計十三條，土宜之物産，大略已具。自八以上，就山言利也；自九以下，因山及田。冀地無遺利，人啟新智也。"

後爲"謹擬興山利章程附告示後通行者計十二條"。

末設爲客難，"客有問者曰：子言興利，當知防弊。其如山界之轇轕何？"又，"何謂悉捐公以濟私？"又，"問者曰：保無藉令而冒佔者歟？"又，"保無藉風水而阻撓者歟？"又，"保無藉樵採而爭訟者歟？"又，"山在此鄉，實爲彼鄉向日樵採之地，如何而後無爭？"又，"民力難齊，何以輔之？"又，"一州之大，政務蝟繁，官能勝此勞勣乎？"又，"分任之説，亦嘗靜籌其善歟？"又，"經費從何籌措歟？"又，"或欲收取山照費以充公用，事可行否？"均一一作答，反復權其利害。其思致縝密，用心良苦，於斯可見。

此書爲手稿本，多有改動圈點。現藏日本東京大學東洋文化研究所。梅州市劍英圖書館藏有《光緒嘉應州興山利税帖章程》，爲抄本。

（李福標）

清抄本駐防廣州小志

《駐防廣州小志》五卷,清樊屏撰。清抄本。五册。半葉八行二十字。無欄格。題"樊屏甸侯甫纂輯"。前有清道光二十二年(1842)樊屏自序。民國六年(1917)凌慰祖跋。各卷前有目録。

樊屏,字甸侯,號翠園。遼寧沈陽人。廣州漢軍正白旗人。喜談舊事。著有《老兵閒談》、《清嘯堂吟草》等。事蹟具《駐粵八旗志》卷二十三《人物傳》。

此書内容涉及軍政紀略、粵地風物民俗等,雖名"志",然多記雜事及小説家之言,不類一般的志書體例。紀事至清道光二十年(1840)。卷一為駐粵原始、設立官員、兵額增損、設立水師旗營、軍標四營、每旗分上下甲喇、滿漢八旗分東西噶拉、駐防仍統於京旗、各旗地界、八門分守、城上經管、官兵俸餉米石馬乾、每歲報銷總數、砲兵餘兵養育兵錢糧、馬匹事例、官馬火印、各兵配械數目、官兵自備之械、各兵所領之官械、設立備戰兵器械、水師船上器械、水師營添設備戰兵各械、更定鎗手章程、火藥鉛彈事例、官署兵房、官署處所、借項修理房署、建造兵房程式、教場箭道、各旗馬圈、兵丁塋地、紅白事賞項、各事賞借、文武會試資助、孤貧養贍、貧苦養贍、將軍節制緑營、官員保用緑營、簡用協領間用京旗、充補緑營食糧、駐防得就近考試、考取筆帖式、考取隨印外郎、領催委署驍騎校、協領分營旗

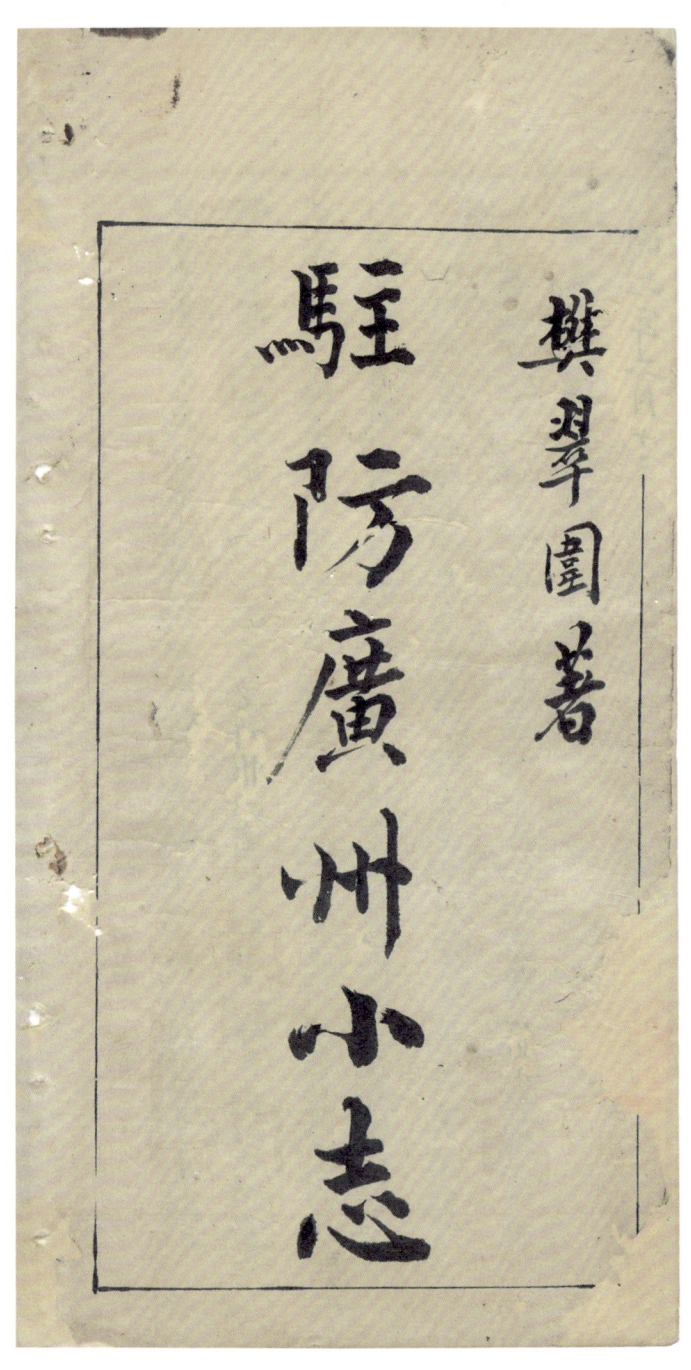

清抄本駐防廣州小志　扉頁

駐防廣州小志卷一

樊屏甸侯甫纂輯

駐粵原始

世祖定鼎之六年，命平南王尚可喜靖南王耿繼茂各率本部取粵凡二年始克廣州又二年始下高雷廉瓊諸郡其時人心未定乃留二王駐扎省會以防變動後調耿王移閩獨留尚王駐粵所統皆藩下與綠營兵而已迨吳分、有佐領官旗分、防校分管上下甲喇、水師防校分纛隊、左右兩司、印房、應火援、審事府改爲理事同知、旗監、軍器庫、堆撥栅欄、兩翼清書學房、義學、各旗官學、右司銀庫、永豐倉米（缺）。卷二載合操陣式、水操陣式、合操人數、水師合操人數、水師操船號令、吹演海螺、設立雲梯、燕塘演砲行圍、操演日期、水師輪流操演、操兵賞項、操演擡砲之法、操演砂砲、銅砲、鳥鎗欵式、製造火藥法、弓箭欵式、六合梨花槍法、牌刀式、大刀式、挑刀式、腰刀、钁鍋帳房旗纛盔甲、號衣、馬上諸技、上桅諸技、孩兒兵、水師修船則例、水師兵房、水師船隻裝載數目及日支數目、設立鳳崗、河道路程、內河外海潮信、水師防守、滿洲八旗姓氏、漢軍八旗姓氏、滿漢戶口總數、旗員封典、旗員頂帶服色、旗員與文官相見之禮、居喪持服、外省武員不准乘輿、逃丁削檔、節婦建坊、各官印信、八門鎖鑰、大關澳門監稅、右司平碼秤尺、編審丁壯、鞭責兵丁、遣犯爲奴、各旗廟宇、各旗附薦祠、節制各綠營官兵馬匹數目、綠營俸薪糧餉數目、御書閣存貯各書、官兵菜鹽、大錢、水糞。卷三爲將軍府署、將軍府前石獅、留靴亭、朝天街協署舊崇正書院、添濠街協署蓮池、長泰里協署地窖、坡山亭、蘭湖舊址、五仙觀仙人踤跡、五仙觀大鐘、番塔、三山九井、九眼井、東西得勝寺、舊南海縣署、崔府街石虎、牛公書院、大牌坊、高馬頭關廟碑像、北帝廟碑、鑲藍旗箭道、總勝菴丹桂、劉蘭雪故居、大小水關、營房四處、砲營餘地、生祠家廟、入祀昭忠祠、去思德政碑、書同巷土地、元妙觀對社、公議堂鐵鐶、皇當、燈市、梅園焰火、停止故兵骨殖眷口回京、官員舊有行取、雲南解馬、關東教水、八排之役、台灣之役、征苗之役、永安之役、臺灣後役、獵德之役、防守省垣、各營教砲、浙江教砲、製造火箭、平臺凱歌、鼓兒詞、打叚、各人好尚、鬭簽、衣冠樸素、語音不變、麵食之製、禡祭、崇祀關聖馬王敬謹、藥王廟、燒包袱、燒大紙、歲時掃墓之禮、死人六十日燒大船、弔唁用奶茶、辭歲、滿漢嫁娶之禮、新婦裝餙、送親娶親必浼尊長、大牀、銅鏡、饅頭、裹足穿耳之禁、起名肯用朝廷國家等字、門口石墩、新春官衙對聯、封印後官兵清問、元宵龍燈、大沙河壓馬、青龍橋學水、漢拳滿脚、裕襅、亮兵、點卯、出城領簽、上任引見賫摺限期、進京路程、恩俸恩餉、食錢糧兵準應試、白會、戶下家奴、議補綠營馬兵之奏、擬撥餘丁出旗之奏、十位大砲來歷、國初有巡山之例、協佐公事預坐位、將軍辰、藩下八總兵、韶關藩下遺兵。卷四記歷任將軍目次、歷任副都統、各旗歷任協領、歷任參領佐領、水師歷任協佐、歷科文武進士、歷科取中文舉人、歷科取中武舉人、歷案取進文生員、歷案取進武生員、歷年貢生、歷年監生。卷五錄十六位將軍、九位都統、十四位協領、一位佐領、二位驍騎校、一位防禦小傳；另有多位先生、醫士、壯士、射師、地師、畫師、棋師等小傳；最末附撰者先考及先伯兄小傳。

樊屏自序云："史家例有地志，所以辨疆域、敘民物、紀風俗，傳爲後代之考證者也。我朝志書齊備，雖蠻荒僻壤，皆有一編以紀其詳，獨駐防分屯，各省既不歸於土著，又已離於京旗，歷來修志者多忽略而不之及。竊案，廣州駐防自康熙二十一年(1682)奉調來粵，於今一百五十餘年矣，其間人物事實筆不勝書，而一切規制尤關政要，不有專書，必致將來缺而難考。前阮芸臺相國督粵時，增修省志，極思將八旗事故一同纂入，惜承命者不得其人，僅僅以片紙節略送局，故多有錯漏，不足傳信。迄慶蕉園宮保爲將軍，亦擬開局專纂一志，以昭來許。又因旗中諸文學士逡巡畏縮，未克贊成厥舉，屏久思約集同人創成此事，無如同輩中能以其事舉之於口者已鮮，舉之於口而又能筆之於書者爲尤鮮。且二十年來，餬口四方，苦無寸暇，故雖有心而亦未之逮也。至前歲，由汾江解館歸，不復外出，始有餘閒，因不揣學陋，綜其平日之見聞，考覈軍府之案牘，凡得書五卷，名之曰《駐防廣州小志》。夫志而稱小者，蓋不過竊比於《閩小紀》之類，未敢公然以志書自居也。然費二載之力，其中所紀頗覺粗備，倘後來有修志之舉，得此張本，未非秉筆者之藁矢也。"按，阮芸臺即阮元(1764—1849)，字伯元，號芸臺，江蘇儀徵人。清乾隆五十四年(1789)進士。嘉慶二十二年(1817)調任兩廣總督。慶蕉園即慶保，號蕉園，滿洲鑲黃旗人。清道光間任鎮粵將軍。

凌慰祖跋云："樊屏，夢蛟子，字甸侯，翠園其號也。志稱其喜稗官叢說，好談舊事云，顧八旗之秀也。與兄樊圻、樊封齊名，頗有著作，惟此書《駐粵八旗志》則以爲將軍長善以封者宿多聞，延纂《駐粵八旗志》，事屬創始，凡三年，稿粗具而卒。屏自序亦稱費二載之力，其中所紀頗覺粗備，而不言爲長善聘纂，豈封另有所著歟？抑是一是二歟？然觀其書《駐粵八旗志》，少所修入若未見其書者，致書中所載瑣屑，如門簽之戲、蚧食之製，并皆列入，門類無分，一如小說家言，是非修志之規模也。謹識於此，以附於《粵小記》諸書之林。"

扉頁題"駐防廣州小志。樊翠園著"。原書四、五册裝訂有錯亂。

此書現藏英屬哥倫比亞大學亞洲圖書館。查各目録,未見刻本流傳。另有長善、劉彦明纂修《駐粤八旗志》二十卷,爲清光緒五年(1879)刻十年(1884)增修本。

鈐印有"公武之印"、"蒲坂書樓"、"姚鈞石藏書"、"民國庚辰"。

（肖　卓）

清光緒鉛印本廣東巡警分局章程

《廣東巡警分局章程》一卷附《廣東巡警總局表式》不分卷,清廣東全省巡警總局編。清光緒廣東學務公所鉛印本。一册。半葉十二行三十二字。黑口,四周雙邊,單魚尾。框高18.3釐米、寬11.7釐米。前有光緒三十三年(1907)廣東全省巡警總局稟文。

巡警即警察,乃晚清政府借鑒西方巡捕制度所創立的警政系統,具有維護治安、編查户口、管理街道等職能。光緒二十七年(1901),清廷下令各地創辦巡警,於三十一年(1905)又下令設巡警部,警察制度才在全國範圍内正式開辦,然直至清亡,地方警察制度的普及程度仍有限。廣東巡警總局建於光緒二十九年(1903),三十四年(1908)改爲巡警道。

此書目録開列章名,正文每章分節,合計十章,依次爲編制七節、通則五節、權限八節(附巡士每日輪流勤務表)、職守八節、資格五節、選用巡士四節、巡士須知五節、派出所巡士勤務章程十五節、賞罰十節、薪餉十四節。

所附表式一册爲巡警總局、分局日常使用之各式表格,計有功過表、巡警局旬報訴訟案件表、巡警局旬報保安事件表、巡警局旬報違警案件表、巡警局旬報竊盜案件表、賞罰三聯單式、履歷表、請假單、巡士報告案件稟單式、巡警局旬報捕獲罪犯表、廣東巡警總分局稱謂表、呈報火災簡

第一章 編制

第一節 省城內外及河南分爲左五大段

一段　老新城

二段　東南關

三段　西關南路

四段　西關北路

五段　河南

第二節 各段設局如左

老新城　共六局

東南關　五局

西關南路　六局

西關北路　六局

清光緒鉛印本廣東巡警分局章程　卷端之一

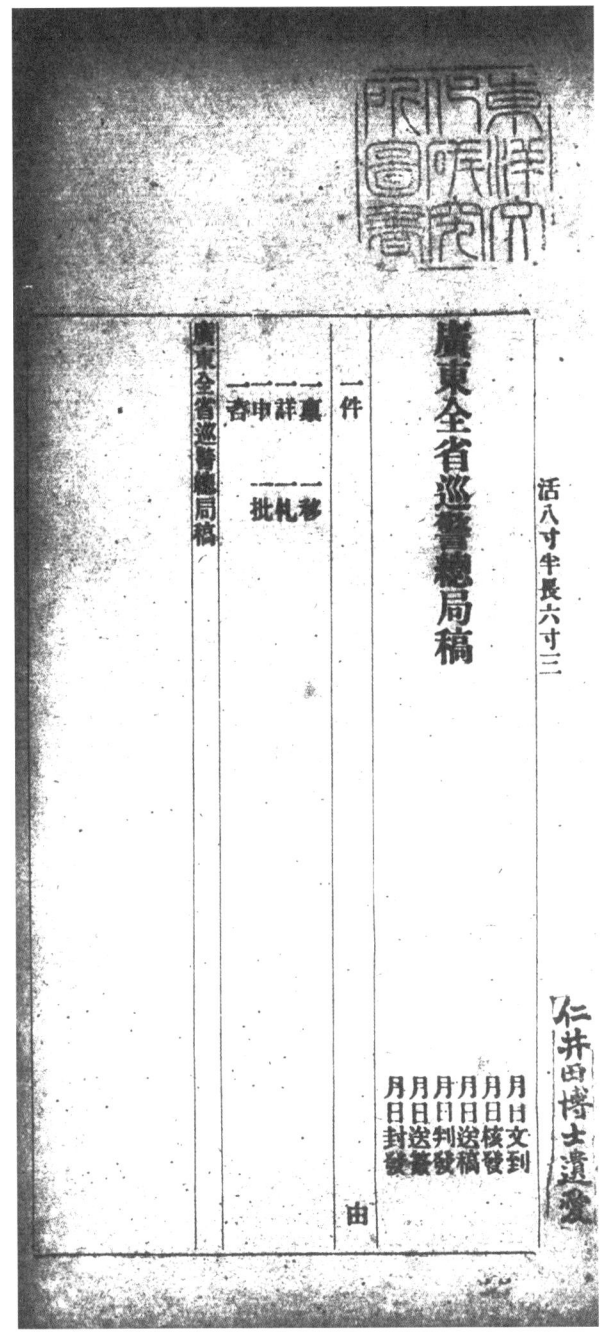

清光緒鉛印本廣東巡警分局章程　卷端之二

明一覽表、辦理案件月報一覽表、局拘留人犯表、局巡兵册、巡兵記功記事表、巡兵責罰表、稽查巡兵單、巡目巡兵領餉憑單、日檢查表、巡兵功過總册、呈報案件簡明一覽表、調查店户表式、調查客棧表式、調查家屋表式、鄉村調查表、鄉局調查表法、分局丁雜差花名算斗册、分局潔净伕役花名册。爲研究中國早期警察制度的重要資料。

禀文云："竊查廣東巡警自光緒二十八(1902)年間,本署臬司在廣州府任内籌議開辦,迄今已閲五年,雖經迭次改良,警務仍無起色,推原其故,厥有數端:一由法律之未備;一由户籍之不清;一由警兵未受教育,程度太低。而其受病之本源,尤在局章之組織未臻完善。查日本東京設有警視廳,猶粤省之巡警總局也,警察署、警察分署猶正局與分局也。警視廳設有總監官房,内分二課,又設三部,每部内分二課。官房有主事,部有部長,課有課長及課員分擔職務,各有專司,用能事無不舉,警務日有進步,蓋警視廳爲東京警察之總機關,如人身之有神經統系,未有神經圓滿而官骸不受其命令者,亦未有神經恍惚而官骸不即於顛倒者。本局所用員弁,倍加於前,無如界限不明,事權不一,勞逸不均,互相推諉,遂致局務棼如亂絲,日形退化,欲圖整頓,自非分科治事不爲功。本署司等悉心商議,意見相同,現擬參照日本東京警視廳及京城南北洋現行章程,斟酌粤省目前情形,將總局應辦事務分爲總務、警政、警法、衛生四科。總務科内分綜核、機要、會計、繙譯、文書、庶務六課;警政科内分户籍、營業、交通、正俗、消防五課;警法科内分審判、案牘、司法、偵探四課;衛生科内分清潔、醫務、醫學三課。每科各設科長,每課分設課員,間有事繁之課,非課員一人所能辦理者,酌添副課員或學習副課員,協同經理,其事簡之課,則暫由他課員兼理,以資撙節。自分科後,劃分職務,各專責成,不使仍蹈從前推諉之弊。查新城、東南關、西關南路、西關北路、河南等處,於分局外各設正局一所,其所管事務,不過監視分局行動及處理分局尋常案件,并拘留人犯等事,然遇不能判決之案,仍轉解總局覆審。總局若有飭查事件,亦多轉行分局辦理,各分局凡有禀陳等事,又必先禀正局而後轉禀總局,往往以輕微之事,文書往復,輒延數日,重大之事,難保不致延誤,是各正局對於分局則諸多扞格,對於總局則形同贅疣,且每月經費,約需銀四千五百餘元,所費亦復不貲。本署司等公同商酌,擬請將各正局一併裁撤,劃分老新城、東南關、西關南路、西關北路、河南爲五路,每路各設巡視官一員,專備巡察各路分局辦事之勤惰,暨警丁勤務及地方狀況,隨時報告總局核辦，違警案件即歸各分局。巡官受理重要案件，一概稟解總局處理，巡視官所需薪水公費，每月共約千元之譜，即在裁存正局項下開支。河南距省太遠，且開辦未久，正局請暫緩裁。又分局巡士站崗時間，每日二次，每次連站四點鐘，站立過久，非特精神疲敝，查察不免疏虞，且血氣滯於轉輸，恒患足腫之病，前經本局稟奉前憲周批准，設立巡士派出所，先從老城辦起，以次各就地方情形，隨時體察，逐漸推廣。似此變通辦理，庶使總分局公事，直接警察之機關，較前靈活，於警務必有裨益。至辦事細則，以文書、會計兩課改章之始，即須應用，業經分別酌擬，其餘各課，俟奉批示後，再行詳晰妥定，稟候核示遵辦。所有總局分科治事，暨裁撤正局，改良分局緣由，連擬定章程，一并稟請憲台察核，俯賜批示祇遵。再查上年閏四月間，經本局將廣東巡警推廣試辦章程，稟奉前憲岑咨准，部覆暫照辦理，行之一年，諸多窒礙，茲既釐定新章，亦係試辦，俟奉批准後，辦有成效，再行詳請咨部，更正合併聲明。肅此具稟，虔請崇安，伏祈垂鑒，本署司（吳）煦、（龔）心湛謹稟。計呈章程二本、圖表一本，一稟護督院胡。

光緒三十三年七月初四日。奉批來牘及章程圖表，均悉。改良警察，乃實行新政之機關，但警務端緒紛繁，非分科治事，難期秩然，就理詳核，現定辦法，分為總務、警政、警法、衛生四科，每科之中又各從其類，酌分三四五六等課，每課分設課員，劃分職務，各專責成。并將東南西北四路正局一併裁撤，河南距省較遠，開辦未久，正局應暫緩裁，現割分為老新城、東、南、西關及河南，共為五路，每路各設巡視官一員，專備巡察各路分局，一切事宜，隨時報告總局核辦。違警案件，即歸各分局巡官受理，重要案件稟解總局處理，并將巡士站崗時間，量予變通，具見規畫精詳，良深佩慰。惟有治法，貴有治人，可大還期可久，現經該局切實整頓，耳目一新，尤望於用人之中，詳加甄擇，并隨時考察，庶警務日起有功，一俟辦有成效，再行詳請奏咨更正，并將其餘各課詳晰妥定，另文呈候核辦。此復章程二扣、圖表一冊，均存。"

書末印"廣東學務公所印刷處活版"。

是書書名據封面。未見其他目錄著錄，僅日本東洋文化研究所入藏。又中國國家圖書館藏《廣東試辦巡警章程》七章、廣東省立中山圖書館藏《廣東巡警總局分科治事章程》。

鈐"仁井田博士遺愛"、"東洋文化研究所圖書"。

（蔣文仙）

清抄本碧琳瑯館藏書目録

《碧琳瑯館藏書目録》四卷，清方功惠撰。清抄本。四册。半葉九行二十五字。白口，四周雙邊，單魚尾。版心上鎸"碧琳瑯館書目"。前有清同治五年（1866）方宗朝序。林之升《碧琳瑯館藏書歌》。

方功惠（1829—1897），字慶齡，號柳橋，湖南巴陵（今岳陽）人。以父蔭任廣東監道知事，官至潮州知府。因理財有方而受歷屆兩廣總督賞識。在粵任職三十餘年，藏書達二十餘萬卷。在廣州建"碧琳琅館"、"十文選齋"、"玉笥山房"、"傳經堂"以藏書，先收有潘仕成、伍崇曜等人藏書，又派人遠至日本購書，較楊守敬至日本訪書尚早數年。又得吳榮光"筠清館"、"賜書樓"藏書。所藏珍秘本極多，收有宋本達40餘種，元本60餘種，以明人詩文集爲特色，或稱其藏書"爲粵城之冠"，時有"北方南孔"之譽（即珠江南孔廣陶，珠江北方功惠）。張之洞督兩廣時，曾登其藏書樓讀所未見之書。

此本依《四庫全書》分類標準，釐爲經、史、子、集四類，各爲一卷。每條目著録書名、卷數、本數、函數。經、史、子三部著録較簡，偶著其作者、版本。集部則較詳，大部皆著作者及版本。其他遇特殊情況，亦偶説明編次原由，如史部傳記類"春秋列傳五卷四本一函"下小字注："明劉節撰此部遵照《四庫提要》歸入史部傳記類。"域外漢籍入各部類之末附録中，如

經部一

易類

御纂周易折中二十二卷 十二本 一函

周易本義十二卷 二本

漢魏二十一家易注三十三卷 八本 一函

周易揩四十五卷 十五本 二函

河上易注八卷圖說二卷 六本 一函

周易古今文全書二十一卷 五本 二十本 四函

周易虞氏義十一卷 四卷 一函

史部載記類之後有"附録日本政記十六卷八本一函"。

方氏碧琳瑯館藏書目未見刻本,而北京大學圖書館藏《碧琳瑯館藏書目録》抄本二部、《碧琳瑯館珍藏書目》一部。按倫明《辛亥以來藏書紀事詩》謂:"有友徐行可得無名氏題跋一册,……書皆巴陵方氏碧琳瑯館所有,凡宋本二十六種、元本三十四種、明本舊鈔本名人校本二十餘種。所贈大學堂書無一在此,殆方氏書到京師時,多經手價賣,故有此題跋也。"徐紹棨等《續補藏書紀事詩傳》云,光緒晚年,方氏來京師售書,以售餘之書贈京師大學堂。故北京大學圖書館編有貴重書目一册,即昔日碧琳瑯館所藏也。又云:"余南州書樓藏有鈔本《碧琳瑯館書目》四册,有方宗朝(桐鄉氏)作序、有林之升《碧琳瑯館藏書歌》。但宋、元本不入録,蓋未足以盡方氏所藏也。"以倫氏、徐氏所述,殆可説明:一、此書目乃南州書樓流出者;二、此書目未著録方氏所藏之宋元珍本;三、北京大學圖書館所藏《藏書目録》殆方氏售餘所贈之書目,而倫明所見之貴重書目,後亦入北大圖書館,即《珍藏書目》也。此書目與北京大學圖書館所藏之書目抄本二部所録内容或有不同。又據鄭偉章《方氏碧琳瑯館藏書刻書考》(載《求索》1989 年第 1 期)云:北京圖書館(即今國家圖書館)藏有一本《碧琳瑯館書目》四卷,爲民國二十一年(1932)傳鈔本。前有同治五年方宗朝序及林之升《碧琳瑯館藏書歌》,爲方氏早期藏書目録,依《四庫全書提要》分類,共收書三千五百餘種。著録體例詳書名、卷數、本數、函數,書眉之上鈐一朱印,標明每書爲何種版本,如"殿本"、"明本"、"抄本"、"聚珍本"、"元本"、"宋本"、"影宋本"、"善本"等。所藏集部書爲最多,其中清人别集達四百種之多。與國家圖書館抄本相較,此鈔本著録内容簡單且著力不均匀,當較早而在清末所抄者。倘欲覩方氏藏書之概貌,須將國家圖書館所藏書目、北大所藏二書目與此抄本合觀,庶幾近之。

方宗朝序云:"從姪柳橋幼嗜學,長隨先兄仕粵,援例得一官,學不廢。俸入儉用,以其贏餘購古書,前後得數萬卷,仿四庫館藏書例,分經史子集,另撰目録四卷。……吾族宦遊人多購書,然或有力而不甚好,或好之苦無力,又或有力而仕不久,好之而年不永,均不足以窮其美富。今幸父子官粵數十年,歲月累積,乃得致書若此其夥,邑内文人當指姪家爲大小西山矣。"

林之升《藏書歌》有云:"羨君萬卷羅經史,充棟汗牛精校理。鶴俸餘來但買書,監州清似珠江水。鄴架牙籤次第排,良宵風雨聚同儕。……書囊富有五十卷,三唐兩宋徵求徧。"詩末有小識云:"柳橋太守,沈酣經籍,好古思深。所至購書累數萬卷,牙籤錦軸,列几盈箱。公退之餘,手不釋卷,凡著於某人,鐫於何地,無不分條析縷,燦若列眉。余亦素有書癖,而十年兵燹,青氈舊物,半付秦坑,對此琳瑯,能無健羨?爰作長歌奉贈。熙臣并識。"

此本今藏加拿大英屬哥倫比亞大學圖書館。

鈐印有"南州書樓"、"蒲坂書樓"、"姚鈞石藏書"、"姚鈞石所藏金石書畫印"、"民國庚辰"。

(李福標)

稿本嶽雪樓藏書目初稿

《嶽雪樓藏書目初稿》不分卷,清孔廣陶撰。稿本。一册。半葉九行十九字不等。黑口,左右雙邊。前後無序跋。

孔廣陶,字鴻昌,號少唐,又稱少唐居士,室名三十三萬卷樓、嶽雪樓等。廣東南海人。孔子七十代孫。精鑒藏書畫,富藏古籍、名畫、碑帖、古錢等。爲清代中後期廣東著名藏書家和刻書家,時有"北方南孔"之稱,即珠江北方功惠,珠江南孔廣陶也。

此本按經、史、子、集四部分類,著録每書之書名、卷數、作者及撰述方式,而不著版本。

未標四庫著録情況。每類之末,或天頭處,條款隨有所加。或爲書目編就之後,孔氏藏書每有新藏品種,隨而添録之。

孔氏藏書目傳本,可知者除此種外,加拿大英屬哥倫比亞大學圖書館藏有另本(見下著録),中國科學院圖書館亦有藏本。此書與中科院本及加拿大英屬哥倫比亞大學藏另本相較,著録過於簡單,似爲孔氏藏書之最初目録,加拿大英屬哥倫比亞大學藏另本後出,而中科院本最後出。同是孔氏藏書目,而三本著録品種互有出入,且就某一種書之著録,信息亦有不同,如此嶽雪樓本首部書"周易口義十二卷宋倪天隱",中科院本則著録爲:"周易口義十三卷宋胡瑗、倪天隱",書名卷數下小字注云:"厚村點

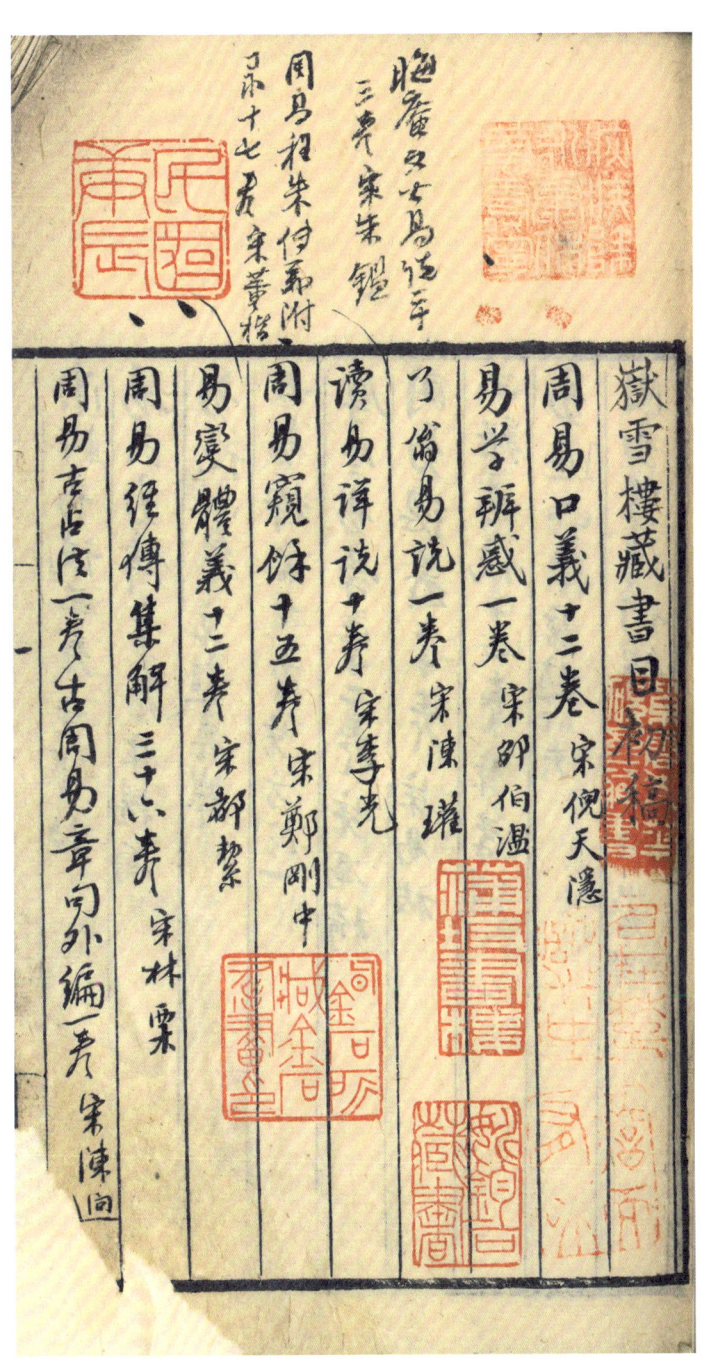

嶽雪樓藏書目

周易口義十二卷 宋倪天隱

易学辨惑一卷 宋邵伯溫

了齋易說一卷 宋陳瓘

讀易詳說十卷 宋李光

周易窺餘十五卷 宋鄭剛中

易變體義十二卷 宋都絜

周易經傳集解三十六卷 宋林栗

周易古占法一卷 古周易章句外編一卷 宋陳恂

晦庵先生易經注
三卷 宋朱鑑
周易程朱傳義附
錄十七卷 宋董楷

稿本嶽雪樓藏書目初稿　卷端

定印藏,湯、李兩家原校,澄江官舍精刻,綿紙印本,一函七本。四庫以十二卷著録,即此。今序云分十三卷,原無序卦、雜卦。"而三十有三萬卷樓書目本不見此種。合此三種書目而觀之,或可得睹孔氏藏書之全豹。

此本今藏加拿大英屬哥倫比亞大學圖書館。

鈐印有"姚鈞石藏書"、"鈞石所藏金石書畫印"、"蒲坂書樓"、"紫雲青華硯齋藏書"、"民國庚辰"。

(李福標)

清抄本三十有三萬卷堂書目略

《三十三萬卷堂書目略》不分卷,清孔廣陶撰。稿本。十册。半葉八行字不滿行。黑口,四周單邊,雙魚尾。版心上鎸"三十三萬卷堂書目略",中鎸當頁書名,下鎸"嶽雪樓未定稿"。每册書皮著本册書目名,前後無序跋。

孔廣陶,見《稿本嶽雪樓藏書目初稿》。

此本按經、史、子、集四部分類,著録各部類叢編之書及總集,第一册經部叢編之書,凡40種;第二册爲史部叢編之書,凡22種;第三册爲子部叢編之書,凡34種;第四册爲子部叢編之書,凡31種;第五册爲子部叢書類書,凡19種;第六册爲子部叢書類書,凡11種;第七册爲子部叢書類書,凡12種;第八册爲子部叢書類書,凡9種;第九册爲集部,凡25種;第十册爲集部叢編之書,凡39種。著録款式含叢編之書名、作者、四庫全書著録情況、版本。又,各書子目著録書名、卷數、作者及撰述方式,凡已著録於四庫者,亦在書名卷數下標註。

此書目未見刻本,據倫明《廣東藏書紀事詩》"孔廣陶"條稱:"聞書目已編就而未刻,想佚之矣。"而實際上,除此本外,尚有中國科學院圖書館藏本(簡稱中科院本),《四庫全書存目叢書》史部收録。中科院本與此本不同處在於,中科院本是著録單本圖書,并非專爲著録叢書者,且各種書

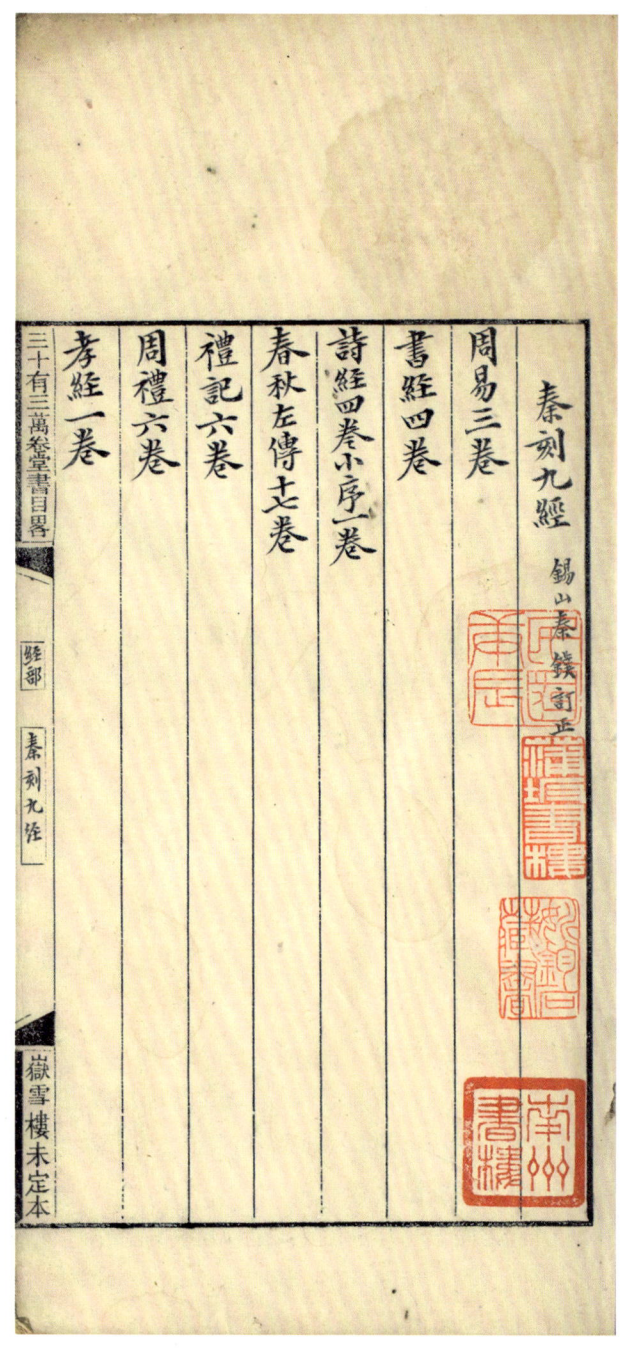

清抄本三十有三萬卷堂書目略　卷端

著録本數、函數,各條款上,或數種書之旁,又多注銀兩數。謝暉《中科院藏南海孔氏〈三十又三萬卷書目略〉性質考》一文注意及此,稱:"此稿所收藏書目最遲者是《二思堂叢書》五十一卷,光緒元年(1875)福州梁氏浙江書局本,則此書目最終成於光緒元年後。"并從書旁所標銀兩數字,斷定中科院藏本爲光緒二十八年(1902)後孔氏鬻書目錄。然此説似可商榷:書既按四部分類,又有手批之跡,一絲不苟,似非賣書者所爲,旁所注銀兩數,雖或爲賣書者所爲,然不能定爲賣書目錄。或爲孔氏藏書之最初目錄。而加拿大英屬哥倫比亞圖書館所藏此本爲後出者,已將散錄的各子目書做了合叢的工作,更爲整齊有序,然亦爲未定本。書無卷端,且間有批校,如第五册《批點考工記二卷》書眉上批:"此應移在《穆天子》後。"故版心下著"未定稿"。

此本今藏加拿大英屬哥倫比亞大學圖書館。

鈐印有"南州書樓"、"蒲坂書樓"、"姚鈞石藏書"、"民國庚辰"。

(李福標)

稿本有是樓書目

《有是樓書目》四卷,清阮寬然編。稿本。五册。半葉十行二十五字。緑絲欄,白口,四周單邊。版心印"有是樓書目。卷第。目耕堂易氏藏書"。題"道光廿七年(1847)四月東瀛初編稿"。無序跋。

阮寬然,字東瀛,廣東新會人。生平未詳。

《廣東藏書紀事詩》云:"傳家忠孝大名彰,夙好蕓籤富貯藏。有是樓前多大本,坊人能説目耕堂。"即指易氏藏書。易氏乃清代廣州七十二行洋商之一,先世富藏書,藏書之地名"有是樓",藏書之章曰"易氏目耕堂"。易氏藏書無宋元刊本,然明刻不少,嘉慶以後之本不收。喜合訂數册爲一册,俱厚一寸以上,書賈呼爲"易大本"。易氏藏書在清光緒末年流散。按,其近世聞名者有易學清,學清(1840—1920),字蘭池,廣東鶴山人。清同治七年(1868)進士,授户部主事。曾任端溪書院主講凡七年,編有《易氏族譜》。見[宣統]《高要縣志》卷二十。

是書乃易氏藏書目録,約編於道光末年。以經史子集爲序,每書著録書名、卷數、撰者及《四庫全書總目提要》收録情況,勘及版本。卷一經部易、書、詩、禮、春秋、五經總義、四書、樂、小學九類一百十種。卷二史部正史、編年、紀事本末、别史、雜史、詔令奏議、傳記類、史鈔、載記、時令、地理、職官、政書、目録、史評十五類一百五十九種,其中地理類四十七種。

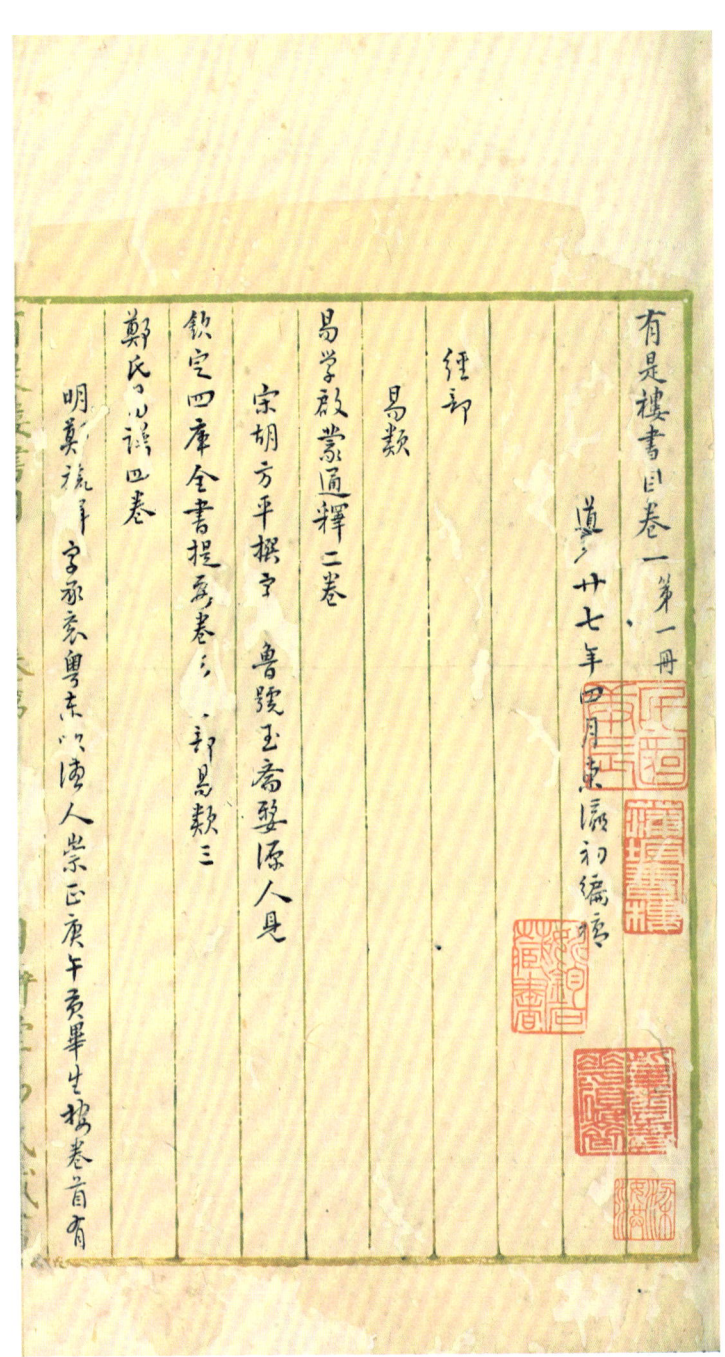

有是樓書目卷一第一冊

經部

易類

易學啟蒙通釋二卷
宋胡方平撰 字魯齋婺源人見
欽定四庫全書提要卷三 一部易類三

鄭氏易譜四卷
明鄭瑗年字鄱泰粵東以德人崇正庚午貢畢生楷卷首有

稿本有是樓書目　卷端

卷三子部儒家、兵家、法家、農家、醫家、術數、藝術、譜録、雜家、類書、小説家、釋家、道家十三類四百七十種，其中醫家類九十五種。卷四集部楚詞、别集、總集、詩文評、詞曲五類二百九十四種。合計一千零三十三種。

卷二題"新會阮寬然東瀛甫編"，卷四題"新會阮寬然東瀛甫初編"，書中有數處朱墨筆校改。書末有附紙，爲近人書："目耕堂易氏，聞是易學清氏？書店稱他名易大堆，因他購書不論精粗美惡，總要大堆便合。廿九、四、六。"

此書未曾刊行，曾爲澳門姚鈞石蒲坂書樓舊藏，今存英屬哥倫比亞大學圖書館。

鈐印有"梁汝洪"、"紫雲青花硯齋"、"姚鈞石藏書"、"蒲坂書樓"、"民國庚辰"。

（蔣文仙）

清末鈐印本古印藏真

　　《古印藏真》一卷，清居巢藏、楊其光輯。清楊其光添茅小屋鈐印本。一册。朱絲欄。版心下印"添茅小屋"。前有居巢序。
　　居巢(1827—1899)，字梅生、士傑等，號梅巢、今夕庵主，室名今夕庵、昔邪室、甌香館。廣東番禺人。善書畫，書法規橅惲壽平，畫山水、花卉皆雅秀，草蟲尤精。工詩詞，著有《昔邪室詩》、《煙語詞》等。見《嶺南畫徵略》卷十。
　　楊其光(1862—1925？)，字崙西，齋室名花笑樓、添茅小屋。廣東番禺人。楊永衍子。擅治印，其印專師浙派，沉厚遒勁，頗近丁黃，輯所刻印成《添茅小屋印譜》。見《篆刻年曆》等。
　　正文每葉二至五印不等，合收古印八十五方。
　　居氏序云："會吳子苾先生贈予所藏印譜一册，官私印百餘方。無棣吳氏爲海內名閥云，且積之累世，僅得此數。因念是豈寒士所敢奢望，扼挈停思，時形夢譖而已。豈意廿年一瞬，兵燹流離，乃竟獲此漢古私印八十一方，較吳黃所藏雖絀，而視高譜則已過之。且又方方精好，知出鑒家。貧兒暴富，亦足豪矣，惜幼雲久逝，不能起諸九泉，償其夙願。而予又老且病，目昏手强，金石刻劃，無復能爲，欣感往來，對此惟呼負負耳。聊復次集成譜，名之曰《古印藏真》，以貽世之不薄雕蟲，有志於古而欲鑒真者，共欣賞焉。"

清末鈐印本古印藏真　扉頁（正面）

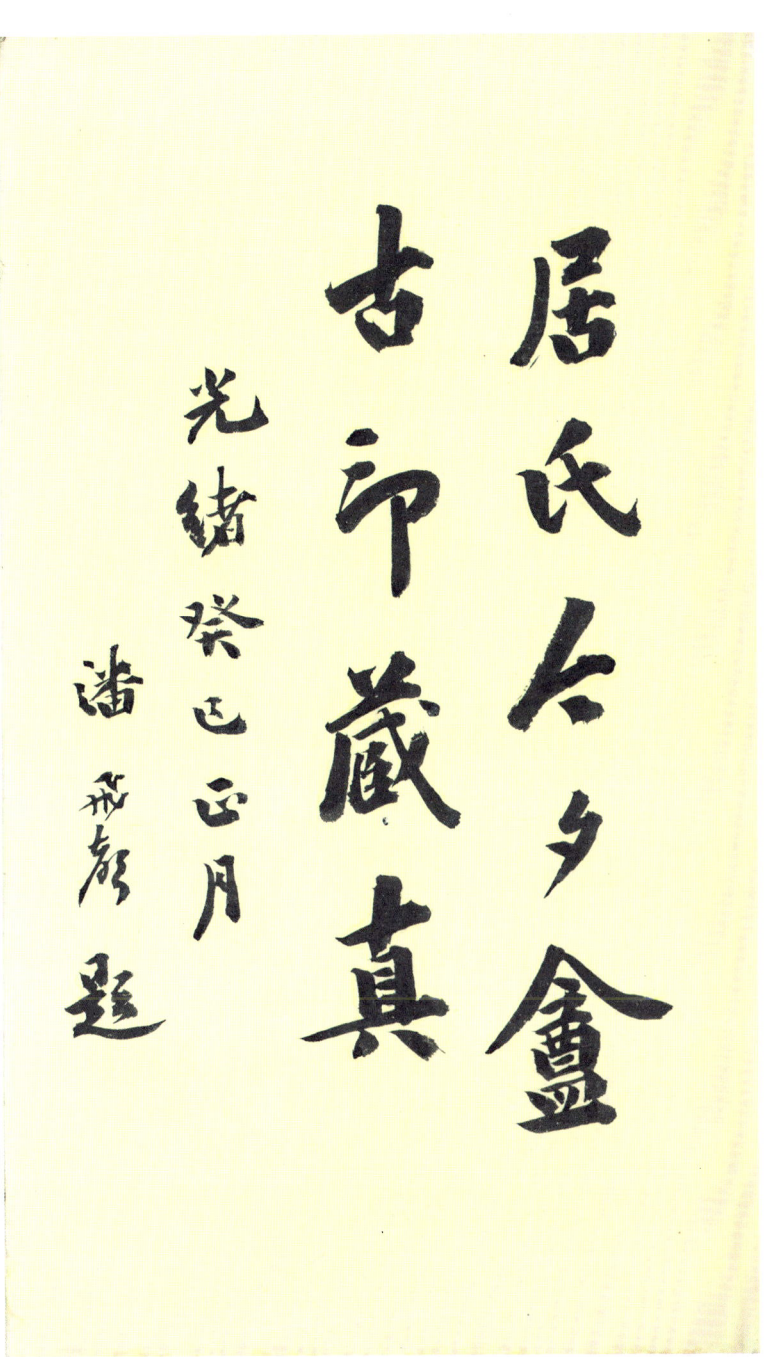

清末鈐印本古印藏真　扉頁(反面)

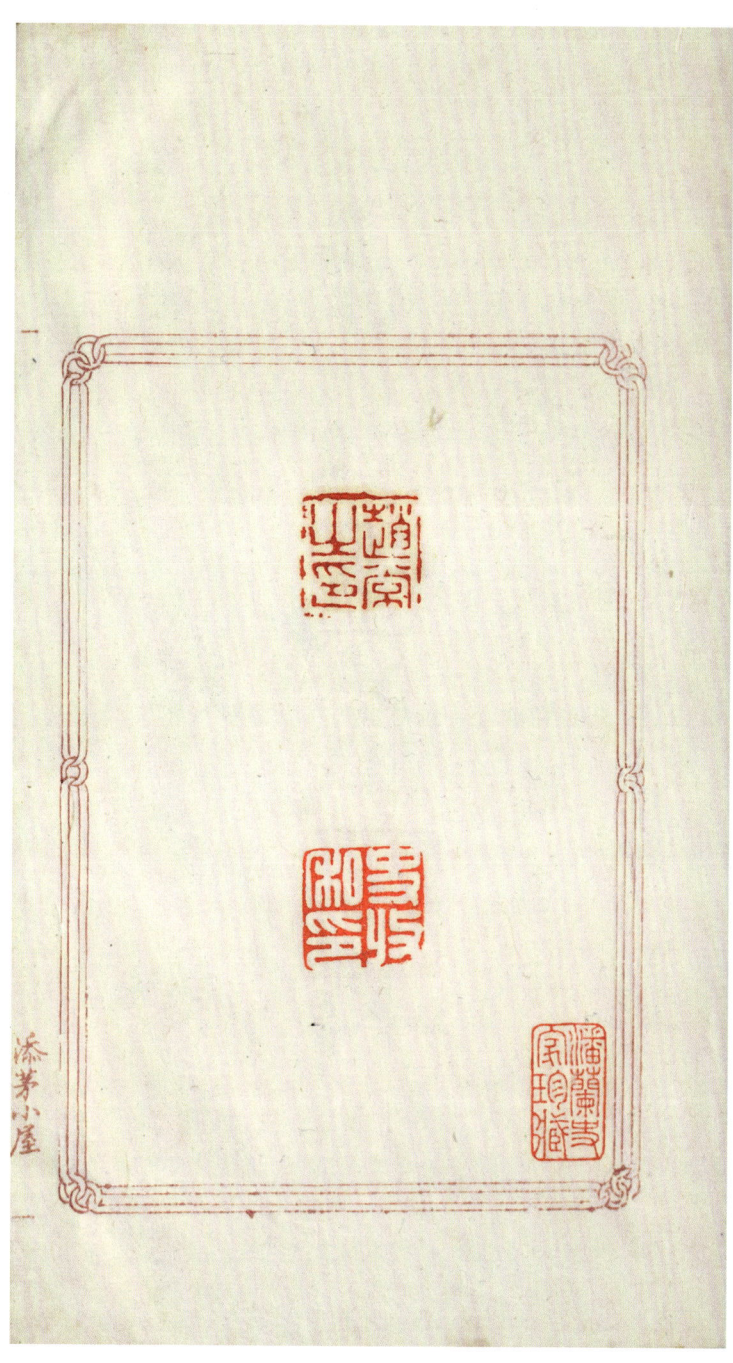

清末鈐印本古印藏真　卷端

扉頁書："古印藏真。光緒己卯（五年，1879）雲開節迂道人書。今夕盦所得。"按，迂道人即柯有榛。有榛（1814—?），字雲虛，自號里木山人，別署迂道人。廣東南海人。善畫及治印，有《里木山房印存》、《里木山房印譜》。

此本有潘飛聲題字二處。一在居氏敘末，跋云："癸未十月八夜集楊氏添茅小屋，崙西大兄持贈此卷。潘飛聲藏并記。"一在護封，曰："居氏今夕盦古印藏真。光緒癸巳（十九年，1893）正月。"按，潘飛聲（1858—1934），字蘭史、劍士，號老蘭。廣東番禺人。國學生議證，薦舉經濟特科，不赴。能詩文，擅書畫，嗜篆刻。曾與黃士陵、柯有榛父子交游論印。著有《說劍堂詩集》三卷，詞集一卷，《在山泉詩話》一卷等。

冼玉清《廣東印譜考》詳言此書淵源，云："楊其光《添茅小屋印譜》四册，最後一册爲居氏印譜。扉葉有迂道人書'今夕庵所得古印藏真'數字，扉葉背有'同治壬申（十一年，1872）秋楊氏添茅小屋拓本'數字。又有楊崙西手鈔居氏原序文，末題'光緒己亥（二十五年，1899）十一月望楊其光對錄一過'數字。又有崙西題云：'紹堂精審金石，雖一瓦一礫，珍如璆琳。紹堂手輯前人印藪成册，予與有同嗜，因檢前所拓某先生所藏古印一卷奉贈。紹堂甚欣然，并屬余錄其序於左方。惜腕力柔弱，不與印稱耳。奈何！光緒己亥仲冬崙西再識。'以此本與秋曉庵本對校，其印八十二方，與秋曉庵相同者七十四方，秋曉庵缺少八方，另多二十二方。根據崙西題記，添茅小屋本當係崙西少時其父或崙西本人向居氏借得藏印，崙西親自鈐印成譜，而非其父製譜。楊氏因印借自別人，不敢掠美，故仍稱爲《今夕庵所得古印藏真》。因此譜不能獨立成書，只能附《添茅小屋印譜》印之後，作爲《古印藏真》之別本。考其嬗遞之跡，居氏初有自製譜，楊氏借其印製譜，附《添茅小屋》後。光緒二十年（1894）居士傑以其印（售與）潘儀增，潘氏又製譜附《秋曉庵印譜》後。"然冼氏所見之本多楊其光題識數處，與此本略有不同。

《印譜知見傳本書目》、《松蔭軒藏印譜》未著錄。

國家圖書館藏《古印藏真》八册，楊其光篆刻，清光緒添茅小屋鈐印本，標註書名代擬，墨拓邊款爲粘貼，未知是否附有此書。

鈐印有"梅生"、"居巢"、"添茅小屋書畫印"、"潘蘭史家珍藏"、"梧桐庭院詞客平生快覩之章"、"柯有榛"、"鈞石所藏金石書畫印"、"蒲坂書樓"、"民國庚辰"。

（蔣文仙）

清嘉慶刻本三教擇録

《三教擇録》不分卷,清陸逢泰輯。清嘉慶十一年(1806)陸逢泰等粵東刻本。一冊。有圖。半葉九行二十五字。白口,左右雙邊,單魚尾。框高18.5釐米,寬12.4釐米。前有清乾隆五十年(1785)陸逢泰序及再序。

陸逢泰,字厚坡。事蹟失考,據書前序知其爲清溪(今四川漢源)人,乾隆五十年時居粵東羊城書舍。

是書擇録儒、佛、道三教中之《二十四孝圖》、《警孝説》、《文昌帝君勸孝文》、《文昌帝君勸孝歌》、《論孝七條》、《孝感五條》、《任性輕忽致罹不孝二條》、《忤逆報應五條》、《論兄弟當友愛十條》、《遏淫説》、《顏宗璧戒淫節慾文》、《文昌帝君戒淫文》、《戒淫果報八條》、《文昌帝君陰騭文》、《陰騭文奇驗十條》、《感應篇敘歷》、《太上感應篇》、《感應篇奇驗十條》、《俞淨意遇竈神記》、《袁了凡訓子立命篇》、《太微真君功過格引》、《功過格欵》、《功過格訟》、《梓潼帝君垂訓蕉窗十則》、《敬惜字紙文》、《文昌帝君惜字真詮》、《惜字十八戒》、《文昌帝君諭敬字紙文》、《朱夫子治家格言》、《一清道人積福歌》、《敬竈紀》、《戒牛文》、《戒食牛肉報應案十四條(俱載在文昌願效籍内)》、《犬戒三條》、《蓮池大師普勸戒殺放生文》、《高王觀世音經緣啟》、《高王觀世音經》、《觀音救苦經》、《白衣觀音菩薩神咒(幷列齋期)》、《準提真言神咒》等而成,旨在宣揚"孝友"、"遏淫"等。

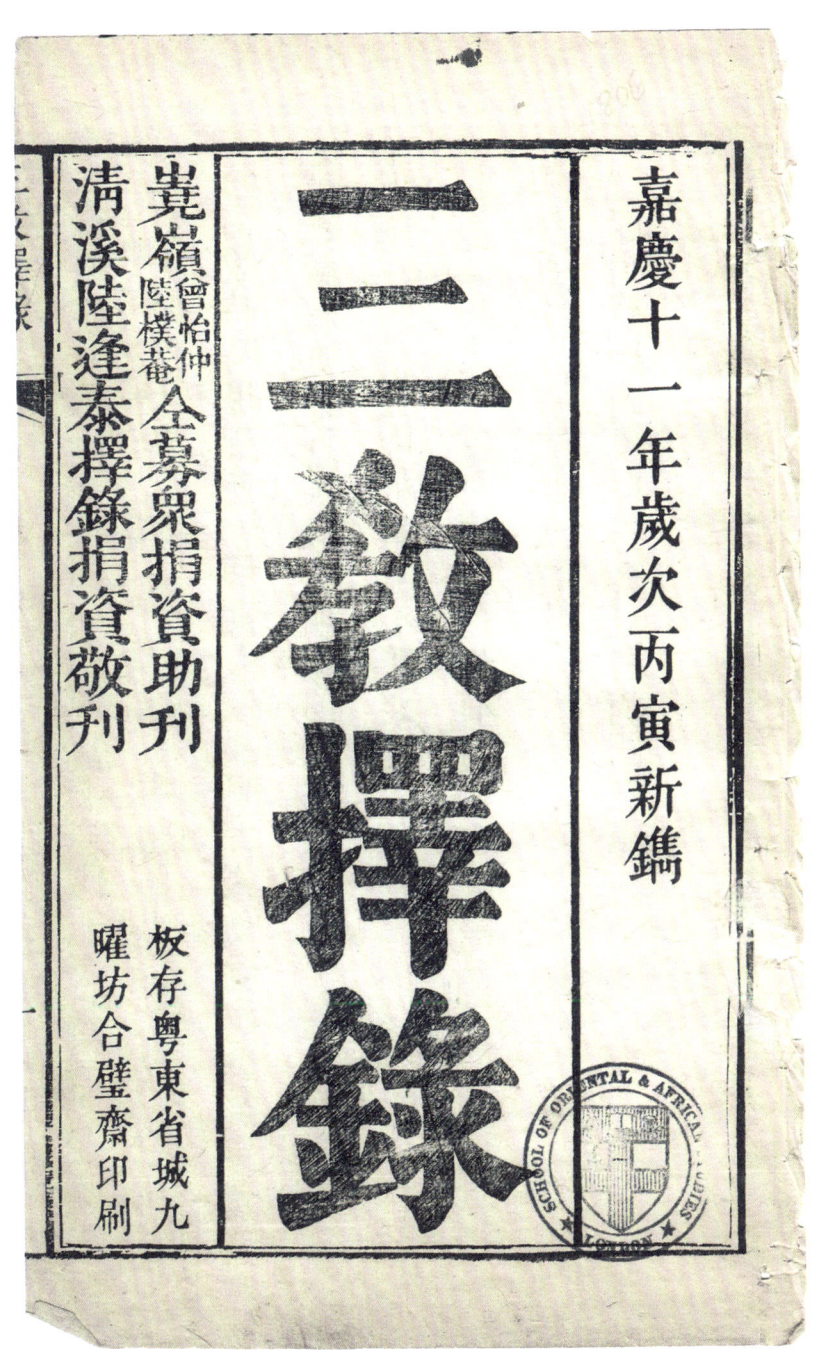

清嘉慶刻本三教擇錄　扉頁

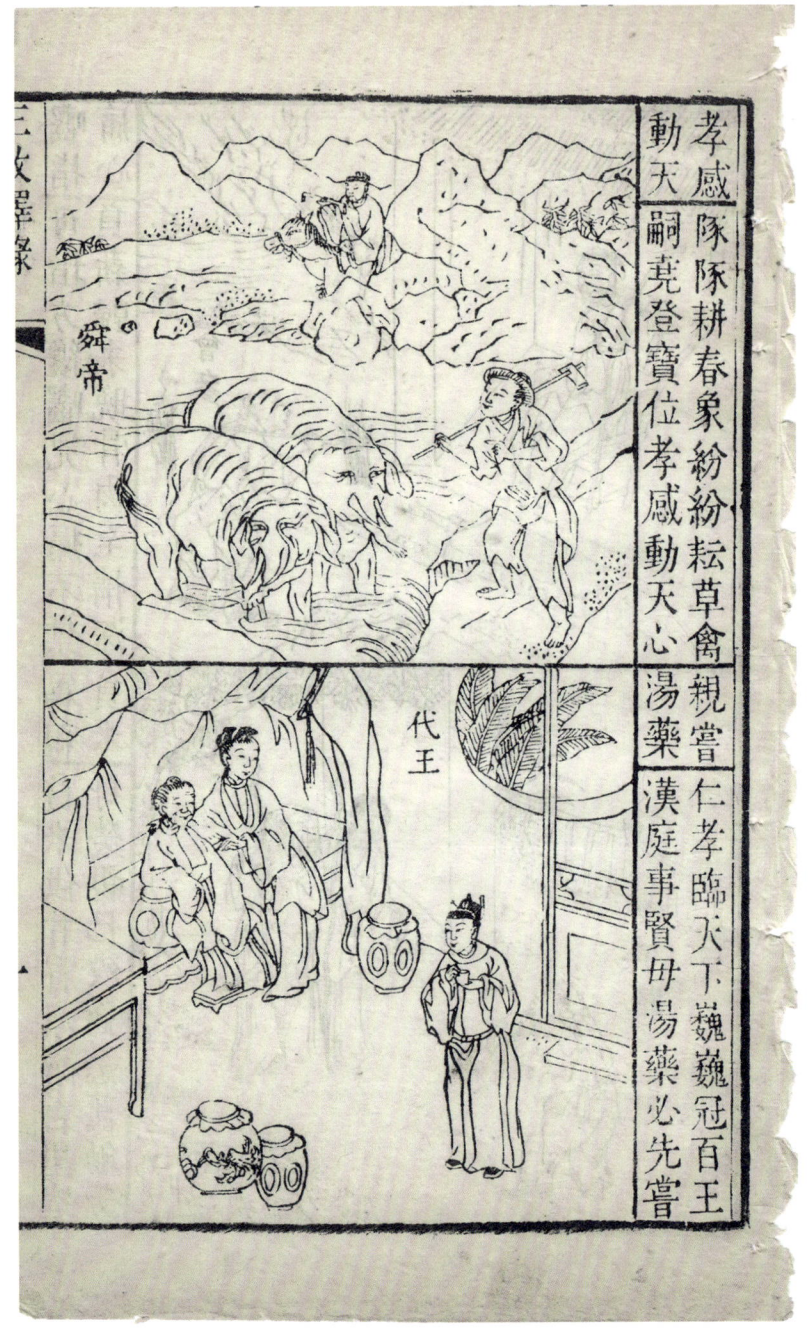

清嘉慶刻本三教擇錄　卷端

陸逢泰序云:"予平素好覽善書,見三教之中刊刻立林,不能盡録,因特擇其真切靈驗,有益於身心性命,可藉以進德修業者,彙抄成本,常置案頭,用以自儆。甲辰春月,適有蕘嶺二老者,皆好修練達之士也,見而悦之,各願募衆捐金,刊以勸世,用是顔其書曰《三教擇録》,付之剞劂,隨緣印施。"

又序云:"此書擇録之意,首以孝友立其基,次以遏淫正其念,而繼以《陰騭文》、《感應篇》爲修省良方,復援净意公之《遇竈神記》、了凡公之《訓子立命篇》,以見行善回天實有確據。至於《功過格》,先賢周廉溪、邵堯夫、朱晦菴輩,嘗贊爲初學入德之門,扶經翼傳之本,有志向善者,自當奉之爲至寳也。《蕉窗十則》、《惜字訓文》以及《朱子格言》暨《積福歌》、《敬竈紀》亦爲學者治心、重文、修身、齊家之要,故并録之。《戒牛》者,蓋以其有功於世,實爲勤勞重物,宜存慈愛之心,況與蓮池大師戒殺放生之意較重,故兼録之。若夫《高王觀世音經》及《準提咒》,乃近時虔誦者,多顯奇效。予素患瘋痰腳病,一友教予持誦此經,果即不藥而愈,後竟斷根。《提咒》久已羡爲祈禱靈符,即先儒了凡先生求名求子,矢志行善,亦持此咒以必其效,其他可知矣,故又録之,以便世之祈禱者,此擇録之意也,幸勿以爲迂而笑之。"

書後附"原捐資助刊及印送各姓名開列"曰:"高國璉助刊銀壹兩,懶拙兼助刊銀壹兩,陳田祖助刊銀壹兩,陳恩祖助刊銀壹兩,陸輻助刊銀貳兩,曾怡仲捐刊銀叁兩,陸樸庵捐刊銀叁兩,陸逢泰捐刊銀叁兩(已上八名共捐刊銀壹拾伍兩)。陸齊九領首印送貳百本,鄧心賢印送壹百本,敬善堂印送壹百本,鄧鳳清印送壹百本,陸文端印送壹百本,鄧銀鳳印送伍拾本,陸文壽印送伍拾本,畢意印送伍拾本,周吉祥印送叁拾本,陸炎南印送叁拾本,高國璉等捌名合印送貳百本,已上乾隆乙巳年(五十年)月開首印送,計發壹千零壹拾本。倘有樂善君子,或一鄉一里祈求保境,發心印送,或叁人伍人合愿印送,或獨自捐資印送,不拘多寡,即叁拾本、貳拾本亦是善心,總祈敬信流通,神明自然鑒祐,有求皆應,有愿必得矣。此書最爲靈驗,切勿輕置穢所,并勿任意損壞,與其玩視丢棄,不若轉送別人爲吉,所有印送芳名,仍請按年添列於後。乾隆伍拾年冬月。盧昭著印送壹百本,歐華上印送叁拾本,潘贊君印送捌拾本,徐振玉印送拾本,羅啟堂印送伍拾本。"

扉頁A面刻:"三教択録。嘉慶十一年歲次丙寅新鑴。蕘嶺曾怡仲、陸樸菴仝募衆捐資助刊。清溪陸逢泰擇録捐資敬刊。板存粤東省城九曜坊合璧齋印刷。"B面刻："太微真君有云，以善書傳一人者，當十善。傳十人者，當百善。傳大富貴、大豪傑、大力量者，當千善。廣布無疆，重刊不朽者，當萬善。時時稱説，時時提醒，使一切世人，無不聞言感動，變化更新者，善緣無邊，福緣亦無邊矣。此書所在，即屬善緣，奉勸樂善君子，廣爲流通，或贊揚，或印施，竚見公善之福，定無涯也。版存省城九曜坊口隆藏街文興堂刻字舖内，如有發心印施者，請即隨便印刷，但煩留意檢點，毋致損失爲幸。原捐資助刊及印送各姓名備開卷尾。"

是書藏英國倫敦大學亞非學院圖書館。

（陳　莉）

清咸豐元年刻本大學章句疏義

《大學章句疏義》不分卷,清勞光泰撰。清咸豐元年(1851)刻本。一册。半葉九行二十字,小字雙行字不等。白口,四周雙邊,單魚尾。框高25.5釐米,寬19.7釐米。卷端署"南海勞光泰榕坡學"。前有咸豐元年勞光泰序。《凡例》七則。

勞光泰,字静庵(静荃)。廣東南海人。清嘉慶二十五年(1820)庚辰科進士。清道光十四年(1834)任湖北蒲圻縣(今赤壁市)知縣,任内纂修《蒲圻縣志》。後調補監利縣,曾任嘉魚縣、通城縣知縣,擢蘄州知州,署隨州知州、武昌清軍府同知等職。著有《大學古本説故》、《中庸古本説故》、《榕坡學論》、《榕坡存稿》等。《蒲圻縣志》有傳。

《凡例》七則云:此書專爲章句而作,章句未言不敢增補,言又未瑩,敬謹疏明之。如意者,心之所發也,皆謂發出心外,此獨謂發在心内,足爲一心之主也。又猶人不異於人,此獨謂不異於對訟之人。如此之類,皆恪守章句,依字疏明,故曰"疏義"。章句多本鄭康成注,故全録於下,以存古義。經傳不加圈點,尊經傳也;章句亦不加圈點,尊章句也;鄭注加圈點,欲學者全讀尊鄭學也。章句下用"云云"者,云者仿疏體也。鄭注下用案字,或用"此與同"等字,清眉目也。章句下"云云"者,云者旁用尖圈△,餘用單點單圈○著文,理清文氣也。訓詁必詳,便小學也;悉遵字典,

大學章句疏義

南海勞光泰榕坡學

子朱子曰大學之書古之大學所以教人之法
也蓋自天降生民則旣莫不與之以仁義禮智
之性矣然其氣質之稟或不能齊是以不能皆
有以知其性之所有而全之也一有聰明睿智
能盡其性者出於其間則天必命之以爲億兆
之君師使之治而教之以復其性此伏羲神農
黃帝堯舜所以繼天立極而司徒之職典樂之

防駁雜也。此書前六章成自金陵,既返鄂城竟廢閣,蘄水李孝廉庶助搜討,復同蒲圻賀秀才子一助校讎,遂成書,應附錄。

勞光泰序曰:"疏者何?""疏章句也。""義者何?""有章句之義,有鄭注之義也。""疏章句而又疏鄭注者何?"曰:"章句之義,有取之鄭注,有非取之鄭注,疏之可稽其同異,并可稽其去取也。""同者疏之,不同而亦疏之者何?"曰:"疏不同,以求其同。""鄭注曰:'本謂誠其意也。'章句曰:'明德爲本。'此非已成二本乎?""《中庸》曰:'誠則明矣,明則誠矣。'故明德即誠意也,誠意即明德也。以主於心而言曰誠意,以成於性而言曰明德。""疏之可以歸於同也。取者疏之,不取而亦疏之者何?"曰:"鄭注引'登戾',引《老子》,引'求也聚斂',章句皆無取,義本不深可以不疏。至若'上好仁'一節,鄭注提出'誠'字,是著'民好好之'之實,'長國家'一節,鄭注提出'惡'字,是著'民惡惡之'之實,章句亦未取,然實有補於章句,疏之可以廣爲取也。""然則疏章句所以著'明德',疏鄭注所以著'誠意'乎?"曰:"然。自性言之,明德爲本,而明德有由,明不誠意無以明明德,故明德賴誠意以見本,而大學功夫斷以誠意爲本,疏之可以知一本也。""然則此書之作,疏鄭注,即誠意可以知,由是自能知明德,而章句又安用疏乎?"曰:"不然。疏鄭注可以明章句所本,并可知誠意以爲本,而章句又自有實義,即明德所在也,不可不疏。且朱子之學儒者尚訛之,陸象山、王陽明而外,并有入我室而操我戈者。整庵羅氏曰'朱子終身分理氣爲二'是也。葰山劉氏曰:'朱子半雜禪門,亦由分理氣爲二之故。'竊嘗取聖經章句讀之,曰'虛靈不昧',此非所得於天下之一氣乎?曰'以具衆理',此非就一氣中體認出來之天理乎?章句未嘗分理氣爲二,有明證矣。然使其誤認'具'字,以'虛靈不昧'爲一件器具,而以'衆理'爲此器具所載之物,遂分理氣爲二,良有由矣。由前之説見者甚稀,由後之説理實難知。此章句疏義之作,其得已乎,不得已而不已,是謂道。然則此疏義一書所重在疏章句,因以兼疏鄭注,蓋有道也。序此以名作書之意云爾。"

據此可見,是書作者重在疏《大學章句》,兼疏鄭注,旨在對《大學章句》及鄭注予以研究與注釋。

是書《中國古籍善本書目》未收録,國内未見存藏,此本係日本椙山女學大學圖書館八木文庫所藏。

(王 蕾)

清道光刻本乙巳年通書

《清道光乙巳年通書》一卷,清道光九曜坊蘇家丹桂堂刻本。一册,有圖。行款字數不等。白口,四周單邊,單魚尾。框高16.2釐米,寬10.4釐米。書口中刻"丹桂堂真本"、"攀桂堂",書口下刻"丹桂堂梓"。

通書,即曆書。此書計有丹桂堂啟事、春牛圖、乙巳流年事款、乙巳年百歲圖、各宮立命、太陽行度及各星行度(以上皆朱印)、論四季皇帝并詩曰、每月潮水長退日期、小兒出胎定時歌、洗頭吉凶日、裁衣二十八宿、三娘殺赤松子下降歌、鬼谷先師趨吉避凶日、司命灶君真經、周堂(嫁娶、移床、柩葬)、修齋還願吉日、六十花甲子、耳鳴法、書頭五星、宿圖、花力、小關殺、畣符、大符、神旦(國家忌辰等)、日章、大字通書等内容。

首葉啟事"蘇家爲記"云:"本堂所造土俗日腳通書,乃是遵依憲書、協紀及諸家斗首,推算七政四餘一十二宫立命流年月將,每月吉凶神煞俱係細查參訂注明,以便諸公觀覽。本堂歷傳六代,行世多年,不佞留心研究,頗得西洋之法,正爲造福有準,是以遠近馳名,叨蒙四方諸公垂鑒。近來各鎮城市有射利之徒,假冒本堂招牌發售甚多,有暗本堂名色,是以預爲剖明,凡海宇諸君光顧者,務祈留心,細察真假,庶不致誤耳。如假包換。省城九曜坊蘇丹桂堂謹白。如有假冒招牌者,男災女禍。"啟事爲行

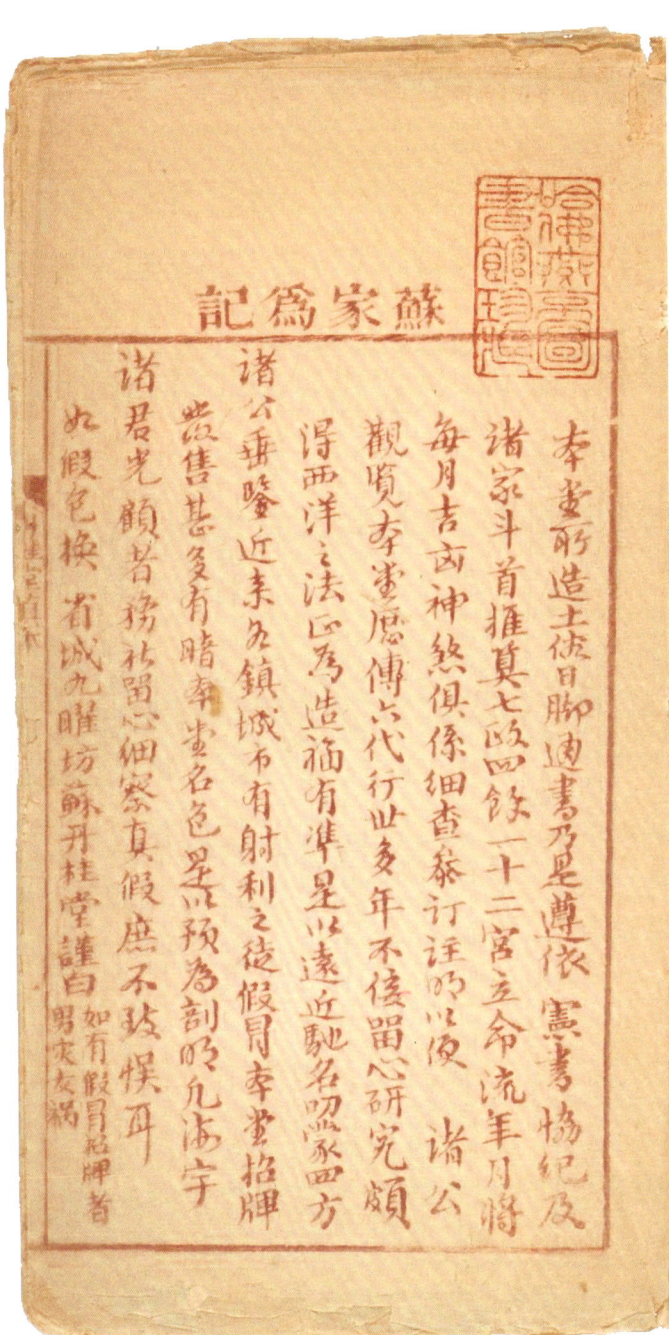

清道光刻本乙巳年通書　題記(正面)

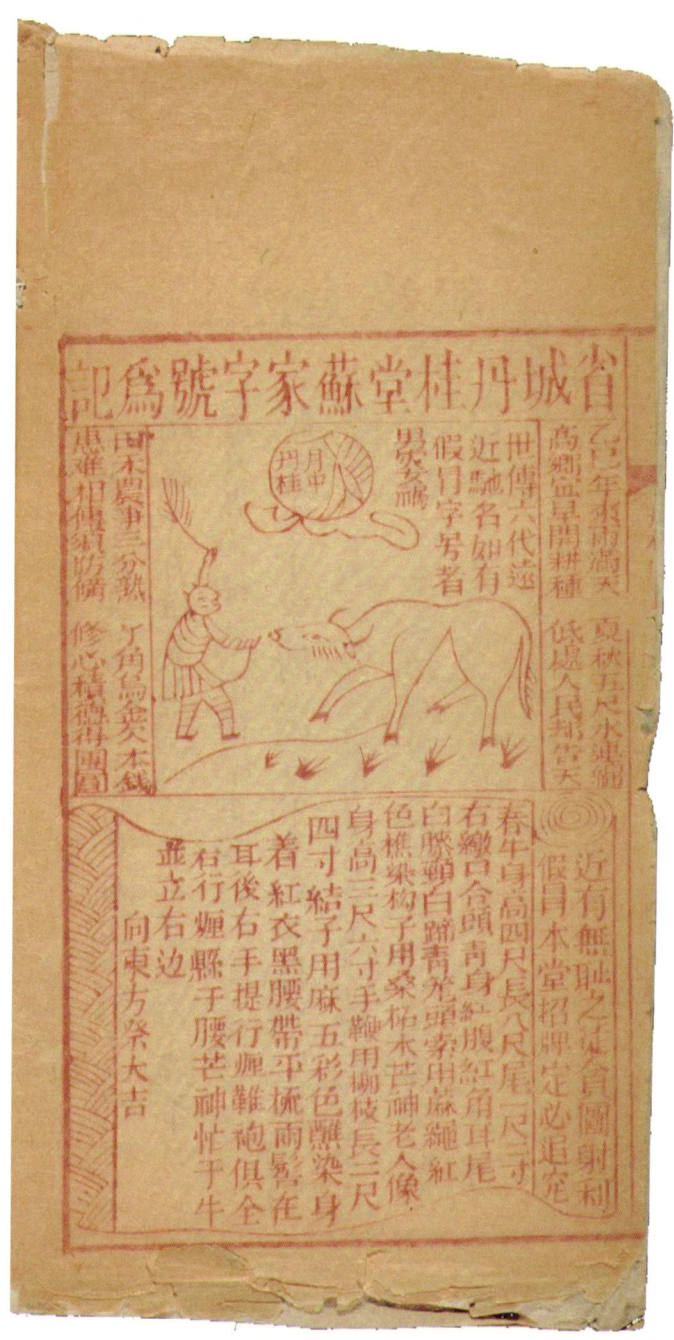

清道光刻本乙巳年通書　題記（反面）

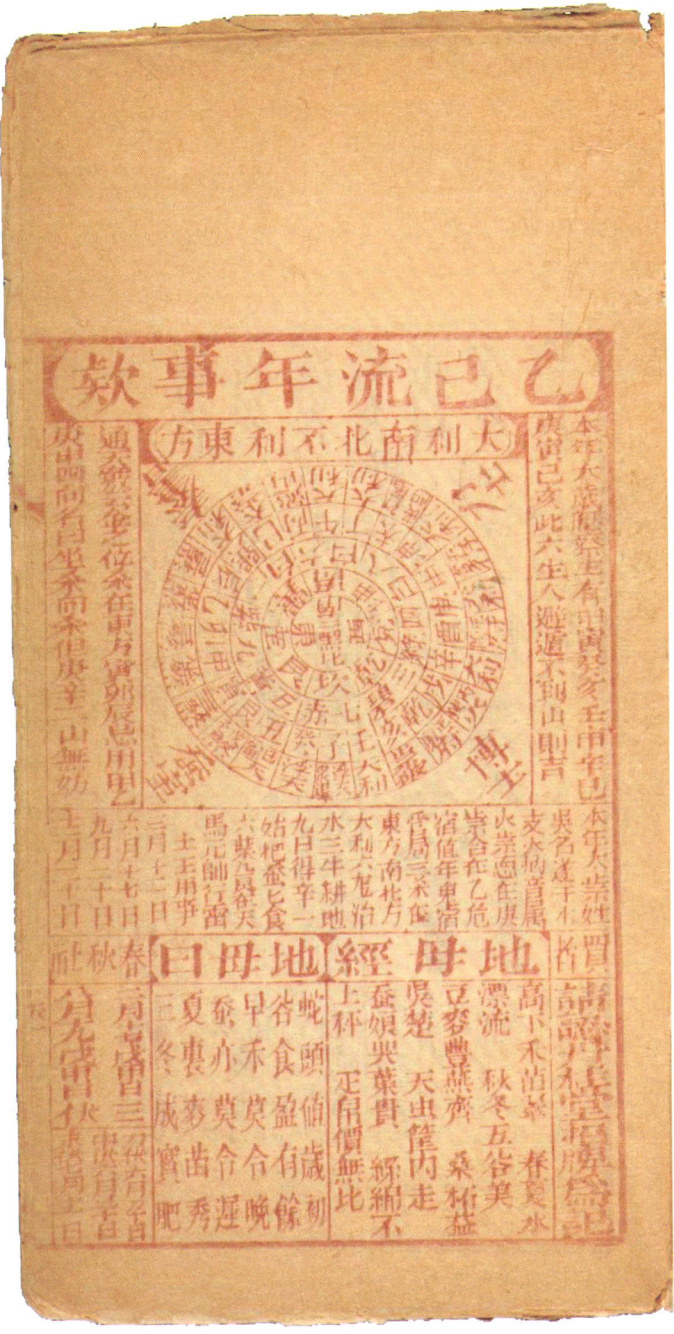

書朱印,春牛圖上有"省城丹桂堂蘇家字號爲記",書中間有"丹桂堂評"、"丹桂堂記"字樣。

本書現藏美國哈佛大學哈佛燕京圖書館。

鈐印有"哈佛燕京圖書館珍藏"。

（張　紅）

清咸豐刻本癸丑年通書

《清咸豐癸丑年通書》一卷,清咸豐三年(1853)蘇家攀桂堂刻本。一冊,有圖。行款字數不等。白口,四周單邊,單魚尾。框高15.5釐米,寬10.3釐米。書口中刻"攀桂堂"、書口下刻"丹桂堂"。

此書計有春牛圖、癸丑流年事款、癸丑年百歲圖、立命小限、各宮立命、太陽行度及各星行度(以上均朱印)、論四季皇帝詩曰、每月潮水長退日期、符咒、六甲胎神逐月所占定局、洗頭吉凶日、裁衣二十八宿、周堂(嫁娶、移床、柩葬)、鬼谷先師趨吉避凶日、日腳忌用、天罡時、天下圖、楊公忌、孔子問答、土地廿八宿杯圖、銅壺晝夜百刻圖式、銅壺滴漏晝夜百刻之圖、日長日短圖、五嶽圖、耳鳴法、宿圖、書頭五星、仙方、司命灶君真經、解夢吉凶書、六十花甲子、食物本草備考便覽(題青蘿隱士何克諫著;省城丹桂堂藏板)、花力、小關殺、廣州名勝古跡圖(海珠夜月、大通煙雨、白雲晚望、蒲澗簾泉、景泰僧歸、石門返照、金山古寺、波羅浴日)、二十四孝圖并詩、嗇符、大符、神旦(國家忌辰等)、橫推、大字通書。

扉頁爲圖,紅色,中繪一官手執"一本萬利"像,圖像上方書"丹桂堂大字七政",右下爲"咸豐三年",左側爲"貴客光顧請認蘇家攀桂堂爲記"。首葉"蘇家爲記",內容與《清道光乙巳年通書》所記相同。春牛圖上有"省城丹桂堂蘇家字號爲記",書中間刻"丹桂堂評"。封面書"咸豐

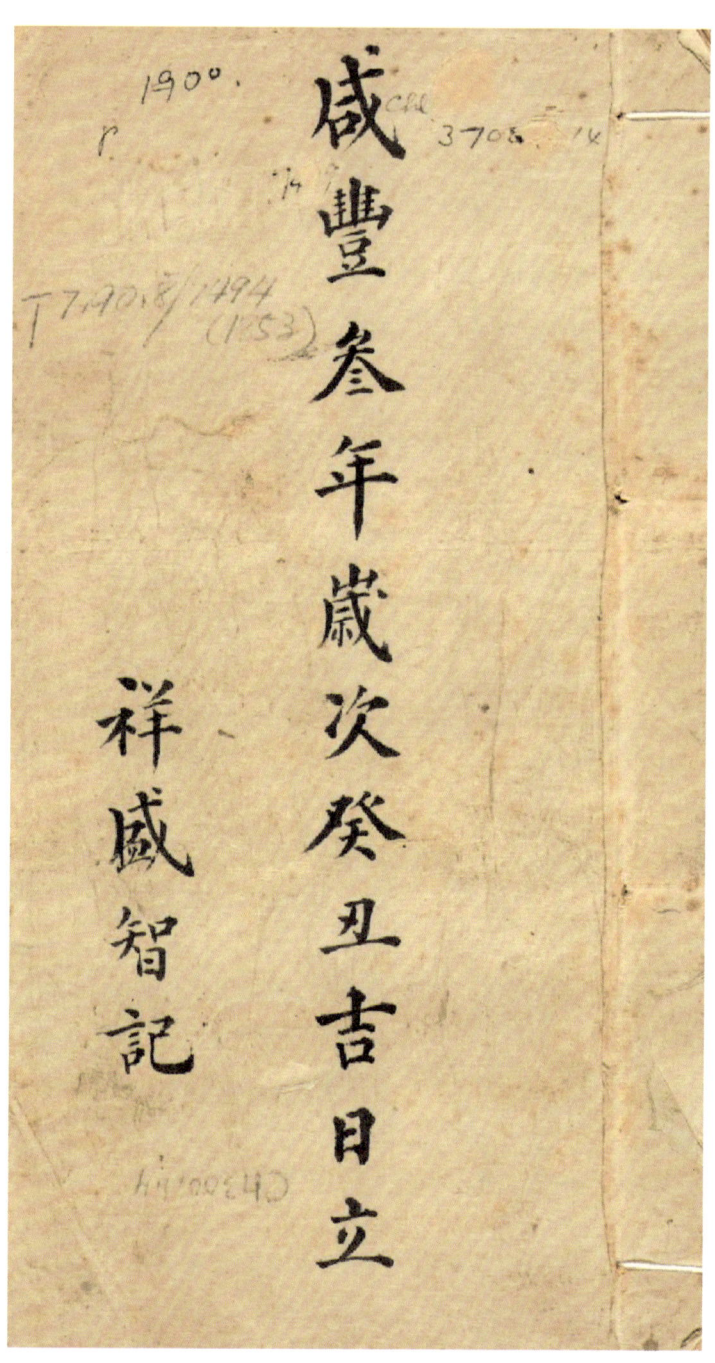

清咸豐刻本癸丑年通書　封面

清咸豐刻本癸丑年通書　扉頁

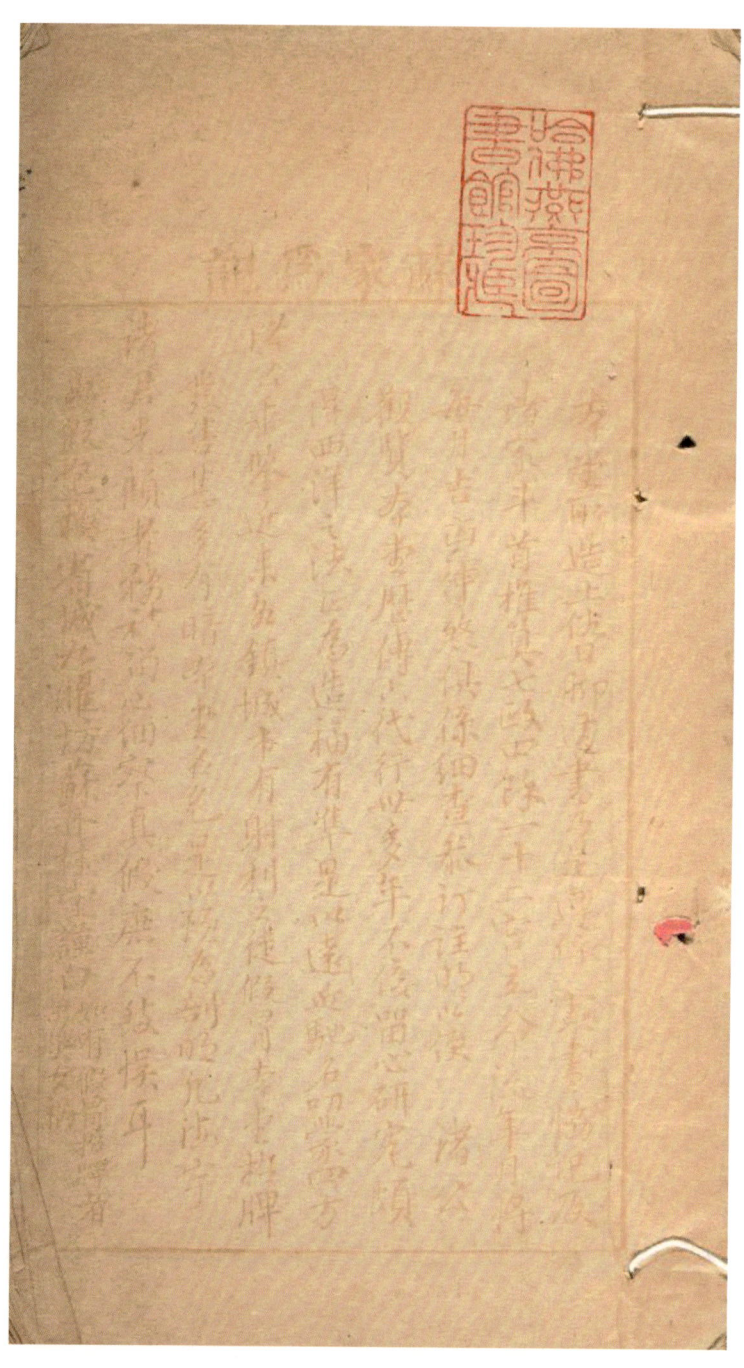

清咸豐刻本癸丑年通書　題記

清咸豐刻本癸丑年通書　卷端

三年歲次癸丑吉日立,祥盛智記"。

現藏美國哈佛大學哈佛燕京圖書館。

鈐印有"哈佛燕京圖書館珍藏"。

(張　紅)

清咸豐刻本甲寅年通書

《清咸豐甲寅年通書》一卷。清咸豐四年(1854)丹柱堂刻本。一册，有圖。行款字數不等。白口，四周單邊，單魚尾。框高17.3釐米，寬10.9釐米。書口中刻"丹柱堂"，書口下刻"丹柱堂"、"丹柱堂真本"。

此書計有春牛圖、甲寅流年事款、甲寅年百歲圖、立命小限、各宫立命、太陽行度及各星行度(以上均朱印)、晝夜自鳴鐘交點期、每月潮水長退日期、論四季皇帝詩曰、洗頭吉凶日、裁衣二十八宿、符咒、六甲胎神逐月所占定局、鬼谷先師趨吉避凶日、日腳忌用、廣州名勝古跡圖(海珠夜月、大通煙雨、白雲晚望、蒲澗濂泉、景泰僧歸、石門返照、金山古寺、波羅浴日)、眼跳法、天罡時、日長日短圖、天下各省府州縣各山海閣全圖式、六十花甲子、花力、宿圖、居家雜忌、土地廿八宿杯圖、楊公忌日、司命灶君真經、二十四孝圖并詩、解夢吉凶書、新刻魯班先師遺下蓋屋解法除怪旺丁旺財秘訣、看男女值年星辰屬命圖、孔子問答、神仙秘傳種子方法、傳授戲法藥方、小關殺、簡易出痘良方、神旦(國家忌辰等)、畓書、大符、横推、大字通書。

扉頁爲圖，紅色，中繪一官手執"一本萬利"，上書"咸豐四年通書"、"丹柱堂七政大全"，左側爲"本堂在粵東省城第七鋪開張"，右側爲"貴客光顧請認丹柱堂招牌爲記"。首葉丹柱堂啟事云："本堂所造土俗日腳通

清咸豐刻本甲寅年通書　扉頁

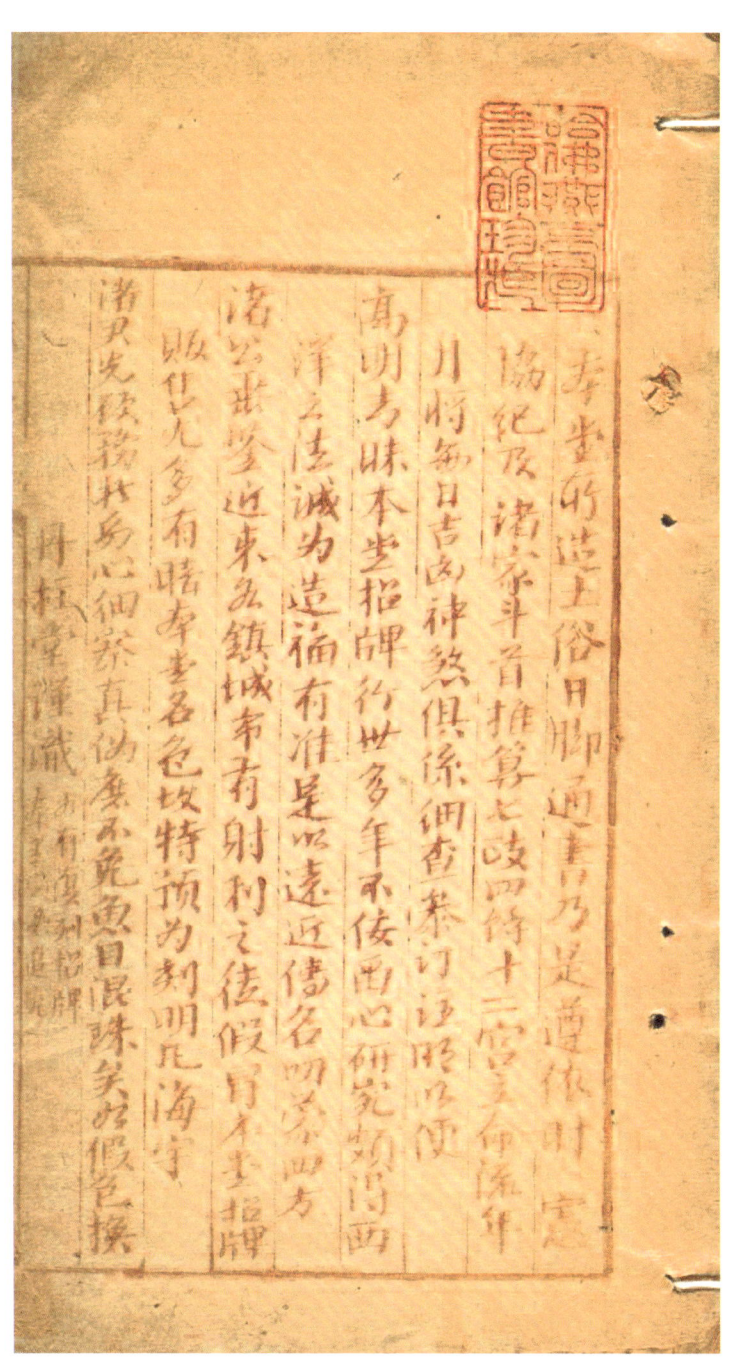

清咸豐刻本甲寅年通書　題記（正面）

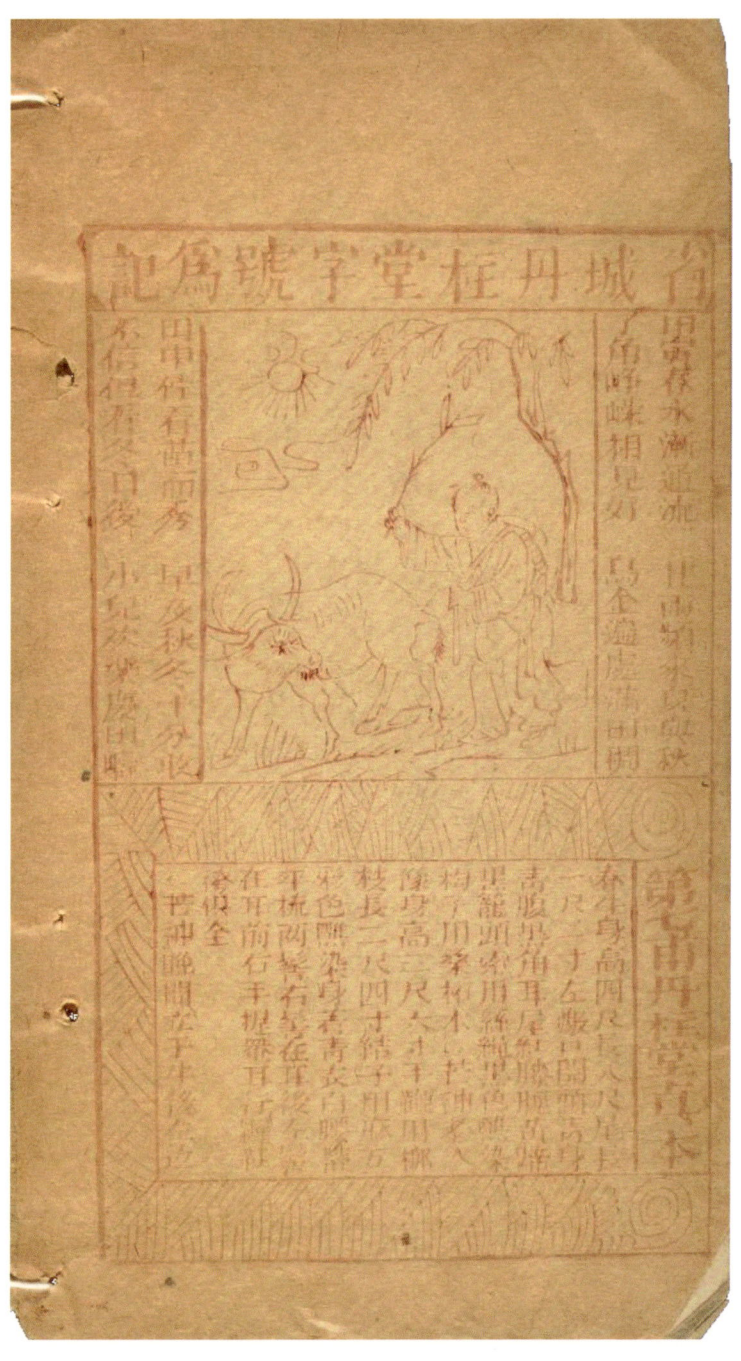

清咸豐刻本甲寅年通書　題記(反面)

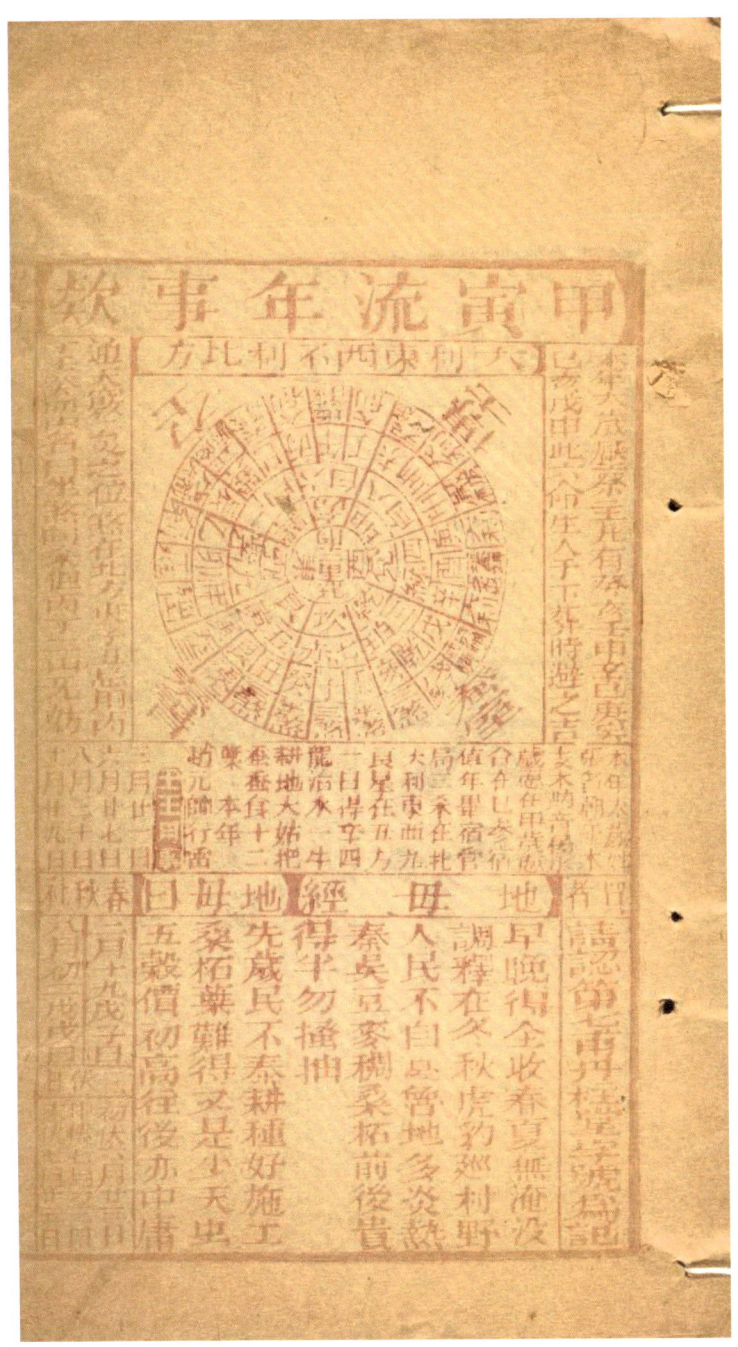

清咸豐刻本甲寅年通書　卷端

書,乃是遵依時憲、協紀及諸家斗首,推算七政四餘十二宮立命流年月將,每日吉凶神煞俱係細查參訂註明,以便高明青睞。本堂招牌,行世多年,不佞留心研究,頗得西洋之法,誠爲造福有准,是以遠近傳名,叼蒙四方諸公垂鑒。近來各鎮城市有射利之徒,假冒本堂招牌販售尤多,有暗本堂名色,故特預爲剖明,凡海宇諸君光顧,務祈留心,細查真僞,庶不免魚目混珠矣。如假包換。丹柱堂謹識。如有復列招牌,本堂定必追究。"啟事爲行書朱印。又春牛圖上有"省城丹柱堂字號爲記"。此通書之"丹柱堂"與咸豐三年通書之"丹桂堂"僅一字之差,又書中"廣州名勝古跡圖"一條所載景物文字一致,然圖像稍異。

此本現藏美國哈佛大學哈佛燕京圖書館。

鈐印有"哈佛燕京圖書館珍藏"。

(張　紅)

清光緒刻本丙戌年通書

《清光緒丙戌年通書》一卷。清光緒十二年(1886)九曜坊蘇家丹桂堂刻本。一册,有圖。行款字數不等。白口,四周單邊,單魚尾。框高15.8釐米,寬10釐米。書口中刻"攀丹桂堂"、書口下刻"丹桂堂"、"丹桂堂真本"、"丹桂堂梓"。

此書計有春牛圖、丙戌流年事款、丙戌年百歲圖、立命小限、各宫立命、太陽行度及各星行度(以上均朱色)、論四季皇帝詩曰、每月潮水長退日期、小兒出胎定時歌、洗頭吉凶日、裁衣二十八宿、鬼穀先師趨吉避凶日、日腳忌用、解夢吉凶書、萬應良方(題南海靈悟徹輯)、神效戒煙良方、六十花甲子、眼跳法、宿圖(朱色)、楊公忌日、花關、看男女值年星辰屬命圖、入學吉日、廣州名勝古跡圖(海珠夜月、大通煙雨、白雲晚望、蒲澗濂泉、景泰僧歸、石門返照、金山古寺、波羅浴日)、選擇每日吉凶時辰要用(朱墨套印)、小薔像、大符、橫推、参訂三篇大字通書。

此書封面書簽刻"丹桂堂蘇板大字通書"。扉頁爲圖,紅色,中繪官紳仕子二人,上刻"丹桂堂",圖中右上爲"光緒十二年"、左上爲"請認蘇家字號爲記"。首葉爲丹桂堂啟事"蘇家爲記":"本堂所刻土俗日腳通書,乃是遵依憲書、協紀及諸家斗首,推算七政四餘一十二宫立命流年月將,每日吉凶神煞俱係細查參訂註明,以便諸公觀覽。本堂世傳歷代,行世

清光緒刻本丙戌年通書　封面

清光緒刻本丙戌年通書　扉頁

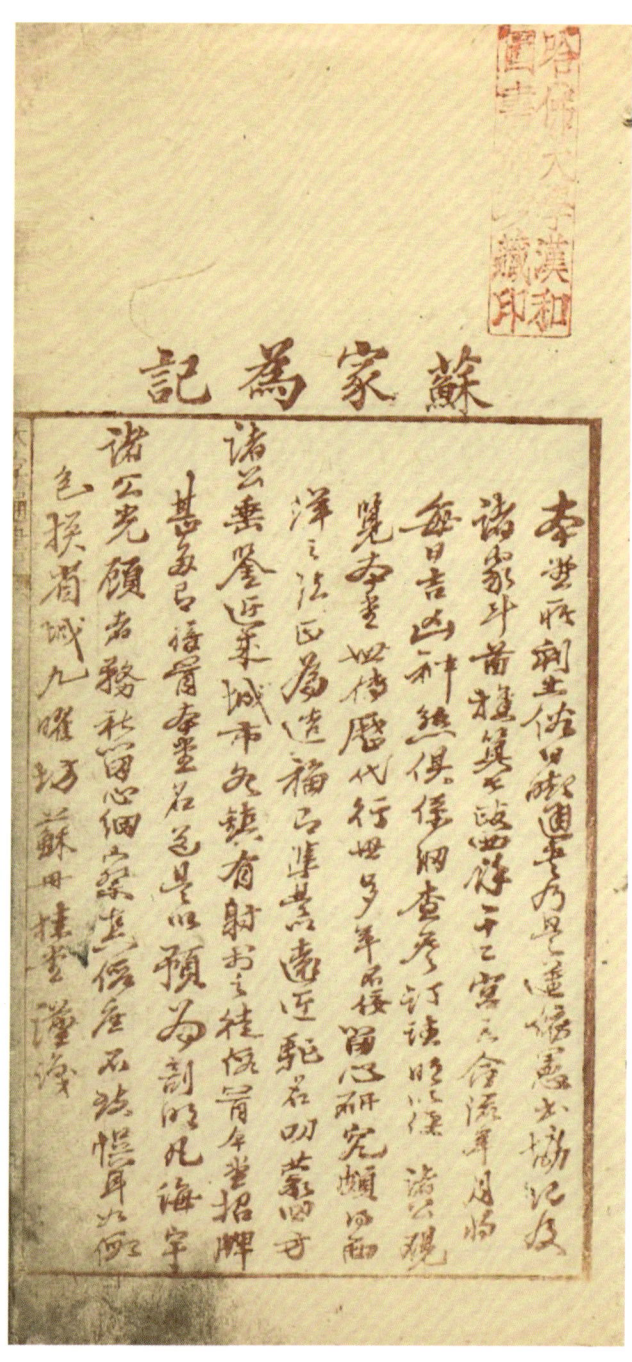

清光緒刻本丙戌年通書　題記

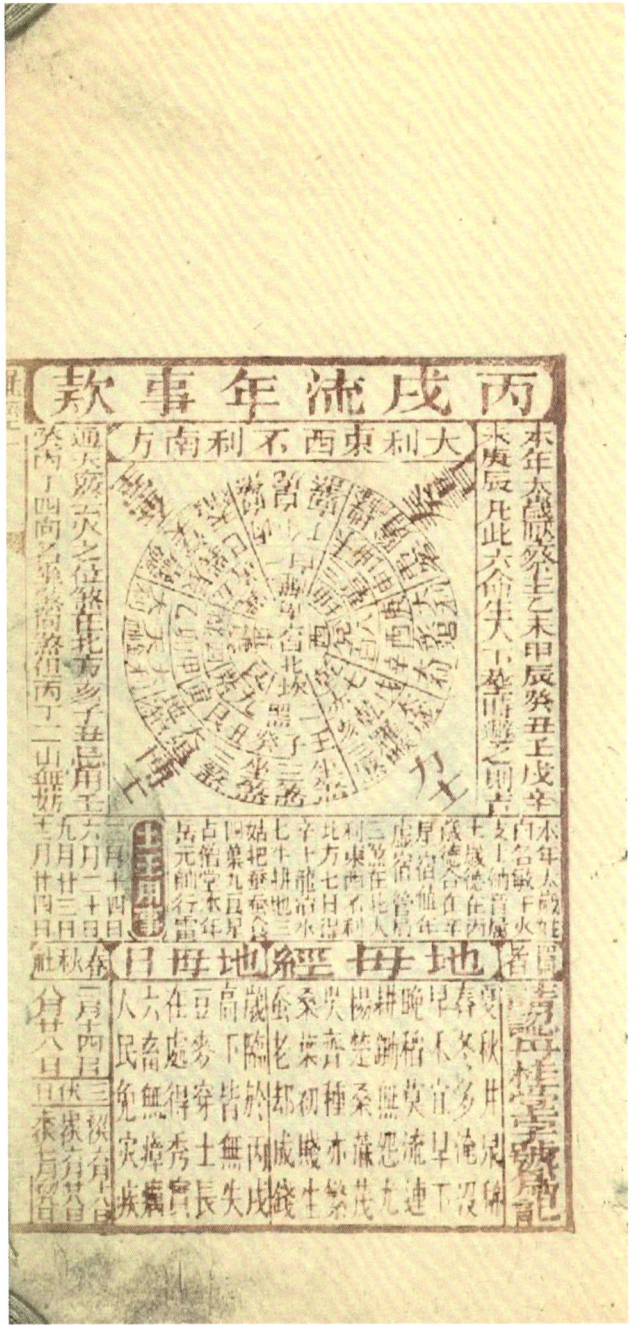

多年,不佞留心研究,頗得西洋之法,正爲造福有準,是以遠近馳名,叨蒙四方諸公垂鑒。近來城市各鎮有射利之徒,假冒本堂招牌甚多,有假冒本堂名色,是以預爲剖明,凡海宇諸公光顧者,務祈留心,細察真假,庶不致誤耳。如假包换。省城九曜坊蘇丹桂堂謹識。"啟事爲行書朱印。又春牛圖上有"省城丹桂堂蘇家字號爲記"。

各星行度最後一條後有"光緒十二年"條:"本堂之通書遵依憲書及欽定協紀,校訂無訛,蒙諸君光顧,請認省城九曜坊攀丹桂堂真本。"此光緒"丹桂堂"刻本通書所載"廣州名勝古跡圖"文字與咸豐癸丑、甲寅刻本同,圖像則與咸豐甲寅年"丹柱堂"刻本近似,與咸豐癸丑年"丹桂堂"刻本稍異。

此本現藏美國哈佛大學哈佛燕京圖書館。

鈐印有"哈佛大學漢和圖書館珍藏印"。

(張　紅)

清嘉慶刻本地理尋源

《地理尋源》一卷,清勞潼撰。清嘉慶十八年(1813)刻本。一冊。半葉十行二十字。白口,左右雙邊,單魚尾。框高 16.4 釐米,寬 11.8 釐米。前有嘉慶六年(1801)勞潼序。

勞潼,字潤之,一字莪野(一説號莪野),廣東南海人。乾隆三十年(1765)舉人,官國子監學正。受知劉星煒、翁方綱、盧文弨,早歲得名。侍母至孝,決意仕進,以引獎後進為己任,從學者數百人。嘗以六事自期,曰:"傳先集,葬先墳,建宗祠,濟族人,定世居,報知己。"自言諸事皆就理,惟報知己有未盡。恤宗親,倡率鄉黨備賑義舉,有成績。著有《孝經考異選注》、《四書擇粹》、《救荒備覽》、《讀史隨筆》、《荷經堂古文詩稿》、《先正格言論補遺》、《呂語擇粹》、《人生必讀擇要》、《養正編》等。[道光]《廣東通志》卷二百八十七、《國朝詩人徵略》卷四十、[光緒]《廣州府志》卷九十二皆有傳。

此書分正編和附編,正編收錄漢至明代人物或姓氏群體 52 則,為漢代袁安、孫鍾、晉陶侃、羊祜、陳吳明徹、北周斐俠、姚雨府(時代不明)、唐徐有功、智興、林糙婆、王伯陽、李龍圖、宋錢文炳、陶穀、羅鞏、馮式、尤袤、蘇眉山、范文正、洪八公、朱文公夫子、鄭漢章、孔元凱、孔塤、明代沐英祖、楊榮祖、林觀、廣昌何氏、李東陽父、吳誠父、劉潤母、江右舒翁、夏子陽祖、

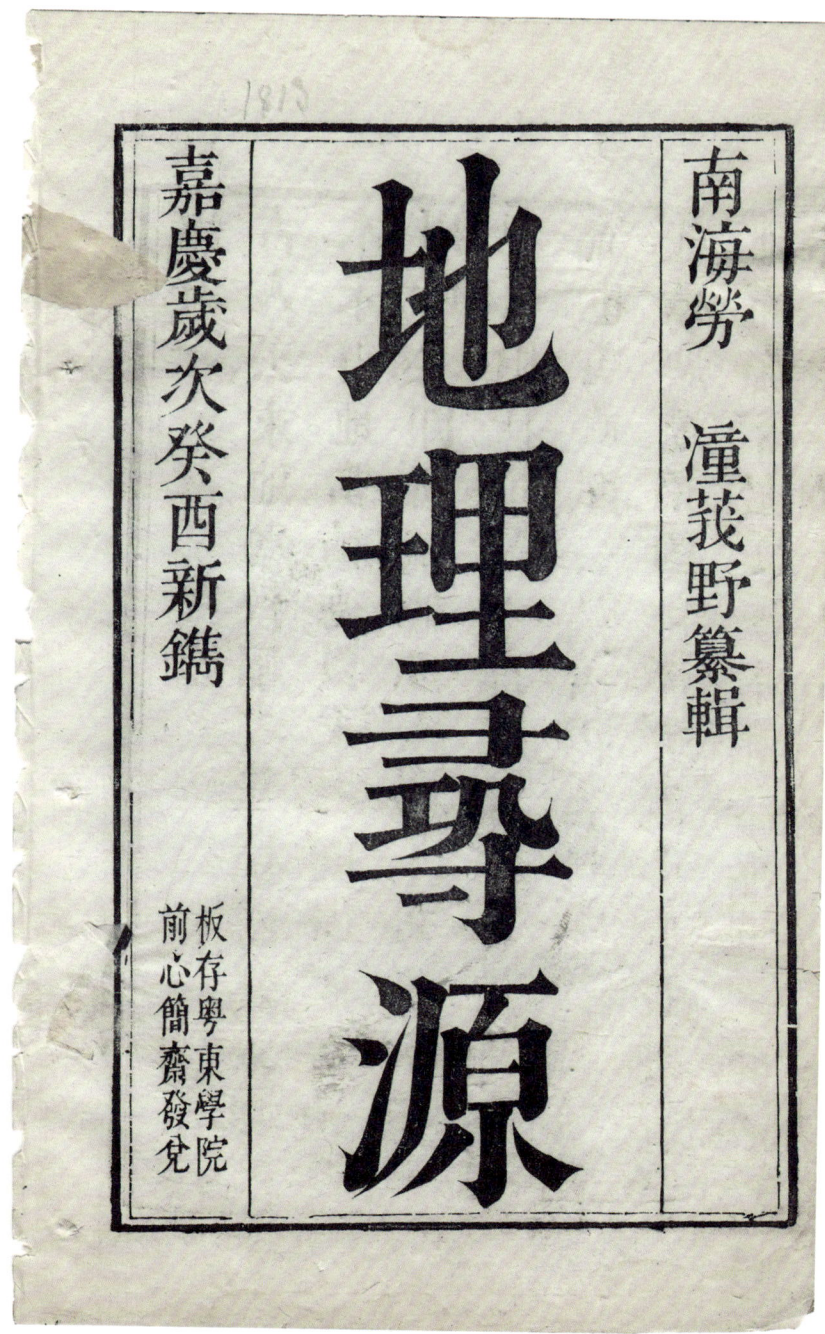

清嘉慶刻本地理尋源　扉頁

地理尋源正編

漢袁安父沒母使訪求葬地道逢三書生問安何之,安為言其故,生乃指一處云葬此地當世出上公,須臾不見,安異之,於是遂葬其所占之地,故累世隆盛焉,范史謂其盡忠帝室,仁心足以覃乎後昆,子孫之盛不亦宜乎

孫鍾富春人,堅之祖也,與母居至孝篤信,種瓜為業,忽有三年少詣之乞瓜,鍾為設食,臨去曰我司命也,感君見知,何以相報?此山下善可作塚,君可出百步,顧見我去處,是墳所也,鍾往山下,行百步,便顧三

金達祖、方大尹、汪鋐、林達、邱旭鑑、汪經歷、黄鳳翔祖、沈寵、莊屠、梁男、倫文敘祖、畢氏地、嚴姓、一士夫、浙江士人、舒梓溪、汪季閽、休甯姓汪、李封君。

附編收録漢至明代人物或姓氏群體32則，爲漢雲敬，晉馬隆、劉麟之、殷仲堪、後燕趙狄、宋郁泰元、五代趙玉、閩邱羨、宋柳開、李之純、陳亢、范文正公、范忠宣公、劉温叟、汪覿、查道、龔茂良、趙善應、明甯崇禮、李昆、孫文祥、邱普、盛端明父、姚某、周某、屠應埈、傅敞、張存義、郭敦、羅循、關管、呂琪、錢塘黄、休甯吴、倪公棟。

自序云："古人云：求地爲致福之基，積德爲求地之本。未得地，當積德以求之。既得地，當積德以培之。即所謂'地理人間不可無，全憑天理兩相扶'也。蓋天理爲體，源也；地理爲用，流也。《雪心賦》云'積善得吉擂'，源得流亦得也；'積惡還招凶地'，源失流亦失也。地結於地，而源宰於天。天者，出令者也；地者，承天之令，而致福於人者也。求地者，苟不恃源以往，是猶航斷港截流，而欲至於海，其可得耶？因編古今可法戒事，名曰《地理尋源》，以爲求地者之一助，殆亦有裨於青烏家之言歟！"

勞氏編此書，因人述地，緣地述人。地多爲葬地、墓地、衣冠塚，間記傳説、靈異、傳奇、因果之事。述人言其家世、生平、履歷、德行等事。是書内容簡潔，引證較廣，附按語，涉人事、地理考證或評論，將社會、人生與地理融通而論，可管窺一時代社會倫理道德、傳統之風貌。

扉頁刻："地理尋源。南海勞潼莪野纂輯。嘉慶歲次癸酉新鐫。版存粵東學院前心簡齋發兑。"

此本藏英國倫敦大學亞非學院圖書館。國内似未見著録。

（王　蕾）

清光緒（日本明治）刻本茶務僉載

《茶務僉載》一卷，清胡秉樞撰，日本竹添光鴻譯。日本明治十年（1884）內務省勸農局刻本。一册。半葉十行二十字。白口，四周雙邊，單魚尾。題"清國嶺南胡秉樞著"。前有日本明治十年織田完之序，清光緒三年（1877）胡秉樞序，胡秉樞撰小引。

胡秉樞，字沂生。清末廣東人。清光緒三年（1877）受聘於日本內務省勸農局，後至渡郡小鹿村所創辦紅茶傳習所，傳授紅茶製作技術。光緒五年（1879）合同期滿回國。另著有《棉砂糖大利之要論》。

竹添光鴻（1842—1917），日本近代史上的外交官、漢學家。字漸卿，號井井，晚號獨抱樓，人稱進一郎。日本熊本藩人。曾任日本駐天津領事、駐華使館書記、駐朝鮮公使等職。後改任東京帝國大學教授。

是書爲我國古代茶書中首部綜合性純技術專書。全書以講述茶葉加工技術爲主，茶樹栽培技術爲輔，兼及包裝、運輸等相關事項，涵蓋種植類、培養類、地土類、綠茶採擇類、綠茶製作類、綠茶贅言、礶箱裝藏類、綠茶製法宜精類、器用類略、綠茶緣起類略、烏龍製做類、紅茶製做類、紅茶揀擇類、紅茶要略類、紅茶火焙等類、紅茶總決、紅茶贅言、防弊類、紅茶均堆裝箱類、時要須知、篩工資力宜惜類、裝運要略、水色功用略類等二十三項。後附竹焙圖、蜂腰式竹焙圖、綠茶炒製鐵鑊、風車圖、研盆、眼篩、盛茶

清光緒（日本明治）刻本茶務僉載　扉頁

茶務僉載

清國　嶺南胡秉樞著

種植類

一茶ヲ植ルハ、高山、大嶺、又ハ窮谷中至高ノ處ヲ以テ宜トス、茶ノ物タル、其霧露ニ感スル愈深ケレハ、其味愈濃カナリ、而シテ之ヲ植ルノ地其土性愈厚ケレハ、則チ茶樹愈壯ニシテ、其葉更ニ厚ク且大ナリ、

一茶ハ天然生ヲ以テ極品トス、必ス高山ノ嶺危

竹器圖、鐵鑊、茶箱、鉛罐等十幅圖。

胡秉樞《小引》言撰書緣起，曰："夫以四洲之貨殖，而聚匯於一區，以有易無，利恒倍蓰。惜一國之錢財有限，則不可不將土物講求而小益之也。土物大宗，絲、茶爲最。姑將茶之質品，土地之肥磽，培植之法則，製做之所宜，撰而成書，俾公於衆。"

織田完之於《緒言》中明確指出此書刊布之緣由，曰："我邦園圃所栽培之茶，其產額固有限，又其製只循固有之法，其用亦僅止於國內。近來生產的一種本色茶，雖然已稍向美國輸出，但尚未能適應歐洲諸國之嗜好。抑四國、九州之地，山野自生之茶尤多，野火燒之，猶長新茶，如蕨薇然。是以稱茶爲本邦'天然之富源'亦無不可。官員夙已有見於此，曾從中國僱請吳新林、凌長富等，遣送四國、九州摘取自生之茶，試製紅、綠各色，惜其品位未能適於歐美需用。頃，嶺南人秉樞胡氏，攜自著之《茶務僉載》來稟官，曰：'貴國茶質之佳美，實非敝邦所能及，而不適歐洲人之所好，製法未備也，願爲貴邦傳其製法。'官納其言，讓胡氏試製，果得精良之品。自今以後，我山野自生之茶，悉效此法，與固有之傳統製法并存，使其品位益加精良，本邦生產之茶葉亦能適應歐美諸國需用，而使中國、印度不得獨擅其美也。今方開其端者，秉樞胡氏也。此書乃出於其多年實踐經驗之餘者，於各地製茶家，所裨益者不少。此官之所以特刊佈此書云。"

與傳統茶學著作講究文化風雅不同，該書是傳統茶學向近代、務實方向發展的標誌。誠如胡秉樞原序所言："其始自中土，而流播外洋。製作則日益其精，種植日用則日益其廣。而製法功用等類，雖唐之陸羽曾註《經》焉，其中所言製法則如磚茶之類，而其爲用則不過略言之矣。若今之洋莊，則自明代而至於今，其製做功用，亦乏人而考核焉。至於筆之書，則吾未之見也，故於是心有憾焉！而將其種植、採擇、製做、收藏、功用等類，縷析詳言而書之。余本不文，其書中之詞句，務質實而易知，使文學之士，一目了然，而農樵牧子、村婦童孺等輩，苟略識字之人而覽之便曉。故句讀不事繁文典奧，務樸質而剪衍文。其書中所載，凡於洋莊茶務有關者，無不備述而描摹之。自茶之樹本至於人事功用，纖毫畢錄，使後學者皆得入門，仰企先達諸君，恕無知而匡不逮，不勝引領感禱焉。"

是書國內未見收藏。日本公文書館藏四部，靜岡縣中央圖書館藏三部，山梨縣圖書館藏一部。據茶史專家朱自振所言，此書撰成於清光緒三年,尚未在中國國内刊印,即由作者攜至日本,後由日本内務省勸農局負責翻譯成日文,於明治十年七月正式刊布。《中國歷代茶書匯編》收録此書全文。

扉頁刻"茶務僉載。嶺南沂生胡秉樞著。光緒三年丁巳春新撰。明治十年七月刊行。内務省勸農局藏版"。版權葉刻"勸農局藏版。東京府下穴山篤人郎。第一大區七小區南傳馬町貳丁目十三番地"。并鈐有"定價三拾錢"長方小印。

鈐印有日本"農商務省圖書"、"日本政府圖書"等。

（肖　卓）

明萬曆刻本分韻四言對偶啟蒙音律啟蒙

《分韻四言對偶啟蒙》不分卷，明史垂教刪補；《音律啟蒙》五卷，明吳鵬撰。明萬曆三十四年（1606）周從龍六委齋刻本。二册。半葉十行十八字。白口，四周雙邊，單魚尾。框高20釐米，寬14.9釐米。目錄葉題"宋西山真德秀舊編；明南海蒙賢補韻；黔西史垂教刪補；檇李周從龍校頂"。前有萬曆三十四年周從龍《四言對偶分韻小引》序。《音律啟蒙》框高19.5釐米，寬14.8釐米。題"檇李周從龍重雕"。前有萬曆三十三年（1605）周從龍《啟蒙二書題詞》。

史垂教，貴州畢節縣人。拔貢，曾官通判。（見[道光]《大定府志》）

吳鵬，字萬里，號默泉，浙江秀水人。明嘉靖二年（1523）進士。初授工部主事，典試山東及先後督學三省，參議黔中、閩地，率將平叛。以少司寇奉命賑災，用便宜截漕禮濟之。以兵部左侍郎兼副都御史督理漕河。升工部尚書，尋晉冢宰，掌銓衡者幾六年。部權廢置，多出其手。鵬不能無牽制，國史有遺議焉。著有《歷任奏疏》、《飛鴻亭稿》。（見[萬曆]《秀水縣志》）

周從龍，浙江檇李人，家有六委齋。

此爲蒙童對偶押韻之書。周從龍《四言對偶分韻小引》序云："粵地，螳蛙之區，請之搢紳先生，不能發其噦蠱之藏；繹之腹笥，又枵然而無以塞

四言分韻對偶啟蒙

宋西山真德秀舊編
明南海蒙賢補韻
黔西史壘教刪補
檇李周從龍校頂

上平聲

一東　二冬　三江　四支
五微　六魚　七虞　八齊
九佳　十灰　十一真　十二文
十三元　十四寒　十五刪

也。乃卥莽完帙,不忍敝帚重鋟之梓,匪敢曰哀然成一家,聊足便蒙士之肄習。大都西山,綜彙爲博,聞者橐鑰,故紀物理者十七,予輩補緝,爲應世者嚆矢,間及人情者十三,與《音律》相輔而行。"《啟蒙二書題詞》又云:"吾鄉吴太宰默泉公授《四聲音律》一書,長短叶韻;而宋真西山氏四五言對偶,法相符合,皆命之曰《啟蒙》,俾童而習之。熟此伎倆,庶無臨文窘窒之咎。予特合而梓之,與蒙士下八識田中種子,令收刈穫之利者,得蚤從事。"此乃周氏刊刻該書之緣由。

《四言分韻對偶啟蒙》目録葉末刊"萬曆丙午孟春端州六委齋梓",爲周從龍刻於廣東端州(今肇慶、雲浮地區)。《音律啟蒙》末刊小字兩行,記録鐫刻此書花費銀錢:"史叢蒙求、對偶啟蒙、音律啟蒙,共書壹百卅四篇,計字叁萬八千三百五十六個,每百工銀貳分算,共該銀七兩八錢五分八厘。用過梨板十一塊,每塊價銀一份六厘,共銀一錢七分六厘在内。"明代刻工工資低廉,據萬曆二十九年(1601)刻《徑山藏》載,每字一百,計寫工銀四厘,刻工銀三分五厘。由此可見,此書刻工價更低廉,亦可窺見萬曆年間廣東地區民間刻工工價之一斑。

此本現藏美國哈佛大學哈佛燕京圖書館。《美國哈佛大學哈佛燕京圖書館藏中文善本書志》有著録。《四庫全書總目》未收,《中國古籍善本書目》亦未著録。

鈐印有"犬養氏圖書"、"哈佛大學漢和圖書館珍藏印"。

(李　卓)

明成化刻本六祖大師法寶壇經

《六祖大師法寶壇經》一卷,唐釋惠能撰,唐釋法海等輯。明成化刻本。一册。半葉十行二十字。黑口,四周雙邊,雙魚尾。前有元至元二十七年(1290)釋德異序。釋宗寶編緣起外紀。末有守塔沙門釋令韜撰《六祖大師圓寂後記》及歷朝崇奉事蹟。

釋惠能(638—713),或稱慧能。"惠者,以法惠濟衆生;能者,能作佛事。"父盧氏,唐武德三年(620)爲官新州。母李氏。河北燕山(今涿州)人,出生於廣東新州(今新興)。龍朔元年(661)得黄梅五祖弘忍傳授衣鉢,繼東山法門,爲禪宗第六祖。儀鳳元年(676)正月會印宗法師,是月十五日普會四衆爲帥薙髮,二月八日集諸名德授具足戒。唐中宗追謚大鑒禪師,塔曰"元和靈照"。其事蹟具載王維《祖師記》、柳宗元《祖師謚號碑》、劉禹錫所撰碑記中。

釋法海,字文允,俗姓張氏。廣東曲江人。出家鶴林寺,爲六祖弟子。天寶中預揚州法慎律師講席。

此經述惠能生平及語録,共分十門,即行由第一、般若第二、疑問第三、定慧第四、坐禪第五、懺悔第六、機緣第七、頓漸第八、宣詔第九、付囑第十。内容與通行本同。與其他版本諸門名稱略有出入。日本興聖寺本分上下二卷,有緣起說法門、悟法傳衣門、爲時衆説定慧門、教授坐禪門、

六祖大師法寶壇經

行由第一

時大師至寶林韶州韋刺史名璩與官僚入山請師出於城中大梵寺講堂為眾開緣說法師升座次刺史官僚三十餘人儒宗學士三十餘人僧尼道俗一千餘人同時作禮頤聞法要大師告眾曰善知識菩提自性本來清淨但用此心直了成佛善知識且聽惠能行由得法事意惠能嚴父本貫范陽左降流于嶺南作新州百姓此身不幸父又早亡老母孤遺移來南海艱辛貧乏於市賣柴時有一客買柴使令送至

説傳香懺悔發願門、説一體三身佛相門、説摩訶般若波羅蜜門、問答功德及西方相狀門、諸宗難問門、南北二宗見性門與教示十僧傳法門共十一門。高麗傳本與明正統本分十門，即悟法傳衣第一、釋功德净土第二、定慧一體第三、教授坐禪第四、傳香懺悔第五、參請機緣第六、南頓北漸第七、唐朝徵詔第八、法門對示第九、付囑流通第十。清真樸重刻本與金陵刻經處本同，十門分別爲自序品第一、般若品第二、決疑品第三、定慧品第四、妙行品第五、懺悔品第六、機緣品第七、頓漸品第八、護法品第九、付囑品第十。

釋德異序後有《緣起外紀》，題"風旛報恩光孝禪寺住持嗣祖比丘宗寶重編"。即各家所謂宗寶本，然此本未見宗寶跋文。據明萬曆十八年（1590）刻本中宗寶跋云："余初入道，有感於斯。續見三本不同，互有得失，其板亦已漫灭。因取其本校讎，訛者正之，略者詳之，復增入弟子請益機緣，庶幾學者得盡曹溪之旨。按察使雲公從龍深造此道，一日過山房，睹予所編，謂得壇經之大全，慨然命工鋟梓，顒爲流通，使曹溪一派不至斷絕。或曰：'達磨不立文字，直指人心，見性成佛，盧祖六葉正傳，又安用是文字哉？'余曰：'此經非文字也，達磨單傳，直指之指也。南嶽青原諸大老嘗因是指以明其心，復以之明馬祖、石頭諸子之心，今之禪宗流布天下，皆本是指，而今而後，豈無因是指而明心見性者耶？'問曰唯唯。再拜謝曰：'予不敏，請并書於經末，以詔來者。'"。

《壇經》版本繁雜，概而言之，可爲：敦煌本、惠昕本、契嵩本三個系統。目前所知敦煌寫本爲不分卷，即有斯坦因本、敦博本、旅博本、北圖本和北圖殘本。惠昕本爲惠昕重編二卷十一門本，就目前而言，國内未見，日本有興聖寺本、大乘寺本、天寧寺本、真福寺本與金澤文庫本等數種。契嵩本下又分德異本與宗寶本，不分卷，開爲十門。白光曾將此系統本子又細分爲：德異本、明南藏本、明北藏本、房山石經本、清藏本、正統本、曹溪原本、真樸再梓本、徑山本、鼓山本、恒照本、金陵刻經處本等。日本學者柳田聖山主編的《六祖壇經諸本集成》收集了十一個不同版本，涵蓋以上諸系統中最具代表之寫本與刻本。藍吉富主編之《禪宗全書》將其全本收録。《續修四庫全書》本以英國國家圖書館藏敦煌寫本爲底本，《大正藏》則以明北藏本爲底本。

明代以來刊印之《壇經》多祖釋宗寶本，此本亦然。爲元代光孝寺僧人宗寶所改編，前有元至元二十七年釋德異序，曰："惜乎《壇經》爲後人節略太多，不見六祖大全之旨。德異幼年嘗見古本，自後遍求三十餘載，近得通上人尋到全文，遂刊於吴中休休禪庵（據明萬曆庚寅浄靈弟子刻本補"禪"字），與諸勝士同一受用，惟願開卷舉目，直入大圓覺海，續佛祖慧命無窮，斯予志願滿矣。"

《中國古籍善本書目》著録釋法海輯本有元至元二十七年吴中休休庵刻本、明刻本二種、明釋正脈抄本、明萬曆三十六年（1608）鍾延英刻本（機緣一卷，元釋宗寶輯；附録一卷）。此明成化本爲日本國立公文書館藏本。

此本有荷蓋蓮座牌記，凡五行，牌記殘去大半，僅餘："□□□□□□元元年癸丑□□□□□元至元二十□□□□□已得伍伯七□□□□□順八年甲寅□□□□□十二年。"卷末鑴"成化四年（1468）戊子太歲三月吉旦"。

鈐印有日本"日本政府圖書"、"祕閣圖書之章"。

（肖　卓）

明萬曆刻本六祖大師法寶壇經

《六祖大師法寶壇經》一卷,唐釋惠能撰,唐釋法海等輯。明萬曆曹奉刻本。二册。有圖。半葉十二行十八字,小字雙行同。白口,左右單邊。前有元至元二十七年(1290)釋德異序、《六祖大師緣起外紀》。末有明萬曆三十五年(1607)釋禧跋。

釋慧能,見明成化刻本《六祖大師法寶壇經》。

《壇經》乃慧能説法及生平事蹟之集録。初爲慧能圓寂後由慧能弟子法海輯記而成,是爲《壇經》祖本。其後隨著禪宗的發展,版本漸多,主要有敦煌原本、惠昕本、契嵩本、德異本、曹溪原本、宗寶本等。明刻本《壇經》前,多有釋德異序。

此本一卷,爲慧能於韶州大麓寺之説法内容,分爲行由第一、般若第二、疑問第三、定慧第四、坐禪第五、懺悔第六、機緣第七、頓漸第八、宣詔第九、付囑第十。"付囑第十"下題"空谷云此下七百七十九字是金天教人僞造邪言,刊板增入"。每卷前皆有圖,如《六祖法寶壇經序》前有傳法圖、行由第一前有行由圖、般若第二前有般若圖等,線條簡潔流暢,構圖明淨傳神。

又,《壇經》諸多版本中,宗寶本爲明代以後最流行的本子。明永樂《南藏》(密)、《北藏》(扶)、《嘉興藏》(扶)、《房山石經》等都收此本,單刻

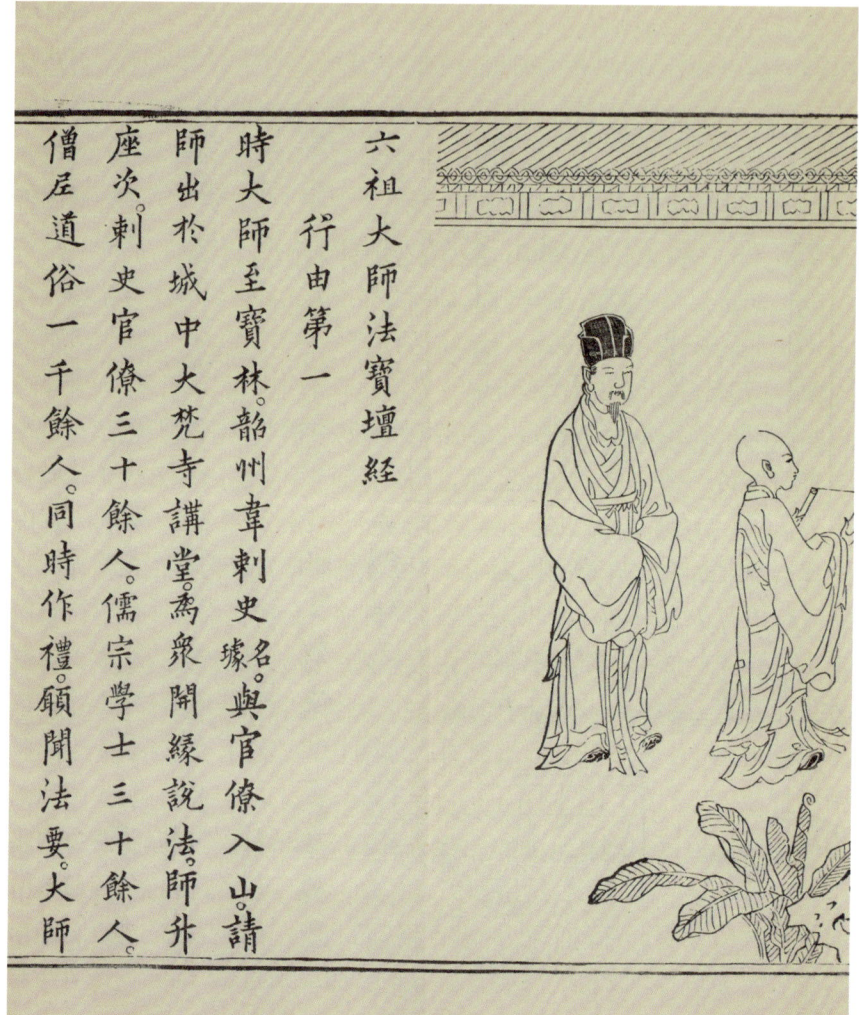

明萬曆刻本六祖大師法寶壇經　卷端

本亦多屬此本。宗寶本與德異本正文雖無較大差異,但章節標題和排列次序差異較大,如德異本之"略序"在宗寶本中即改爲"六祖大師緣起外紀"。宗寶本內容有德異序、契嵩贊、行由第一至付囑第十、六祖大師緣起外紀、歷朝崇奉事蹟、柳宗元撰《贈謚大鑒禪師碑》、劉禹錫撰《大鑒禪師碑》和《佛衣銘并序》、附"師入塔後"記事,宗寶跋文。內容上宗寶本改四字品目爲二字品目,并有割裂、合併,如改"教授坐禪"爲"坐禪",分"悟傳法衣"爲"行由"、"般若"二品，合"法門對示"、"付囑流通"爲"付囑"。（參見楊曾文《〈六祖壇經〉諸本的演變和慧能的禪法思想》，載《中國文化》1992年第6期。）

由上，此書或據宗寶本增删重刊而成。

是經爲曹奉所刻。書中云："奉佛弟子曹奉，切念宿緣片善，獲近宮闈，頂受皇恩，纖毫未報。雖終身長素，稍盡報本之私衷，恐一芬微誠，難補禄食於萬一，是以再捐俸貲，敬刊《法寶壇經》一册，印施四方，普願見聞，豁徹真常，齊登壽域。"釋道禧跋亦云："是經也，係五宗之血脈也，參玄者不可一日無是已。丹霞曹居士，素履真純，金湯護法，念是經之湮没，剞劂再新。開來學入道之坦途，廣法化昭然之捷逕。四恩憑兹，總報九幽，咸遂攸登，普願見問，俱開正眼云爾。"

此本爲寫刻，楷書精緻。

是書藏美國普林斯頓大學葛思德東亞圖書館。

（丁春華）

清乾隆刻本太上感應經集解

《太上感應經集解》二卷，題"慈谿分淥軒孫編訂"。清乾隆二十三年（1758）刻本。二册。半葉大字八行二十二字，小字十六行二十一字。白口，左右雙邊，單魚尾。前有真德秀序、題名蘇文忠公降筆序、《感應經論略》九則、《奉行感應經靈驗紀》十則。

編者慈谿分淥軒孫，未知何人。

《太上感應經》乃勸善讀物，爲道教與儒教、佛教相融合之産物。此書最初只在民間流傳，南宋時始獲官方重視，歷經宋、元、明、清而久盛不衰。宋理宗在卷首題"諸惡莫作，衆善奉行"八字。此後，爲之作序、作注者代不乏人，影響十分廣泛，乃至日本、朝鮮等國，皆有流布。

此《集解》一書，先列"經文"，頂格，次低一格小字"注釋"，次小字"徵事"。其"注釋"條分縷析，詳盡明瞭，而"徵事"有原有委，生動可風。然其短處，殆在割裂文義，致有前後文義不貫通，稍不便於讀者。

書前有宋真德秀序，云："世謂感應之云獨出於老佛氏。非也。《書》有'作善降祥'之訓，《易》有'積善餘慶'之言，大抵皆此理也。顧嘗思之，所謂善者果何事耶？傳稱：活千人者有封，而殺降者殃及三世。然則有志於善者，必其權足以生人殺人，然後可也。陋巷簞瓢之士，將焉從而用力乎？不則，嚴禱祀，以徼福於鬼神；植因果，以希報於冥漠，此又利心之尤，

太上感應經集解卷上

慈谿 分綠軒孫 編訂

王道全侶平
王應麟雲衢
周鳳池樹廷
陳學郊鳳三 仝校
馮兆熊可偕
馮日新艮有
顧桐崧喬

太上感應經

太上。尊稱也。道藏諸經皆以此二字為首蓋示人以不可玩忽之意由此動彼謂之感由彼答此謂之應言善惡感動天地必有報應也。

而不足以言善者也。然則當奈何？余聞諸孟子曰：'鷄鳴而起，孳孳爲善者，舜之徒也。'又曰：'存其心，養其性，所以事天也。'夫鷄鳴而起，未與物接，善焉乎施？存心養性，此人事也，與天何與？嗚呼，知乎此而後知爲善之本矣。蓋天命之性，賦之於人，本皆至善。自夫汩之以私，亂之以欲，然後反善而之惡爾。心者，所以主乎性者也。吾能兢畏齋慄，如臨君父，如對神明，則本心常存，而性不失矣。循性而往，何往非善，是爲不負天之所予者，此既所以事天也。鷄鳴而起，孳孳爲善者，爲此而已。苟存乎此，天下之善，皆此焉出。雖功被萬物，澤及百世，亦自是而充之耳。予故曰此爲善之本也。道録馮元素勸録刻《感應篇》以施人，予懼世人不求諸内而求諸外，顧以力弗足而息焉，又或出於僥求覬幸之私，而反流於不善也。故書之篇末，以告觀者，庶不失馮公勸録也。崇本堂敬録。"

《蘇文忠公降筆序》云："《太上經》言，相傳宇内久矣，得是經而口誦心維，身體力行者，亦間有矣。説者謂經言誠是，而感應之理或多飾説。嘻！誤矣！福善禍淫，詳列經史者，指不勝屈，安見太上之訛耶？予今者奉帝君命，降乩作序，倘惟搜羅舊事，組織新聞，見者或疑信參半，因不敢遠稽諸人，而姑近證諸己。惟予世居蜀都，地偏俗澆，予大父生而愛之。一日，於友人案頭得《感應經》，輒肅然起敬，曰：'禍福皆由自造，豈人以地限耶？'隨自矢奉行勿諼。每日侵晨，必虔誦數四，稍暇又熟玩經文，詳加注釋，閲兩載成帙，捐資刊布不下數萬部。一夕，夢帝君鸞輿下降，呼予大父曰：'爾虔奉《太上真經》，兼克勸人，數十年内，爾子若孫，當以文章德業名世。'至今蘇氏頗有賢聲，蓋皆感應經之福澤長也，而豈飾説哉。予不能序，僅舉家事爲世言之，是亦不序之序也夫。乾隆丙子歲（二十一年，1756）七月吉旦敬録。"

《感應經論略》第一則云："《太上感應經》在《道藏》中不知幾何年，宋理宗賜禁錢百萬，命工刊梓，又御書'諸惡莫作，衆善奉行'二語冠諸篇首，而後此書大顯於世。當時名臣賢士皆極尊奉此書。李昌齡爲之作傳，鄭清之爲之作贊，真德秀爲之作序。讀《感應經》，當知前賢表章之意，止是教人爲善，若云諷誦祈福，便非本旨。"第二則云："明世宗序《感應經》有云：'善者聞之益勸，不俟爵賞之加；惡者覩之自危，踰於刑罰之及。'可見此經不但扶翼聖經，亦且輔助王化。"第三則云："國朝世祖章皇帝命内院詞臣翻譯《感應經》，刊刻頒布，遍賜群臣，至舉貢諸生皆得分賜，凡屬臣民，尤不可不惕然自警矣。"其後又有數則，或言《感應經》之重要性，"所載善惡，纖悉畢具"；或言讀《感應經》之重要性，"須是無時不可讀"；或言此經本中文義，"本文有義似雷同，旨實分別者，則必援前證後，以此形彼，務期闡發無遺"。

《奉行感應經靈驗紀》，選"錢塘汪源"、"徽人吳大祁"、"冒起宗入學讀書"、"黃巖縣楊琛"、"徽州許商"、"陳松軒屋寓新安客"、"簡州進士王巽"、"黃巖縣進士沈球"、"休寧方時可"、"慈谿秦三力"等十則感應故事，以證其靈驗。

此書內封葉署"乾隆戊寅新鐫太上感應經集解慈谿分緑軒編訂"。卷上卷端題"慈谿分緑軒孫編訂王道全侶平、王應麟雲衢、周鳳池樹廷、陳學郊鳳三、馮兆熊可偕、馮日新良有、顧桐崧喬仝校"。卷末有"馮學海校字"之記。後爲"募首姓氏"馮運棟以下十八人，"收捐助衆姓"。

此書各書目均不見著録。現藏日本內閣文庫。

鈐"佐伯侯毛利高標字培松藏書畫之印"。

（李福標）

清順治刻本太上感應經傳集成

《太上感應經傳集成》八卷首一卷，明劉夢震輯。清順治立本堂刻本。半葉八行二十字。白口。四周單邊。行間刻圈點。版心下刻"立本堂"。卷端題"潤州劉夢震長公輯疏"。卷首有明世宗肅皇帝御製序、附諸名公序。《太上感應經正文》、《文昌帝君勸人持誦太上感應經說》、《太上感應經每月十真齋戒日期》、《勸戒五則》。

劉夢震，字起東，號長公，別號邕齋。鎮江人。《復社紀略》卷一載其人名，而行事不詳。

《太上感應篇》大義謂禍福無門，唯人自召，善惡之報，如影隨形。人若想長生多福，必須行善積德。此《經傳集成》八卷，首列經文一句，頂格；次列對此句之傳疏文，低一格，遍引各經史材料加以解釋，頗爲詳明。然經與傳不分大小字，不僅經文頂格，即傳疏亦偶有頂格者，體例稍乖，亦不便於觀覽。如卷一首列"太上曰：禍福無門，惟人自召"句，下爲傳疏之文，曰："禍兮福倚，福兮禍倚。禍福循環，本無定也，何有門乎。禍生有胎，福生有種。意外不測之禍福，斷非無因也，非自召乎。君子問禍不問福，蓋禍多福少，能免於禍即福也，趨避非人而誰乎。問：禍多福少。曰：吉一而凶、悔、吝三，富貴一而貧賤、夷狄、患難三。人者天地之心，即天旋地轉，把柄只在人手，故人多殺害，則召刀兵；人多暴殄，則召饑饉；人多安

太上感應經傳集成卷一

潤州劉慶震長公輯疏

經傳

太上曰禍福無門惟人自召

禍分福倚○福分禍倚○禍福循環。本無定也。何有門乎。禍生有胎○福生有種意外不測之禍福。斷非無因也。非自召乎。君子問禍不問福。蓋禍多福少,能免於禍即福也。趨避非人而誰乎。問禍多福少樂，則召瘟疫。蓋以此感，即以此應，無毫髮爽者。"又頂格引"《易》曰"、"《書》曰"、"孔子曰"云云，又頂格引袁了凡故事，又頂格設爲問："或曰：此止爲士庶立論耶，抑兼帝王皆囊栝其内耶？曰：天子至庶人，孰不以自召爲主哉？昔宋藝祖一事可徵也。"下又頂格列宋藝祖事。由此一條，殆可睹此書之全貌也。

　　是書之輯刻，起自明崇禎年間。前劉夢震自序云："此經在《道藏》中，不知幾何年，宋理宗乃表而出之，李西蜀爲之傳，鄭四明爲之贊，真西山爲之序，而後乃大顯。本爲求長生者說，實與吾儒考祥、佛家證果如出一轍。有志希聖證佛者，何不莊誦而力行之也？接引上根使自省，怵惕下根使自懼，其有功人心世道，豈淺顯哉。崇禎癸未（十六年，1643）春王正月人日。"序後又有其姪光祚（字孚吉，號聖超）重刻序，云："福善禍淫，理不可易。其說似不必詳，然上智不恒見，而中材所在多有，則有所爲而爲善，有所畏而不爲惡，猶愈於終身貿貿、沉淪苦海中者，此感應靈經爲有功名教之書也。予叔長公，先年著爲《輯要》八卷（即《集成》），博洽羣書，注證詳確，一日以無病終，手持《感應經》首卷而逝，豈非注經之明驗彰彰於潤之耳目間者哉。但彙編雖畢，僅梓一卷有奇。予爲敬約同人，續刻成集，以廣太上善與人同之意，以承叔父未竟之志也夫。順治庚子中元日。"於此二序，可知此書在崇禎十六年時，刻爲一卷，順治十七年（1660）續刻而完篇。

　　今觀是書卷一題"太上感應經傳集成"，而他卷則題"太上感應經傳輯要"，前後不同，以劉光祚序目之，殆第一卷爲其叔手刻，而後刻者未忍埋没先叔之功仍其原貌也。

　　附諸名公序者，真德秀、陸南賓、康彥民、陳善、李載贄、楊一魁、吳瀛、郭子章、屠隆、歸大賓、馮時可、何龍圖、胡嘉棟、周汝登、李維楨、王志堅、吳伯與、冒起宗、朱天麟、葛鼒、王瀚、葛鼐、周星、劉夢震、劉光祚。

　　書首有明世宗嘉靖序，云："其書自宋理宗濬其源，我蜀王衍其脈，註疏於李昌齡，贊紀於鄭清之，人心善惡之跡，天道禍福之機，古今休咎之微，幽明殃慶之兆，此感而彼應，形立而影從，真扶持世教之書，誘掖人心之具也與。舊板嘗鋟諸蜀府，風教有補於明時，但歲久而字漸漫漶，恐愈成訛謬，漸失其真。爰親校閱之勞，不靳鏤刻之費，布之天下，傳之後世，俾善者聞之而益勸，不俟爵賞之加；惡者睹之而自危，踰於刑罰之及。忠孝友弟之化,行於四方;陰賊暗侮之非,泯於庶類。盡彌佻薄之風,聿茂淳龎之俗,以贊皇猷於萬一云。"嘉靖壬戌即四十一年(1562)。殆劉夢震此書,乃是在前人原書基礎之上抄撮而成者歟?

此書以刻字風格視之,當爲清初所刻。卷三末有牌記云:"庚子夏老母偶病,後漸危篤,藥餌無功。家嚴命予曰:汝母病勢若此,似非醫樂所能療,爰發善願數端,敬刊《太上感應經》居一焉。即刻資方付梓人,病已減半。又旬日,竟勿藥有喜矣。感而遂通,其應如響。於茲益信,因紀其事,以爲信心者勸。卞道謹識。"庚子爲順治十七年。卞道,未知何人。是書版心下"立本堂"三字,殆卞道之室號也。

此書各書目向無著錄。現藏日本内閣文庫。

鈐印有"昌平坂學問所"、"佐伯侯毛利高標字培松藏書畫之印"、"淺草文庫"。

(李福標)

清刻本陰騭文儒宗

《陰騭文儒宗》一卷《增補陰騭文儒宗》一卷，清勞潼編。清刻本。一册。半葉九行二十五字。白口，左右雙邊。框高18.4釐米，寬11.8釐米。書口下有"心簡齋藏板"。書眉上刻批語。二編前皆有"學院前"小序。

勞潼，見本書前述《清嘉慶刻本地理尋源》。

《陰騭文儒宗》録古今理學名言十一篇，即：《文昌帝君陰騭文》、《王中書勸孝歌》、《文昌帝君戒淫文》、《文昌帝君勸敬惜字紙文》、《湯潛菴先生歲饑賑濟鄰朋論》、《陳宏謀先生扣除填補説》、《彭定求先生風水勝陰功辯》、《袁了凡先生功名論》、《李九我先生勸息訟文》、《勞潼先生戒賭文》、《吕新吾好人歌》。

《增補陰騭文儒宗》增録：《關聖帝君真經》、《陸麟度先生中種解》。

騭，定也，陰騭意爲默默地使之安定，又有陰德之意。是書節録《文昌帝君陰騭文》，冠之首，擇録古今有關陰騭之理學名言，旨在勸教世人行善積德。每篇文末有編者評語，亦有眉批。

小序云："自經言'維天陰騭下民'而陰騭之義以起，由是福善禍淫，作善降之百祥，作不善降之百殃。經文所載，不憚勸誡再三，使非有天地鬼神，旌善罰惡於冥冥之中，善誰爲福，淫誰爲禍，作善誰爲降祥，作不善誰爲降殃乎？而世每斥爲二氏之教，而迂之者何哉？由其蕩心逸志，每一

清刻本陰騭文儒宗　封面

文昌帝君陰騭文

帝君曰：吾一十七世為士大夫身，未嘗虐民酷吏，救人之難，濟人之急，憫人之孤，容人之過，廣行陰騭，上格蒼穹。人能如我存心，天必錫汝以福。於是訓於人曰：昔于公治獄，大興四馬之門；竇氏濟人，高折五枝之桂。救蟻中狀元之選，埋蛇享宰相之榮。欲廣福田，須憑心地。行時時之方便，作種種之陰功。利物利人，修善修福。正直代天行化，慈祥為國救民。忠主孝親，敬兄信友。或奉真朝斗，或拜佛念經。報答四恩，廣行三教。濟急如濟涸轍之魚，救危如救密羅之雀。矜孤恤寡，敬老憐貧。措衣食周道路之饑寒，施棺槨免屍覽及,則遍身叢垢,何如束書不觀,猶得肆然而無忌也。豈知先儒有云:'僞君子不竟好過真小人。'愚亦謂:'修陽騭不竟好過無陰騭。'蓋世不皆聖賢,大都説性理則昏然睡,談因果則惕然驚。苟能於立心行事間,常存有天地鬼神,是斜是歪,無時無處而不畏威懼禍,久之不經不覺,習慣自然,則僞君子亦可與真君子同歸,修陽騭亦可與修陰騭并福。或曰求福免禍,誠小人矣,何福之有?然孟子不嘗曰'禍福無不自己求之者'乎?況較之福不能勸,禍不能懲,悍然不顧其安之小人,不猶差强天意哉!兹擇古今理學名言,有關陰騭,且與六經相爲表裡者若干,冠以《文昌帝君陰騭文》爲首,顔其編曰《陰騭文儒宗》,俾借二氏爲推諉者無所藉口焉。至或目之爲陰騭,或目之爲陽騭,或目之爲僞君子,或目之爲真小人,則俟世之所評品云。"

《陰騭文儒宗》封面有籤題:"陰騭文儒宗。宜放潔處,幸勿穢褻。"卷末刻:"東莞附貢鄧容偕男職員崇勳敬刻。"

是書藏英國倫敦大學亞非學院圖書館。

(王 蕾)

日本抄本新刻國朝白沙陳先生詩選

《新刻國朝白沙陳先生詩選》六卷,明陳獻章撰,周謙山選。日本抄本。一册。半葉九行二十字。無欄格。卷端題"嶺南白沙陳獻章撰;羅浮後學周謙山選;南海後學龐嵩校;閩建書林熊成冶梓"。前有明萬曆四年(1576)鄒善序,萬曆四十年(1612)孫光祖序。

陳獻章(1428—1500),字公甫,號石齋,因居白沙鄉,門人稱爲"白沙先生"。廣東新會人。明正統十二年(1447)舉人,授翰林院檢討,追謚文恭,萬曆十二年(1584)從祀孔廟。其爲學以静爲主,教學者但令端坐澄心,於静中養出端倪。創白沙學派,亦爲嶺南學派創始人。門人湛若水撰有白沙先生墓表,張詡撰行狀。事蹟具《明史·儒林傳》。

是集爲白沙先生全集中詩歌部分之選集。卷一禮集,爲四言四首、五言三十九首;卷二樂集,爲五言絶句三十四首;卷三射集,爲七言絶句一百三十九首;卷四御集,爲五言律詩七十一首;卷五書集,爲七言律詩九十九首;卷六數集,爲五言排律二首、七言排律二首、古風歌行十二首。

白沙全集本版本頗多,最早爲二十卷本,有明弘治十八年(1505)羅僑刻正德二年(1507)林齊重修本與明刻本兩種。另有二十一卷本,爲明嘉靖三十年(1551)蕭世延刻本,明萬曆元年(1573)何子明刻本,萬曆三十二年(1604)許欽賦刻本。又有九卷本,爲明萬曆四十一年(1613)何上

新刻國朝白沙陳先生詩選卷之一　禮集

嶺南　白沙　陳憲章　譔
羅浮　後學　周謙山　選
南海　後學　龐嵩　校
閩建　書林　熊成冶　梓

四言詩選　凡四首

題畫松泉為張別駕吉

水流石澗，生兩松樹，洗耳掛瓢，無此佳處，幸逢堯舜，那無巢許、

撥悶

新刻本,清順治十二年(1655)黄之正刻本。再有明天啟元年(1621)王安舜刻十二卷本附詩教解十五卷,清康熙四十九年(1710)新會何九疇刻六卷本與清乾隆三十六年(1771)廣東陳世澤刻十卷本。

《四庫全書》收録有《陳白沙集》,其《提要》謂獻章:"所爲文章,論者頗以質直少之,其詩亦自《擊壤集》中來另爲一格,至今毁譽各半,然平情而論,譽者過情,毁者亦多失實,大抵皆門户相軋之見。惟王世貞謂其詩不入法,文不入體,而其妙處有超出法與體之外者,可謂兼盡其短長矣。"

鄒善云:"白沙先生之詩,人擬其似禪,然禪而非禪,其得詩之三昧者乎。先生初學於康齋吳聘君,歸而静求默體者十餘年,始悟吾心本來之體,吟弄澹漠,灑然自得,真不知天地之非我,萬類之爲物。其形諸篇什,雖隨事垂訓,無心著述,然意趣渾成,不煩斤削,焕然如春空之雲,出岫靡常;皓然如清夜之月,揚輝莫測。飄飄然,悠悠然,如乎知鳶魚之戾天躍淵,有不可以夙擬者,蓋真機所動,雖吾身且不知耳目之所宜,而況於人乎?而況於言乎?讀者不以章句求,而默識其旨趣,即謂先生之教人,與三百篇之感動人者,靡有異同,非耶?"

孫光祖序曰:"白沙先生挺生南服,雅志聖學,少棄舉業,從吳聘君遊。歸江門,潛心静坐十餘年,久之實悟本體,怡然自得,乃不事著述,不落見解,而以其精造深藴,因事觸發,出於自然之文,蓋天地之易簡,帝王之神化,人物之華實,山川之流峙,漫灌浹洽,故其發乎性情,無欣戚、無得喪、無生死。辟天道燦而爲星辰,地道沛而爲河漢,不蘄於言而自言,使入於耳者躁釋,得於心者神融,用而行則管晏一笑,舍而藏則仁義江河,此先生之詩,真足以繼往開來,視三百篇無間焉。"

此本爲周謙山所選,鄒善序曰:"博羅謙山周子,學於弼唐龐子,溯流窮源,而得江門之旨。暇日約選先生詩四百餘篇,屬善與懷堂孫子參訂而校梓之,敬拜手借書首簡,與願學先生者共焉。庶幾諷詠之餘,冀必有神解而勃然興者,則是梓爲不虚矣。"其亦語孫光祖曰:"是選,其義約,其旨深,其該括廣,一覽而勸懲備焉,宜梓以傳。"雖序中言其校梓一事,卷端亦題"南海後學龐嵩校,閩建書林熊成冶梓",然遍尋海内外書目,未見此書刻本之流傳。熊成冶,當爲福建建陽書坊主人。

此書現藏日本國立公文書館。

鈐印有日本"淺草文庫"、"林氏藏書"、"日本政府圖書"、"江雲湯樹"、"昌平坂學問所"。

(肖　卓)

日本抄本瑶石山房稿

《瑶石山房稿》二卷,明黎民表撰。日本抄本。一册。半葉九行十八字。無欄格。題"南海黎民表著"。無序跋。

黎民表(1515—1581),字惟敬,號瑶石。廣東從化人。明嘉靖十三年(1534)舉人。授翰林孔目,遷吏部司務,用爲制敕房中書,供事內閣,後累官至河南布政參議。工詩善畫。師事黃佐,與歐大任、梁有譽、李時行、吳旦并稱"南園後五子"。事蹟附《明史·文苑傳》黃佐傳中。

是書分上下兩卷,卷上爲五言古詩三十九首,七言古詩二十六首;卷下爲五言律詩七十九首,七言律詩六十二首,五言絕句五首,七言絕句十六首。

《四庫全書總目提要》云:"史稱佐弟子多以行業自飭,而梁有譽、歐大任及民表詩名最著。朱彝尊《静志居詩話》謂民表詩讀之似質悶,而實沉著堅韌。王世貞所取'續五子',無愧大小雅材者,僅此一人。"

原刻本前有明萬曆十六年(1588)陳文燭序,此抄本佚去,序云:"先生品流書畫,徵仲之後一人耳。乃問學文詩,徵仲何可望焉。先生少有異質,過目成誦,其父侍御公愛之甚。學士黃才伯以文名雄宇内,見先生,奇之。先生遂及其門,無書不讀。後詣公車,優遊中祕,與諸君子倡和無虛日,金匱石室之藏,寒士未見者,先生得以游目。深山窮谷之碑,達人未窺

瑤石山房稿卷之上

南海 黎民表 著

詠懷

佳人入我夢華容渥如丹玉瑱稱皎服楊辭吐
馨蘭接歡在須臾寱言阻河出坐惜朱華改空
悲蕙草寒別離不可處況乃玄律殫

其二

蕭蕭高天鴻冥飛慕儔侶豈無凝寒思連翩日

者,先生取以賞心。故駿發而機應,覃思而意弘。應制之作,敏速若注射,而凱皴有體。書記之文,蒼古若鼎彝,而朗暢易曉。賦不衍而麗,子淵、太沖之遺也。古詩不雕而藻,子建、景陽之遺也。歌行恢張而潤,達夫、嘉州之遺也。七律沖澹而遠,應物、隨州之遺也。五言清而逸,排律整而潔,浩然、佺期之遺也。藝林得先生,猶麟羽有龍鳳,音樂有琴笙矣。瓊山博奥,鐵橋高古,皆南海之奇也。黃才伯與先生起而承之,受授一道,得其精華。黃若大河,而先生則砥柱之高峻也。黃若長江,而先生則中泠之清絶也。至廉介易親,孝友好施,粤中後起之士皆先生倡之。即茲編也,天壤俱敝,安知後世不有相知定先生之言者乎?不佞辱彦昇筆劄之託,抱伯牙絶絃之感,因道其概焉。"

黎民表詩集另有十六卷本《瑤石山人稿》,此書實為十六卷本之選集。《四庫全書》收録十六卷本,其《提要》云:"是集前有萬曆戊子陳文燭序,稱民表請老以歸,話別三山,曾序其詩,鎮江鍾太守刻焉。又稱民表已下世,其子吏部郎君華袞刻此集,復屬以序。蓋民表詩凡再刻也。其初刻今未見,此刻冠以賦三首,餘皆古近體詩,雖錯采鏤金,而風骨典重,無綺靡塗飾之習。"清道光二十年(1840)南海伍氏詩雪軒重刻此書,其序云:"是集《四庫全書》已著録,顧粤中恒不數覯。陳元孝《獨漉堂文集》謂黎方回者,美周先生子也,則國初已罕流傳矣。是書為劉三山孝廉影鈔藏本,後歸黃石溪明經。數年前,曾與借鈔,而舛誤不一而足,且閒多缺頁,爰悉心讐校,以付梓人,其缺者仍俟覓原書補刻耳。"

此抄本藏日本內閣文庫。

鈐印有日本"淺草文庫"、"日本政府圖書"、"佐伯侯毛利高標字培松藏書畫之印"、"昌平坂學問所"。

(肖　卓)

清初刻本長鑱集劍吟集

《長鑱集》六卷,明李雲龍撰;《劍吟集》二卷,明李雲龍撰,明陸彥龍評。清初刻本。一册。《長鑱集》半葉八行二十字。白口,四周單邊。前題"閩漳李雲龍漢澹著"。《劍吟集》半葉九行二十一字。白口,左右雙邊。前題"閩漳李雲龍漢澹著。武林陸彥龍驤武評"。前有史起明題辭,清順治三年(1646)曹胤昌序,陸彥龍序,楊天宰序。

李雲龍,字漢澹。福建漳州龍谿人。《廣東歷代著者要錄》據《廣東文獻書目知見錄》作東莞人。

陸彥龍,原名夢龍,字驤武。浙江仁和人。諸生。與其同郡陸圻、培、階兄弟及朱革新等諸子相友善;文義劘切,頗有"澄清天下"之志。《碑傳選集》有傳。

長鑱者,古踏田器也。此當作手持長鑱,爲除不潔者。此集六卷,缺卷一、卷四,存卷二五言古二十一首、卷三七言古二十二首,卷五五言律十首、卷六七言律二十三首,另有雜著一篇。《劍吟集》二卷,卷一五十三首,卷二四十八首。此兩集合訂一册,無總題名。

前有丙戌五月曹胤昌序,考曹胤昌爲明崇禎十二年(1639)進士,丙戌當爲清順治三年。另史起明序言"今春守藩清漳,得李子其作八股也",史氏於清順治三年任職福寧道,故此書當刻在清初。

清初刻本長鏡集劍吟集　扉頁

長鏡集

閩漳李雲龍漢滄著

詩二 五言古

嘲魯儒

有老塞牖下,神藥發禮詩,問書涇幾種,地耦與天奇,苦吟使其佳,五臟連鬢骻,淡言迷馬足,淺藻摘瓊芝,未就研墨殼,已于千載期,少游客前筆,太白醉中思,獵精雖不貴,形神就得怡,所以遂古人,必立無字碑,曹胤昌言李雲龍"文奇、人奇,詩抑又奇"。其序曰:"余湘沅客,來李清漳,漳課士,知李生以文不以詩也。生窮抽裂,自言其詩若干首,如呼號止痛者數月,無何又變痛而生癢,又變癢而生啼生笑,歌哭不恒。今觀其詩,意思通谿谷,紙墨浬煙嵐。聲無絃叩,以氣之吹息爲聲;體無險莊,以筆之起落爲體;義無詮次,以吐所欲言爲義。而其爲人必使俠好氣,火立潮動,有恀才僻骨,慧性奇情。夜踏百尺樓,觀滄海上,檛槍起滅;日飲千陂酒,走五都市,渭水灞橋。其年最少,遇最困。其時而蒼涼慨嘯,忠孝發聲,能使江東琵琶祝其鐵板,幽燕筑絃抽此墨髮,則亦稱乎稜稜天下奇男子矣。"

"劍吟"之名可見楊天宰序,序云:"李子漢澹,珮有寶劍,美蓉光影,屢屢射人,而天奇其遇,伊吾未馳,熱掌以抵。一日謂余曰:'吾磨劍十年矣,寔發三願,一願夜半仇頭入樸,切取羊肝,對知己下酒,是謂遊俠劍。一願借尚方斬佞,檻拆有聲,是謂忠烈劍。一願醉酒長舞雲巔,冷取妖頸,法力不動,是謂神仙劍。既天生之爪髮化此鑪錘,豈爾三願未酬,使干將夫啾啾坐老哉?'余曰:'子休矣,我蹴天雞,寔有不平,長在胸臆,終當提三尺以快耳。惟汝有劍,請問劍法,問汝劍能師白猿公躍上枝乎?問汝劍能學周處斬白額乎?更問汝劍能效莊生奏天子乎?夫世盡丈夫也,而甚微之道,不及越女。不及越女,則陰陽無戶矣。若是者宜甚恥,英雄者能制人者也,苟錚錚之鍔,以爲浪擊,以爲柱中。若是者宜甚哀。古天子之劍也,運刑德而佐四時。若瞋目語難,彼趙文何多多耶?如是者宜甚怒。甚怒以發其怒吟,其聲徵;甚哀以發其哀吟,其聲角;甚恥以發其恥吟,其聲羽,乃和宮商。彈光拂影,使氣燭天,入斗不埋。有能爲是吟者,豈終匣中物乎?'李子曰:'赤堇未枯,若耶終涌,授此三法,以壯劍氣,是余志也。夫請依三法以酬三願。'遂出寶劍,爲取華陰土拭之,一時聲響,霹靂如作雷吼。余曰:'惟子勗哉,寶氣在身,天志與珍,尚及鋒而用之,無輕珮過延津,恐將躍龍以去。'"

此書爲日本國立公文書館藏本,《四庫全書總目》未收,遍查國內外公私目錄,亦未見著錄,較爲罕見。

扉頁刻"長鑱集。龍谿李漢澹著。晉東史襄翁老師□□。雲母山藏"。

鈐印有日本"秘閣圖書之章"。

(肖 卓)

清抄本鐵橋山人詩稿

《鐵橋山人詩稿》不分卷《補遺》一卷，清張穆撰。清抄本。三册。半葉八行十六字。無欄格。題"羅浮張穆撰"。前有清康熙十五年（1676）寶林樵叟序、康熙五年（1666）釋今釋序、釋今無序、曾傳燦序、明崇禎十五年（1642）鄺露序。

張穆（1607—1683），字爾啟，號穆之，又號鐵橋。東莞茶山人。少時就讀羅浮石洞，善擊劍，與廣東名士黎遂球、梁朝鐘、鄺露等同遊。曾北上抗擊清兵而不得志，後效命南明政權。明亡，隱居茶山，寄情詩畫。晚年終老於東安（今廣東雲浮）石鱗山中。有《鐵橋集》。

釋今釋序云：穆之"馳馬試劍，縱橫少年場中，慾以甲兵廓清海内不可得，乃自放逸於詩文，詩文清絶，旁及畫家，入神品，人始知有鐵橋。"此詩稿收詩242首，補遺收24首，共計266首。

張穆工詩，詩作多縱橫心聲，詩《秋懷》云："我本蓬蒿人，山水欣有託。十年讀異書，冥心寄玄謨。秋山風日佳，白雲起前壑。卷舒須臾間，奄忽充寥廓。持雲寄候雁，目斷隨精魄。去去復何言，努力事耕鑿。"《見知今年訪余於東湖覽卷見贈率爾奉答》云："鐵橋道人家羅浮，少年放志凌滄洲。縱橫宇宙覓知己，長嘯不遇歸山丘。石田不足獨醪醉，弄墨聊戲諸華騮。孫陽已杳誰復識，但取升斗療貧憂。作詩或足寄胸臆，吐納自愛

鐵橋山人詩稿

羅浮 張 穆 撰

秋懷

我本蓬蒿萬人山水欣有託十年讀異書冥
心寄玄漠秋山風日佳白雲起前壑卷舒
須臾間奄忽充寥廓持雲寄候鴈目斷隨
精魄去去復何言努力事耕鑿

其二

煙雲秋。殘絲斷壁人所棄，必慾驚世非本謀。十年塵土封素面，安有杵曰來清眸。君今愛才重風雅，所過里巷咸甄收。蓬蒿降節俯憑軾，一日伏櫪能高頭。年衰百事年已燼，感知惜別何能休。"

其詩又感時言事，近於少陵抒情適意。如《西濠夜月》、《哭曹能始先生死節》、《懷王園長先生》等。《哭鄺中秘湛若》云："三城凋羅故人稀，憑吊忠魂杳不歸。散帙每縱僧壁在，高懷殊悵鳳巢非。兩沈殘燭癡增夢，寒暗幽花尚見輝。記得酕醄同校字，乾坤空老復何依。"又如《澳門覽海》云："生處在海國，中歲逢喪亂。豪懷數十年，破浪已汗漫。故人建高纛，樓船若鵝鸛。因之慰奇觀，地力盡海岸。西夷近咸池，重譯慕大漢。寶玉與夜珠，結市異光燦。若夢遊仙瀛，金宮赤霞爛。危樓切高雲，連甍展屏翰。水上多神山，青削屢續斷。澄波或如鏡，一葉亦足玩。及爾長風迴，氣色忽已換。狂瀾渺何窮，萬里生浩歎。"

詩稿中多有與友人間的來往與唱和之作。如《答謝伯子先生》、《莞香答和曹秋嶽方伯》等。《壽老友陳梅臣先生》云："且謝鷹揚醉共依，莫牽塵夢到魚磯。門臨滄海看雲幻，里近青山信馬歸。直行未嘗留腹語，裁詩卻肯苦心機。輸君晚出昇平日，十四年前覽德輝。"又如《送萬履安孝廉還四明山》云："渺渺珠江水，風塵攬素衣。相逢值花發，萬里向秋歸。東海空懷古，青山獨采薇。四明他日路，待我白雲扉。"

張穆善畫，畫為思肖之畫，尤善畫馬，有題畫之詩。如《題畫鶴》、《山中寄區政圖》等。《題畫馬》云："爭言龍種形神異，千里猶疑一日遲。聊寫風沙開萬里，恐無天馬為人騎。"又云："銅骨霜鬃紫水眸，雄心闊向玉關秋。乾坤有限縱橫盡，遲爾華陽卸絡頭。"

此本藏美國柏克萊加州大學東亞圖書館。《四庫全書總目提要》、《續修四庫全書總目提要》、《中國古籍善本書目》均未收錄，

鈐印有"汪"、"玉蘭堂"。

(李　卓)

清康熙刻本藥亭詩

《藥亭詩》二卷,清梁佩蘭撰。清康熙五十四年(1715)静遠堂刻本。一册。半葉八行十九字。白口,左右雙邊,單魚尾。書口下刻"静遠堂"。卷端題"番禺梁佩蘭藥亭著休寧汪觀瞻侯選"。前有汪觀序。

梁佩蘭(1629—1705),清初詩人。字芝五,號藥亭、柴翁、二楞居士,晚號鬱洲。祖籍廣東南海縣(今廣州芳村區)。清順治十四年(1657)應鄉試,列第一名解元。康熙二十七年(1688)戊辰科會試,中第十名進士,選授翰林院庶起士,敕授徵仕郎,後被吏部任命爲知縣。晚歸故里。有《六瑩堂集》傳世。

卷一五律、七律,凡38題48首,卷二收七律、五律、七絶、五絶各體凡78題101首。佩蘭詩意境開闊,功力雄健俊逸,與屈大均、陳恭尹合稱爲"嶺南三大家"。詩多酬贈和吟詠景物之作,也有發洩功名失意的怨辭,間亦雜有興亡之感。他的大多數詩仿古習氣過重,筆調較爲平淡直致。較有意義的作品是某些反映民生疾苦的篇章,如《養馬行》、《採珠歌》、《採茶歌》、《雀飛多》、《樵父詞》等。此類詩雖不多見,而内容清新,語言通俗,感情自然。

汪觀序云:"梁藥亭太史以詩文見知於天下。余少時讀其四書文,輒慕其品之高,亟欲讀其詩而未可得。遲之二十年,方得於王蒲衣《嶺南三

清康熙刻本藥亭詩　扉頁

藥亭詩卷一

番禺　梁佩蘭　藥亭　著
休寧　汪　觀　瞻侯　選

登白嶽自紫玉屏降觀沉香洞

萬丈紅崖下勾連碧洞深風雷穿地底鐏隙逗天
心果熟猿相獻巢高鳥獨瞪降真香不散飛落玉
簫音

舟發閩水至饒陽道中作

大家》選本中，見之始慰，二十年之所亟欲讀而未得者，而今喜得見而讀之矣。夫藥亭之詩，讀者未必能盡知之，而知者又未必能盡爲其知己也。藥亭自云'苦吟堪一死，佳句即長生'，其用意如此。而陳元孝曰：'藥亭瀑布之水也。'沈方舟曰：'藥亭如羣峭摩天，其論亦酷肖其詩。'是藥亭初有元孝知己，繼有方舟知己，而方舟亦然元孝之論爲知己，豈非知己之知己者乎？今藥亭往矣，所賴與百世爲知己者有其詩在。余惜未得見其全集，故亟亟於蒲衣選本中，先梓其近體最佳者數百首，共翁山之詩以公世。仍待方舟選本出，再補梓之。余不自揣爲方舟知己，何不可爲藥亭之知己，又何不可爲元孝、翁山三大家之知己，豈必曰生同時，居同鄉而後爲知己哉？今之視昔，亦猶後之視今，知己在詩，誰曰不可？"

此書爲汪觀從王隼《嶺南三大家詩選》中選輯而出者，擬與屈大均詩選一併公於世。而沈方舟大約擬選陳恭尹詩。且汪觀此本未爲定本，擬俟方舟（沈用濟）《獨漉詩選》出後再補輯之也。汪觀序謂"共翁山詩以公世"，所指《翁山詩》不知爲何人所選，或亦汪氏所爲與？亦不知先出或後出者。

汪觀，字瞻侯。徽州休寧人。因休寧境內有松蘿山，故號松蘿。約生於康熙五年（1666），有《靜遠堂詩集》，又編選清初詩爲《清詩大雅》和《清詩大雅二集》，還曾爲閻爾梅選《古古詩》三卷，爲杜濬選《杜茶村詩》三卷，爲梁佩蘭選《藥亭詩集》二卷，爲張宗禎選《四鳴集》十二卷等。

《四庫全書總目提要》存目著錄有江蘇周厚堉家藏本《藥亭詩集》二卷，云："是編乃休寧汪觀所選，皆近體詩。卷首有朱文小印，曰'古體嗣出'，則不但非其全集，即選本亦尚未刻竣矣。"然是書今國內各館不藏。今藏日本內閣文庫。

此本有扉頁，刻"五名家今體詩"，內封"松蘿汪瞻侯選梁藥亭詩靜遠堂梓"，并鈐有"詩家必傳"、"詩選樓"印。按：此本裝訂有誤，《南海探梅》一首"廟門銅鼓動波間，黃木行來有幾灣。三十里中皆"與《紙刀》詩"出匣三寸水，冰稜掌上開。風雲人不覺，輕薄爾能裁。適用何妨小，全鋒即是才。蛟龍頭角異，早晚定驚雷"內容相接，而《紙刀》詩題下卻只剩"……是雪，不留一片認青山"數字。且有缺頁，詩題《上弦月》下無詩，詩句"……雪化衣裳。年年此度催頭白,莫信芙蓉是拒霜"上闋詩題及前截,則此前闕一葉或數葉。

鈐印有"昌平阪學問所"、"淺草文庫"、"書籍館印"、"日本政府圖書"、"文化壬申"。

(李福標)

稿本五百四峰草堂詩稿

《五百四峰草堂詩稿》不分卷,清黎簡撰。稿本。三册。半葉九行二十三字至二十四字不等。烏絲欄,白口,四周單邊,單魚尾。框高20.1釐米,寬13.5釐米。乙巳年卷端題"五百四峰草堂詩",丁未年卷端題"五百四峰草堂詩稿",丙辰年卷端題"五百四峰堂詩稿"。丁未年卷端署"未裁居士簡",丙辰年署"二樵山人手存"。書口上刻"二樵山人集"。書前無序,首册末有盛景璿跋。

黎簡(1747—1799),幼名貴錦,字簡民,一字未裁,自號百花村夫子,又號二樵、石鼎道人、狂簡、樵夫等,室名爲五百四峰堂(一作五百四峰草堂)、石鼎詩屋、藝餘亭、藥煙閣、衆香亭、復志丈室、餘閑室、梅夢庵、仙湖客舍、仙湖書室、竹平安館、魚藻精舍等。廣東順德人。清中葉著名詩人,且工書畫,山水尤佳。《清史稿》卷四八五有傳,云:"十歲能詩。益都李文藻令朝陽,見簡詩,曰:'必傳之作也。'勸令就試。學使李調元得其《擬昌黎石鼎聯句》,奇賞之。補弟子員,人號之曰黎石鼎。久之,膺選拔。尋丁外艱,遂終於家,足不逾嶺。海內名流,欽其高節。袁枚負盛名,游羅浮,邀與相見,謝不往也。著《五百四峰草堂詩文鈔》。所與交同邑張錦芳、黃丹書、番禺吕堅,皆以詩名。"

黎氏詩、書、畫、印四絕。其詩意境幽峭,刻意新穎,寫物言情,時發前

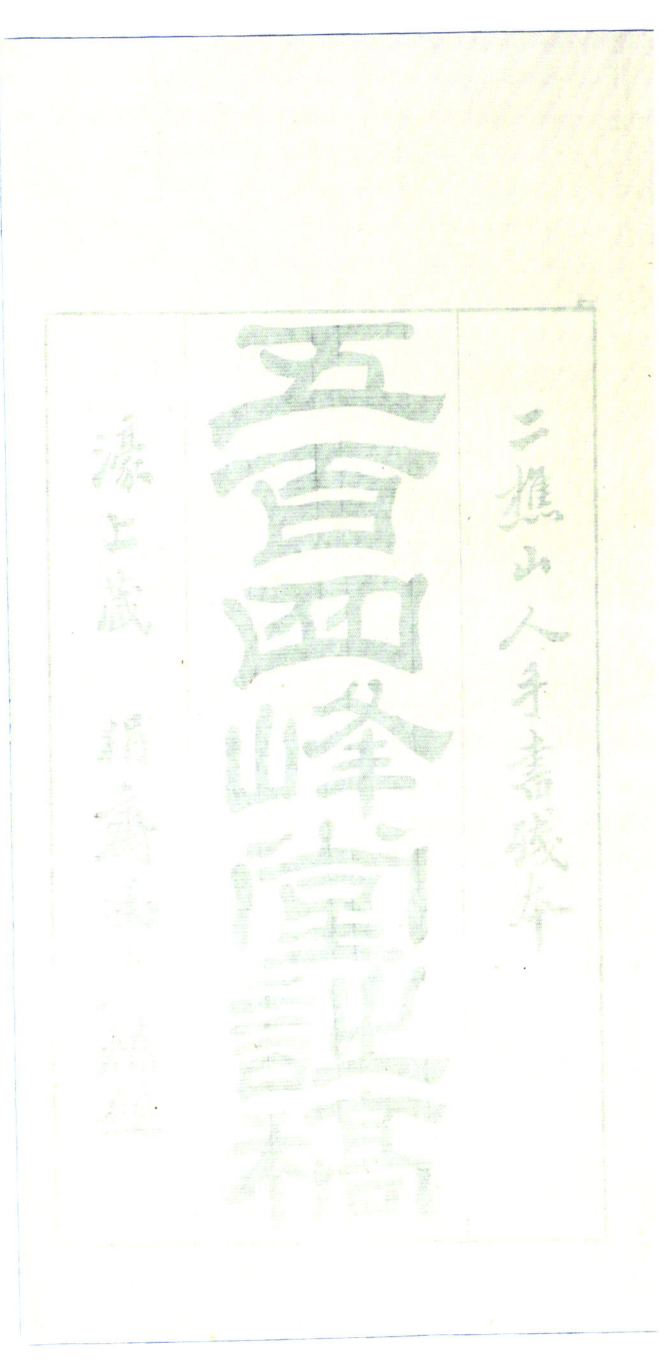

稿本五百四峰草堂詩稿　扉頁

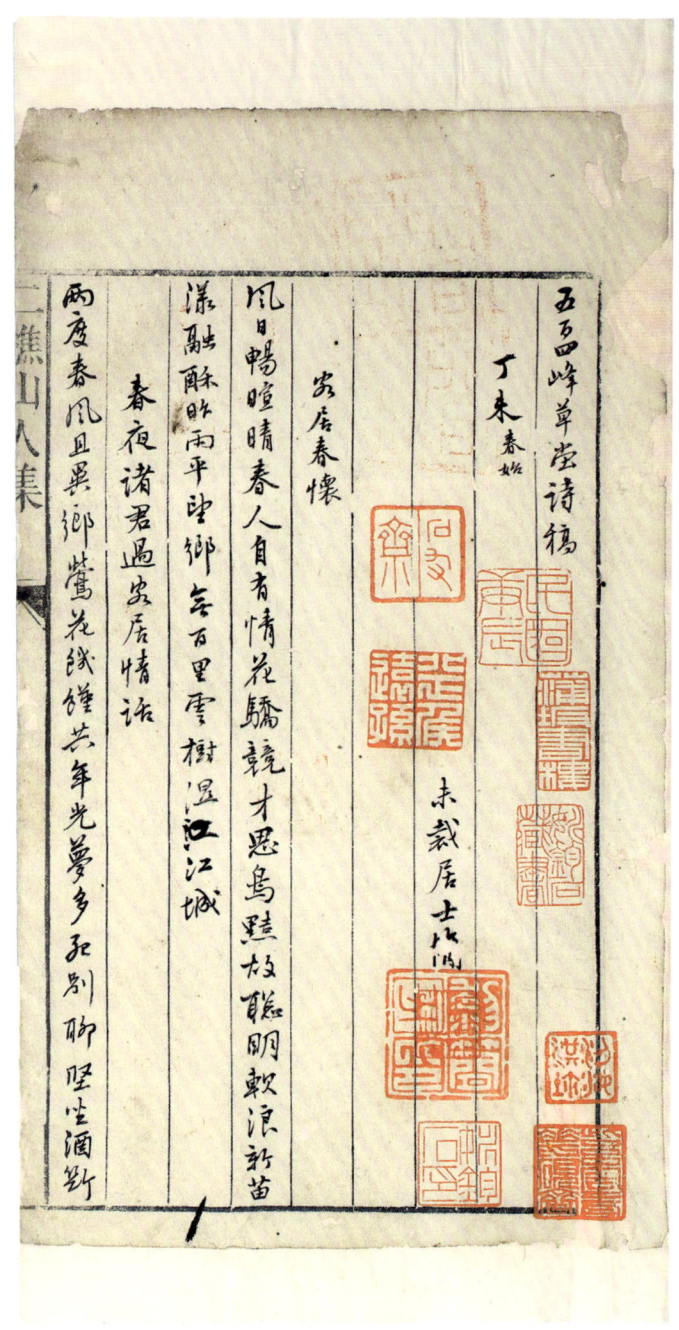

稿本五百四峰草堂詩稿　卷端

人所未發也。李慈銘曾曰："閲順德黎二樵《五百四峰堂詩鈔》,其詩幽折瘦秀,迥不猶人。二樵以繪事名,詩中皆畫境也。"李氏之評,并不爲過,五言如"光瀾聞水鳥,暗葉定風螢"、"松霧濃沾瓦,花源曲到門"、"千百石疊迸,匯此一簾水",七言如"湖上秋光闊無著,約束結成明月團"、"長狐嘯血成碧苔,一絲冷夢尋不回"、"夜色夢夢月勞勞,蘆花飛高笛聲高"等,皆以詩應境,以境系詩。簡氏詩中多見與友人往來唱和之詩,如《春夜諸君過客居情話》、《汪湖壖廣州來佛山相過夜話》、《張璞中與在邑州一別甘餘年鬢髮皆白矣佛山鎮偶值談二三日而歸惘然有作寄張》等,據統計,僅蘇脣瑞一人,黎氏就作詩達二十八首之多。

《五百四峰堂詩稿》,起自清乾隆三十六年辛卯(1771),迄於嘉慶元年丁巳(1796),按年編次。然此稿殘缺不全,次序混亂,經核對,僅餘乾隆甲辰四十九年(1784)一首、乙巳五十年(1785)五首、丁未五十二年(1787)三十二首、壬子五十七年(1792)七十八首、嘉慶丙辰元年(1796)五十一首、丁巳二年(1797)十二首。

按:清嘉慶元年粟香亭刻《五百四峰堂詩鈔》二十五卷,收錄黎氏乾隆時期詩作,民國十五年(1926)番禺汪氏微尚齋刻黎氏嘉慶元年之後所作,成《五百四峰堂續集》二卷。

此稿本内容多有墨筆塗改、删除等痕跡。經與上述刻本相校,知稿本中《宋坑青花紫石方硯歌謝黄寧度》、《蕭元成製我裘》等詩篇,刻本皆無。稿本中有些詩篇名異於刻本,如《寄甘賢翀張廉父》,刻本爲《寄張廉父伍楚園(尚材)》;《心如又贈裘》,刻本爲《心如以裘贈》;《寄懷宋芷灣》,刻本爲《寄懷宋孝廉芷灣》;《早夏泛舟江縣示故人》,刻本爲《早夏泛舟江縣贈潘孝廉漢超黄虛舟》;《和黄嘯谷奎午夢脩禊見寄之作》,刻本爲《和黄上舍嘯谷午夢脩禊見寄之作》等。

稿本内容亦略異於刻本,如《石飆仙城來佛山肯留二日送之詩》詩末小注"時以閩越頗有軍興",刻本爲"時以閩臺之警";《初秋寄兄》首句"不識長星接地高",刻本爲"仰面長星接地高";《玫瑰花》首句"重紫看如暖濃香",刻本爲"深紫看成暖濃香"。又如《老得》末句"姜肱此後足奇貌,頷頰結喉雙鬢蓬",刻本爲"姜肱豈是藏深密,自畏人前鬢漸蓬"。《射魚曲效李義山題畫》末句"漢皇龍氣芒碭紅,祖龍魚臭輼涼中",改爲"徐福此去仙不還,祖龍空赭青城山"。

稿本中部分之詩，标以删除符号者，多不見刻本，計五言古詩删四首，七言古詩删二十首，如丁未年的《田中》、《秋熟》、《春曉》、《詠玉蘭花爲黃寧度》等皆不見於刻本。又如壬子年的《春晚步歸》、《社日嘆》、《重和陳晟南》等不見於刻本。再如丙辰丁巳年的《安樂國》、《連日讀劍南詩集題後》、《其詹書堂夜中作柬蘇丈介》、《讀漁洋山人集遂仿其體二絶句》等亦不見於刻本。另《月》詩標"删"，刻本仍保留；《和陳晟南順德城中之作》標删第二首，刻本二首皆删。

又按，此三冊稿本，當是不同時期所收集。第一冊爲丁未冊，書後附有楊昌保撰并書《奉和留飲衆香亭雜詠》和民國六年（1917）盛景璿跋，言得書過程。書中多有黎氏印記。第二冊爲丙辰、丁巳冊，乃嘉慶年間黎氏詩作，多有黎氏印記。第三冊標示爲乙巳冊，據核，實收甲辰年一首，乙巳年五首，丁未年一首，壬子年七十八首。是冊多有鄧蓉鏡印章，無黎氏印記。此三冊皆有梁汝洪及姚均石收藏印章，當是梁氏以所得保持原樣合璧而成，後歸姚氏蒲坂書樓。

楊昌保撰《奉和留飲衆香亭雜詠》云："君出衆香國，百花覆其宮。我來衆香亭，瓣香拜涪翁。仙城一會晤，十載乃相逢。慇懃敦夙好，樽酒慰飄蓬。示我新著作，陸離貫霓虹。目賞不暇給，如行山陰中。傴仄南園席，追躡曲江風。欣慕非阿好，巋然嶺表宗。芙蓉媚秋水，霞綺橫碧空。硯北紀雅會，撥墨濬詩簡。醇醲飲已足，側臥五百峰。起聞木犀香，無隱潛感通。和歌愧脛短，唧唧鳴秋蛩。拙作《奉和留飲衆香亭雜詠》，二樵老先生教正，晚弟東樵楊昌保。"

盛景璿跋云："年時偶過衛邊街多寶齋，壁間甫裱一冊，就而視之，二樵山人手書詩稿也，涂乙圈點，爛漫行間，上有眉批，不知爲何人手筆。詢所從來，云得之曉市，旋已售去一大帙，此因首頁有山人朱印，故留改作冊，冀獲善價矣。余聞而惜之，亟與購歸，依舊復爲綫裝本子。書口原刻'二樵山人集'一行，多被裁去，更補寫如式，俾仍舊觀。嗚呼！先哲名蹟敗於市儈之手者，不知凡幾，安得在在皆有神物護持耶？考山人詩鈔刻本佳句遺佚甚多，常有見之別本者，即此十頁已有數首未經採錄，可以概見，更望博雅君子爲之搜補，則此雖吉光片羽，未始非入海求珠者之一助也。後附楊繼變《和飲衆香亭詩》原幅。按：《五百四峰堂詩鈔》卷二十三，内有《七月一日楊繼變退菴丈介夫鑄顏飲衆香亭外》五言古詩，此其和作，必當時夾存稿内。惜夫售去之一大帙,更不知幾許唱酬,篇什叢委,積疊於其中,則瑴琳琅玕,殆不勝掇拾耳。丁巳七月六日,曉雨新涼,秋蘭初花,剪送入瓶,香繞几案,再取山人詩,展對一過,如逢幽人於空谷也,并記。逌翁書於濠上草堂。"

書眉鐫評。簡氏自評《安樂國》詩:"太煩溽便非作手,急删之,勿笑殺人。"佚名評《宋坑青花紫石方硯歌謝黃寧度》詩"觸手波瀾,浩瀚排撇","心舌皆在轉掣處,疑是鬼工"。評《春詞》詩"格韻似小松"。評《詠蓼花》詩"此詩可云匠心得意"。

此本爲金鑲玉裝。扉頁馮愿題簽:"五百四峰堂詩稿。二樵山人手書殘本。濠上藏。狷齋馮愿補題。"

是書現藏加拿大英屬哥倫比亞大學亞洲圖書館,原爲澳門藏書家姚鈞石之蒲坂書樓藏書。一九五九年姜納博士捐款,同年二月英屬哥倫比亞大學亞洲圖書館委托何炳棣出面收購了蒲坂書樓藏書,共計綫裝古籍三千二百種四萬五千餘册,其中多半爲徐氏南州書樓舊藏。

書中鈐印有"黎簡之印"、"黎簡信印"、"藥國老農"、"繼燮"、"鄧氏蓉鏡"、"鄧蓉鏡印"、"蓉鏡"、"蓮裳"、"棣華書屋"、"厹父過目"、"潘"、"藝摘"、"淵松嶧琴"、"琴言"、"楚侯遠孫"、"逌"、"濠上草堂"、"梁汝洪珍"、"紫雲青華硯齋"、"鄧溥之印"、"姚鈞石印"、"姚鈞石藏書"、"蒲坂書樓"、"民國庚辰"、"石友齋"、"衆香國士"、"在山小草"、"秦隴豫章黔越使者"、"使君殊未厭杭州"、"踽弇居士"等。

(陳　莉)

抄本倚銅琶館詞鈔

《倚銅琶館詞鈔》一卷，清溫筠栖撰。抄本。一冊。半葉八行十八字，小字雙行同。欄格赭色。白口，四周單邊。框高19.2釐米，寬10.9釐米。書口下刻"暖姝軒吟草"。卷端署："倚銅琶館詞鈔。順德溫子顥筠栖。"前後無序跋。

溫筠栖，字子顥，一字又蓴。室名暖姝軒、倚銅琶館。廣東順德龍山人。監生。著有《暖姝軒詩鈔》四卷、《倚銅琶館詞鈔》一卷傳世。

按，清嘉慶十八年（1813）溫汝能輯刻《粵東詩海》，其《粵東補刻詩海捐資姓氏》中最後一人爲溫筠栖，助銀壹兩整。另倪鴻《退遂齋詩鈔》卷四，同治甲子（三年，1864）"十月十五日招同何小範仁鏡、馮嘯巖培光兩學博，廖伯雪亮祖、廖浣香森兩孝廉，溫笏堂汝紳、溫筠栖子顥、鄧廷憲杲三上舍，邱侶栢檉參軍、周穎峰慶麟茂才集署齋。"卷五，同治己巳（八年，1869），"正月十七日招同劉稌村山人嶽、溫筠栖上舍、易孝雲茂才、沈石臞澤蓀、李邵初肇生兩上舍集野水閒鷗祝雲林高士生日"，此年又有《輓溫筠栖上舍》："骨肉全登點鬼塲，隻身不死也神傷。十棺未葬家先破，百里難歸宅已荒。白髮消磨花甲子（年甫六旬），紅顏孤負柳枝娘（新納一姬）。泉臺早有妻孥待，相見多應泣數行。"溫氏於同治八年間去世。據此推斷溫氏歷經嘉慶、道光、咸豐、同治四朝。

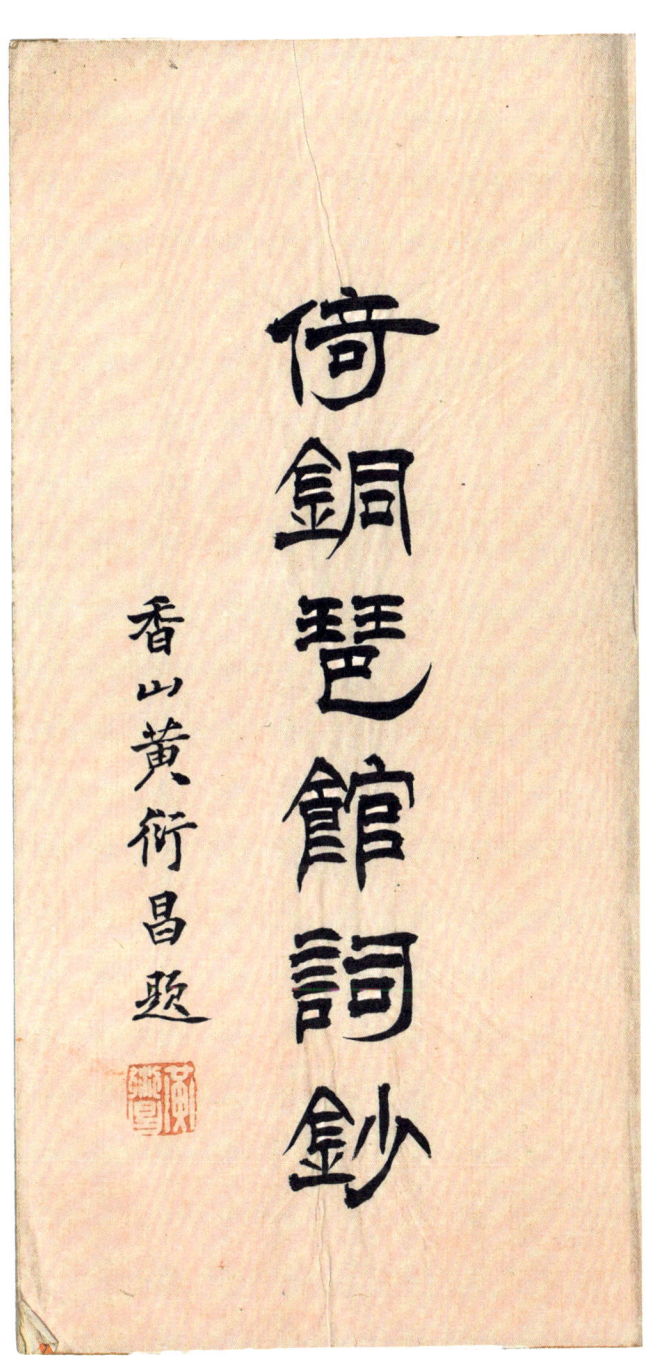

抄本倚銅琶館詞鈔　扉頁

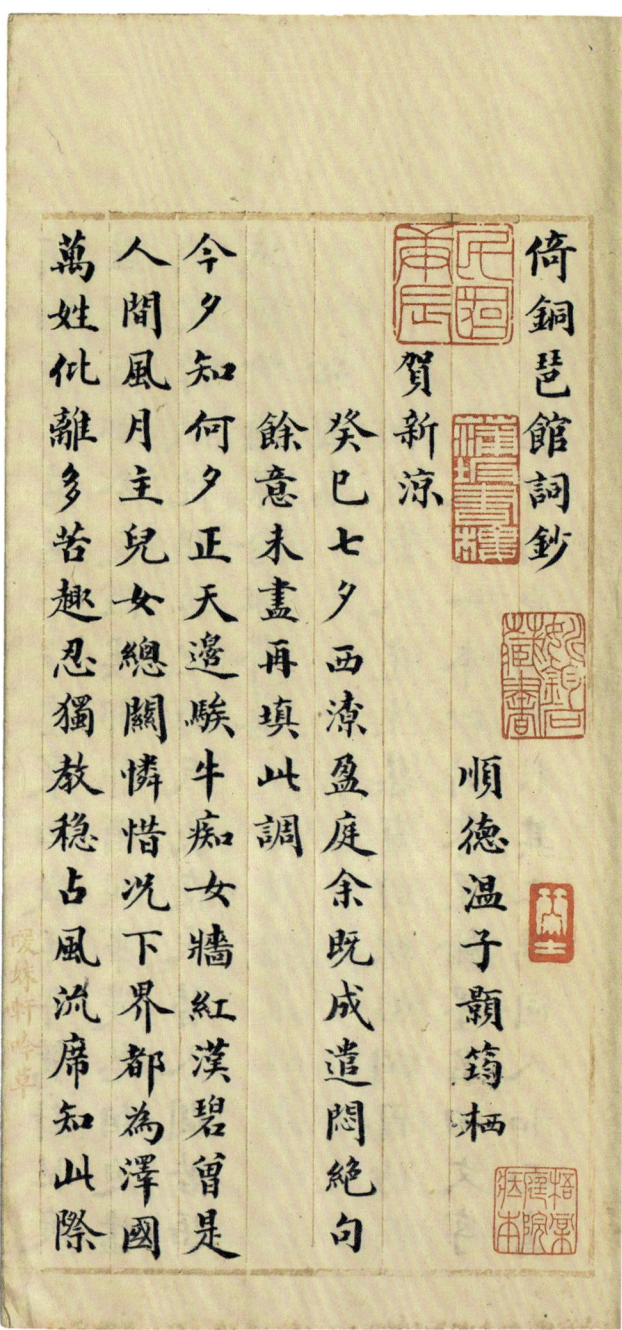

抄本倚銅琶館詞鈔　卷端

是書內容爲溫氏道光十三年（1833）至咸豐五年（1855）間所作詞，共50餘首：賀新涼（癸巳七夕西潦盈庭余既成遣悶絕句餘意未盡再填此調）；沁園春（偶讀穀人先生集有針線帖詞，因仿其意裝）；金縷曲（寄懷湘生兼慰落解二首）；百字令；蝶戀花（書伯兄訪友詩後二首）；金縷曲（張惺門明府屬題喬妝圖三首）；沁園春；念奴嬌；桂枝香（惺門先生畫桂華便面見貽譜此爲謝）；百字令（社有以陶母致書還鮓爲題者，余填此調二首）；蝶戀花（釀菊）；添字漁家傲（糟蟹）；虞美人（家梟巖偶填小令見示喜其筆情娟秀，作此贈之）；泌園春（詠木犀戲效三影亭體）；蝶戀花（秋曉）；金縷曲（譚穀山光禄以讀王文成傳命題徵詩，余既成五七言古二卷，意有所感復填此調二首）；摸魚兒（眼鏡）；酹江月（詩囊）；臺城路（墨蘭）；桂枝得（丹桂）；月上海棠（秋海棠）；賀新涼（梁福草司務以《十二石山齋圖卷》索題，作此以應）；滿江紅（里有宋帝三娘廟者，鄉志失載，作此紀之）；暗香（庭梅盛放，月色大明，徑畔徘徊，欣然成此）；滿庭芳（黃杜鵑）；百字令（王牆；前調；李陵；書高則誠《琵琶記》後）；金縷曲（題宋人《荊釵記》院本）；滿江紅（龍山八景：天湖觀海；金峰玩月；鰲渚垂釣；金竹聞蟬；鐵橋曉望；石灘晚炤；仙溪放棹；漱玉烹茶）；邁陂塘（題舊藏惲南田仿趙昌之《長春圖》）；高山流水（潘鴻軒茂才寄詞一闋見題花塢譜此答之）；疏影（鴻軒以所著《集古梅花詩》見貽題此報之）；金縷曲（鴻軒貽書訂交題詞奉報二首）；酹江月；解連環（論詞一首寄鴻軒）；送入我門來（甲寅除夕）；滿江紅（春夜聞雨）；春聲碎（春禽弄曉，婉轉動人，默憶園林，感而成此）；望湘人（夢鴻軒；戚氏）。

末附《複壁集摘錄》，僅三首：送入我門來（甲寅除夕）、滿江紅（春夜聞雨）、春聲碎（春禽弄曉，婉轉動人，默憶園林，感而成此），皆與《倚銅琶館詞鈔》同。

此書未見刊本，罕見著錄，《粵東詞鈔》二編僅收四首：蝶戀花（秋曉）、滿江紅（里有宋帝三娘廟者）、疏影（潘鴻軒茂才）、望湘人（夢鴻軒）。

封面有蕭翹常題贈"溫筠栖先生自書詞藁"，扉頁香山黃衍昌題簽"倚銅琶館詞鈔"。蕭翹常，字伯瑤，南海人，有《蕭齋詞》。

此本藏加拿大英屬哥倫比亞大學亞洲圖書館。

鈐印有"寔常"、"黃衍昌"、"南雪巢萬松山房黎齋雙桐圃三十六草堂詩集之家"、"梧桐庭院藏本"、"蘭士"、"潘飛聲藏於梧桐庭院"、"潘蘭史家珍藏"、"姚鈞石藏書"、"蒲坂書樓"、"民國庚辰"。

（陳　莉）

清道光刻本古風今雨樓詩鈔

《古風今雨樓詩鈔》四卷,清談子粲撰。清道光二十一年(1841)刻本。一册。半葉九行二十一字,小字雙行不等。白口,四周雙邊,單魚尾。前有吳彌光序、道光二十年(1840)陳文瑞序、道光十八年(1838)梁藹如序、道光十九年(1839)潘楷序、道光二十年陳淦序。又有李覆題識。

談子粲,字肖巖,廣東順德人。自幼聰穎,博學多才,精詩善畫,運命坎坷,然性情恬淡沉穩,行事慎密,待人以誠,交誼廣泛。

是書四卷,詩作二百二十首。卷一:五言四十五首、七言并序二十三首;卷二:五言三十五首,七言十八首;卷三:五言二十八首,七言十七首,詞一首;卷四:五十二首。

肖巖詩體不拘一格,五言、七言爲主,絶句、律詩、古詩兼而有之。其詩或詠山水台閣,或描花木果實,或贈答寫懷,或寄物抒情,或爲佛學禪機之覺悟,詩句平和,詩境清曠,意藴深厚。

吳彌光序云:"肖巖少秉穎姿,長耽慧業。發嘔心之語,咄咄逼人;讀等身之書,盈盈滿腹。固宜青雲矼羽,紫禁宣毫。翔鸞鳳於天邊,振鈞韶於日下,而乃頻年失志,半世傭書,比王粲之依人,感劉蕡之下第,蕭疎緑鬢,半受霜摧,憔悴青衫,但憑酒澆。且夫鎩羽曝腮者,命也;粲花吐錦者,才也。使其飽落之遇既經,徵變之音頓起,樓頭觱篥,都作秋聲,江上琵

清道光刻本古風今雨樓詩鈔　扉頁

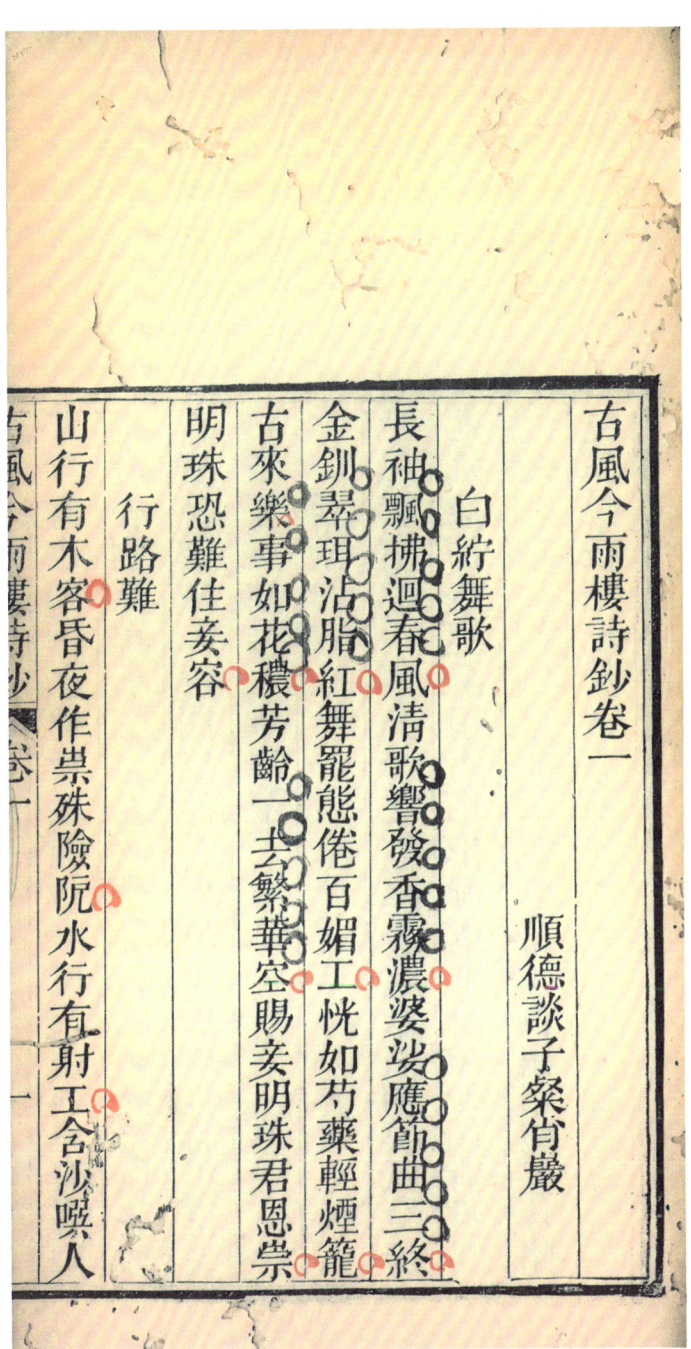

清道光刻本古風今雨樓詩鈔 卷端

琶,愈增客感,亦可集風雲於腕下,役神鬼於毫端。"

陳文瑞序云:"(肖巖)數十年來,登山臨水,贈答寫懷,不寄之於畫,即寄之於詩,積久成帙,時就正於當代宗工,不敢自是。大約先生之詩不拘於一家,自魏晉、六朝、唐宋,至我粵諸名前輩皆有則效,故其爲文忽而台閣,忽而山林,詩其較著者也。屢戰棘闈,薦而復躓,而志趣淡然,謂是身外物,絕不以攖其胸,故晚年詩境彌覺清曠。其門人孝廉張君公甫,屢請付梓,先生遲遲若有不自足者,余謂詩以言志,人各有志,志之所至,情亦見焉,即詩見情,即情見志,即志見人矣!"

梁藹如序云:"肖巖談子爲余道:士磊砢莫多,舉業之外,留心詩畫,幾世□得失,不著色相,故屢困場屋,無所介懷。其作詩,多瑣答寄情,登臨憑眺,類能疏瀹性靈,不必奇險之思,驚人之句,要自有深情,泳溢其間。每詩來,數易稿,始似大同,好其虛衷然也。余寄居禪山,與肖巖館舍密邇,時作詩畫,與肖巖齋寫之三十餘年,不有寒暑,評論悉歸諦當。戊戌秋,余與李都轉石泉和東坡□日高詩,索肖巖同合,肖巖詩來,并攜舊稿一卷見示,且囑推敲。余讀之,勸其付梓,而肖巖意猶有待不遽自之。余同子之詩,不朝風雅,不逞才華,不求顯於詩場,不爭名於當代,意到筆隨自適其適,斯其所以爲肖巖之詩,所以爲肖巖本性情之詩也。讀肖巖詩者,當有以見肖巖也矣。"

潘楷序云:"談子肖巖上舍,余二十餘年舊交也。工詩能文善畫,人罕知之者。己亥春,甫其詩來都,問敘于余。略曰:人生數十年間,倏忽草露,非大有所建白枝英聲偉望於當時,則必纂述名山,自成一子,使數十年後,得而論之,謂某也工某也拙,則其人可以不朽。僕生平無顯譽,又少著述,祇此區區小詩百數十篇,聊以誌遊覽紀閱歷,抒寫性情而已,工拙非所記也。使一旦人與詩并没,數十年後誰復知有談子肖巖其人者。嗟夫!肖巖之言如此,肖巖之遇可知矣,肖巖之志亦可想矣。夫以肖巖之才,蹭蹬名場垂三十年,尚不能博一上第,使有所建白以枝英聲偉望於當時,宜何如幽憂感憤發而爲不平之鳴?乃觀其詩,一以清曠爲宗,吳樸園孝廉原序,語其有屈抑無聊之遇,無屈抑無聊之志,旨哉斯言可以定肖巖之詩,并可以定肖巖之爲人。肖巖可以不朽矣!肖巖不必慮數十年後無復有知肖巖者矣。顧或謂肖巖之可傳者,不獨在詩,而尤在文與畫。余謂詩文畫散著皆足以見性情,一而二,二而一者也。今肖巖之詩傳,肖巖之爲人已傳,即肖巖之文之畫無不當與之俱傳。"

陳淦序云:"肖巖鄉居亦二十餘月,於花靡不同觀,於酒靡不同飲,於山水靡不同遊,而都以五字七字之詩包羅之。蓋二十餘年之歡,於是始暢也。""肖巖居佛山既久,與梁中書青崖先生及余家同年雲史諸公結文字緣。時於燈紅酒綠之際,溯今雨舊雨之歡,即莫不有今雨舊雨之感。"

是書扉頁鐫"古風今雨樓詩鈔。道光辛丑夏鐫"。

此爲日本大阪府立中之島圖書館藏本。

（王　蕾）

稿本聽春樓詩鈔

《聽春樓詩鈔》四卷，清劉嘉謨撰。稿本。一册。半葉十行二十一字。無欄格。題"香山劉嘉謨簡臣著。男聯葶蓉臺、聯芯若洲校。孫啟伯、啟昌、啟仲録"。前有清道光八年（1828）黃培芳題辭。道光二十三年（1843）麥鈺銘序，道光二十七年（1847）劉嘉謨自序。

劉嘉謨，字簡臣。廣東香山人。例貢生，官通政司經歷，兼理登聞院事務。早年師從方天根學詩，後兩試不售，遂移名吏部，官京師五載，遊覽山川名勝，作詩自遣。六十後僑居廣州，日與名士交遊唱酬。［光緒］《香山縣志》卷十五有其傳。

劉氏自弱冠遊歷燕京至花甲僑寓省垣，週歷山川名勝，因而詩多吟詠名山古寺之作，如《海幢夜泊》、《重遊離明觀》、《光孝寺懷古》等。或與友人唱酬過從之詩，如《上巳後三日同人雅集濠梁別墅補修禊事，即席步陳子康贈楷堂主人原韻》、《乙巳九日招同張南山司馬、陳棠溪儀部、黃香石中翰、鮑逸卿太史、朱海門明府、鄧初樹學博、龐伯常孝廉、家湘華孝廉、侯春珊上舍、鮑禹山茂才、鄭璇若二尹、黃雲芝國學集粵秀山紅棉寺登高，次南山司馬韻》等。雖"隨吟隨棄，篋無存稿"，然積少成帙，亦成此詩鈔四卷，共一百八十題二百八十四首。卷一爲三十四題五十六首，卷二收三十四題四十六首，卷三録四十五題五十二首，卷四爲六十七題九十四首。核

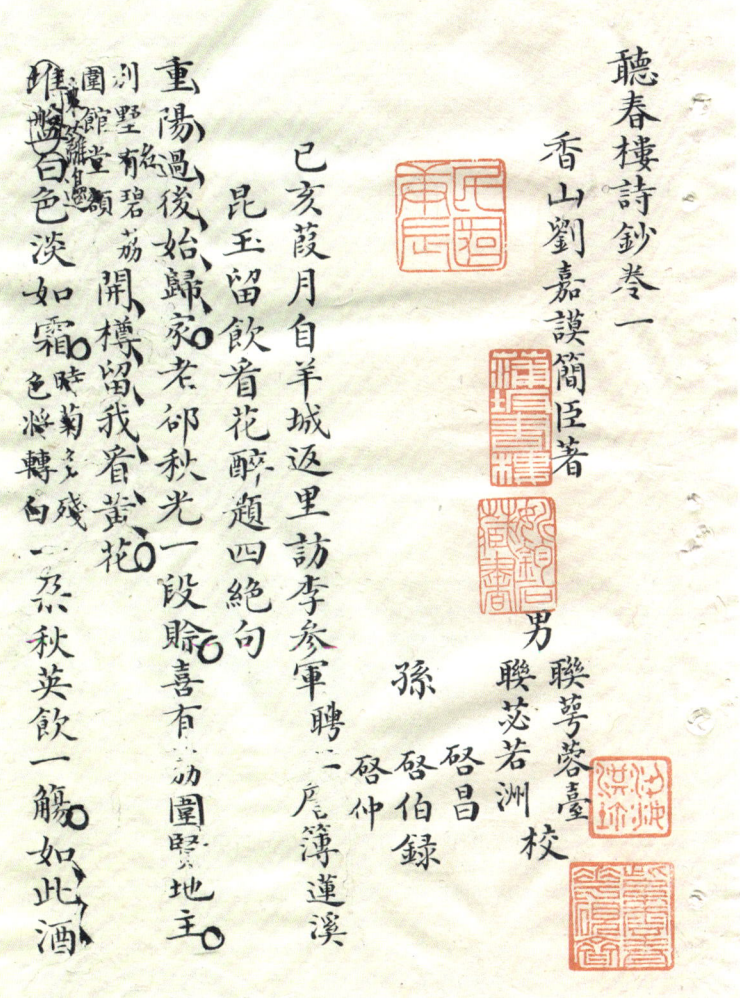

稿本聽春樓詩鈔　卷端

之刻本，每卷下詩題有差異，稿本比刻本多出三十六題三十九首。

集中《自題小照》云："人海藏身近廿春，芒鞋竹杖樂吾真。借他百粵三江水，澆我千秋萬斛塵。半死久驚鋒鏑老，一生惟恐酒錢貧。愁多白髮蕭疏甚，猶愛黃花伴醉巾。"是其一生寫照。集中另收錄《聽春樓》一首："潦草書樓繕已完，枝棲息影有餘寬。虛窗樹色三春闊，午夜蟲聲一枕寒。竹粉墮簷翻蛺蝶，柳花飛絮撲欄干。聽殘小雨回清夢，賸有新詩醉眼看。"讀之可知其書樓之大略。

劉氏自序云："余生六齡，先嚴見背，自幼失學，束髮就塾，遊方子谷夫子之門，始學爲詩。未久，先生捐館舍，無所就正，遂致荒廢。弱冠奉慈命入都服官，遊燕京數年，週歷名勝山水，未嘗不作詩自遣，第隨吟隨棄，篋無存稿。迨己亥歲，僑居省垣，年逾六十矣。南園舊多風雅，晨風夕月，附驥追隨，得領切磋之益，又承張南山、黃香石諸先生獎許，不忖固陋，每發狂吟，積久遂有斯帙。古人以文章經世，吾所爲詩不過登臨贈答、流連光景已，何與於社稷生民之計，以合三百篇之旨哉？自知學識短淺，不中古人法度，何敢言詩，第敝帚自珍，不忍散失，姑錄存諸家塾，留示子孫，如梧檟手澤云爾。"

黃培芳《題辭》曰："吾友簡臣劉君，賦性和平，體物清切，瓣香在白、陸之間，學焉而得其性之所近也。君少事師邑中名士方子谷，子谷詩最超雋，師承有自，而君敦風義，直追古人，余素所心儀。君晚歲僑居羊城，與余世居先人敝廬，望衡對宇，乃益唱酬過從。知君天懷浩落，不以境遇易其高曠，尤足欽遲。夫詩至淵源白、陸，亦可廁方大雅之林矣。出其稿四卷，屬余點定，爲存其十之七，讀其詩可以見其人。"子谷即方天根，廣東香山人。諸生。年三十八而卒。有《風佩軒遺草》。

麥鈺銘序曰："吾邑劉君簡臣，性情沖澹，懷抱疎落，常謂：'人生貴適意，安能久困場屋間？'兩試不售，即慨然北上，移名吏部，藉爲遊覽山川名物計。於是廬、泰、金、焦四山及平山堂、虎邱、西湖諸勝登臨殆徧，扁舟笠屐，到處勾留，其高曠之致如此。官京師五載，復厭塵勞，翻然歸隱，日手一卷，足蹟不出戶庭者二十年，至其敦孝弟，睦鄉黨，教子姪以成材，郇宗族以逮不足，純乎儒者所爲，雖先達間未之及，蓋其天性然也。惟不善治生人產，又好揮霍，嘗言'坐上客常滿，樽中酒不空，如孔北海了一生足矣'。家稍落，晏如置弗問。君能詩文，向不以之自名，人亦鮮有知者。迨年逾花甲,向平之願粗酬,遂僑寓陀城,日與知名士遊覽唱和,每一篇出,羣嘖嘖嘆服,然後知君之不自名者,其名足傳,不獨誠樸篤實,不求聞達之超出尋常萬萬也。君爲予族女兄之壻,相知最深,如君生平實無愧風人之旨,謹述大略,識者當無間言,若夫專集品題,自有博雅,茲不復書。"

此書於"同楷堂姪夜話有感"之下有朱筆書"付刻時,移此首作壓卷",卷末題"香石僭讀"。

此書現藏英屬哥倫比亞大學亞洲圖書館。《中國古籍善本書目》未著錄,廣東省立中山圖書館藏清道光二十九年(1849)刻本,英屬哥倫比亞大學亞洲圖書館著錄有清道光二十七年(1847)刻本。《廣州大典》據廣東省立中山圖書館刻本影印。刻本扉頁鐫"聽春樓詩鈔。番禺張維屛題。道光己酉鐫",卷末有題詞。刻本多《粵嶽草堂詩話》一篇。

鈐印有"培芳"、"中書舍人"、"香石"、"香石讀"、"梁汝洪珍"、"紫雲青花硯齋"、"蒲坂書樓"、"姚鈞石藏書"、"民國庚辰"。

(肖　卓)

清同治刻本心字香館詩鈔文鈔

《心字香館詩鈔》十卷《心字香館文鈔甲集》二卷，清黃仲畬撰。清同治六年（1867）淶陽刻本。六册。半葉十一行二十二字。白口，左右雙邊，單魚尾。框高16.4釐米，寬13.9釐米。前有同治六年黃仲畬自序、完顔崇厚序、周家勳序、潘霨序，同治四年（1865）李鶴年跋，同治元年（1862）楊榮緒跋。鄒輔宸題詞、石贊清題詞。有同治五年（1866）黃仲畬識語。胡志章、胡海平、李鶴年等題墨。又有黃仲畬識語及藍蔚雯等題詞。

黃仲畬。廣東新會人。歷署天津府同知，慶雲、天津等縣知縣。

《心字香館詩鈔》十卷十種，卷首爲《汲古課心草》二卷，書前有同治六年自序，乃二十年前舊作及近年改定，稿故不復編年，共收古今體詩二百五十六首；卷二爲《爇檀小草》一卷，書前有清咸豐八年（1858）自序，起丁巳十月至戊午九月所作古今體詩六十五首；卷三爲《滬上書巢吟草》一卷，書前有咸豐十年（1860）自序；卷四爲《於役紀程草》一卷（起庚申五月至七月），書前有咸豐十年自序，起戊午十月至庚申四月所作古今體詩一百十二首；卷五爲《幕府公餘草》一卷，書前有咸豐十一年（1861）自序，起庚申八月至辛酉四月所作古今體詩一百零七首；卷六爲《析津觀海集》一卷，書前有咸豐十一年自序，起辛酉五月至壬戌六月所作古今體詩一百五

清同治刻本心字香館詩鈔 扉頁

汲古課心草卷上

新會黃仲畬東耘甫箸　男延楠敬棱字

早起

鳥語喜朝暉　窗前芳草綠　閒觀靜理微　生意盎然足

讀史雜詩

驅車上太行　乘槎泛溟渤　昂頭摘星斗　迺見寰字濶　墳典已茫昧　考據多失實　貫弴驚百史　貫絕龍門筆　班范極鏗鏘　紀事廣羅括　旁搜及老莊　香草注騷屈　韓柳迨歐蘇　文光突兀匪徒玩　章句洗伐探髓骨　智慧擴聰明　胸懷展　谿達養和　貌益粹　盛氣戒發越　油然香篆凝　松風滿虛室　羅胸萬狀奇志　迺役升斗眼　前徒碌碌　負此好身手　千載

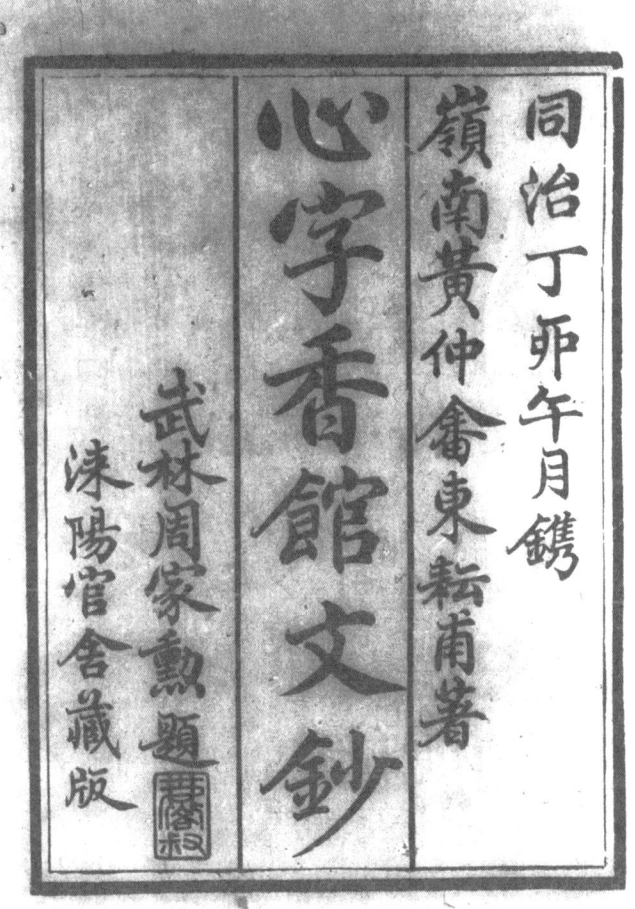
清同治刻本心字香館文鈔　扉頁

清同治刻本心字香館文鈔　卷端

十五首；卷七爲《禺津藝鞠集》一卷，書前有同治二年(1863)自序，起壬戌七月至十二月所作古今體詩六十三首；卷八爲《驛橋問柳集》一卷，書前有同治四年自序，起癸亥正月至乙丑六月所作古今體詩一百三十三首；卷九爲《蹕路清塵集》一卷，書前有同治四年自序，起乙丑八月至九月所作古今體詩六十五首；卷十爲《淶陽學圃集》(起乙丑十月)，未錄。

《心字香館文鈔甲集》二卷，卷一爲讀史劄記篇首、讀史總論、孔融列傳書後、上李子和中丞書、都門節邸觀華山碑記、慶雲縣觀風告示等；卷二爲與家香石先生書、春社賦、擬李太白大鵬遇稀有鳥賦、錢賦等。

完顏崇厚序云："索閱詩稿，得窺全豹，深欽氣韻近古，詞藻翻新，出乎性情之正，漁洋、梅村諸公恐不能專美於前。集中詩多近十年事，從游之時與余最久，而所歷之境，又多與余同。其寫景言情，皆余所欲言而不能言者，尤爲心折，斯誠先獲我心矣。"

周家勳序云："今春同趨會垣，把晤懽言，因出新刊《心字香館全稿》見貽且索弁首數行。披讀卷中古今各體詩及自序、諸駢文，則皆寫近十年南北舟車、雪來柳往、紀程書事之篇，且其登臨閱歷之境，則又多與余同，蓋實能本淹雅以見諸施行，抒性靈而不事雕琢，冲和淡適，直欲嗣響唐賢，不肯以一語落凡近之想，全豹既窺，別開心境，覺年時縱跡雖密，而相知尚淺也。"

潘霨序曰："兹以《心字香館詩鈔》見示，展讀數過，文精斐亹，凡平昔之交遊與登覽之勝跡，按次編年，歷歷如繪，是真能言人所欲言，而更能言人所不能言。"

黃仲畬題識曰，"編詩紀年始丁巳小春以前，諸作別爲一卷，不復編年。戊午出山，結習未除，苦吟自若。十年來趨公戎幕作宰山城，雖簿書笘牘叢雜案頭，而覓隙偷閒鉛槧未廢，惟舟車鞅掌，塵海馳驅，紀遊之什居多，其軟紅酬酢，率意往還之篇，概不登諸集中，間有不能割愛者，十百中一二耳。起丁巳迄丙寅，得詩約千首，編作九卷。芟蕉削柣，錄付手民，其偉人鉅公跋序，謹刊諸簡端。尚有長官垂訓朋好贈言，尺牘寸牋有繫拙稿者，平日什襲珍重，以作弦韋之佩，亦分錄付梓，以時爲後先，非敢軒輊也。名哲宗匠，熊熊大筆，有光拙集，謂千秋後賤名且附驥尾以俱傳可也。

《詩鈔》扉頁刻："心字香館詩鈔。新會黃仲畬東耘甫著，隴右葉增慶題。同治六年丁卯仲春鐫。淶陽署齋藏版。"

《文鈔》扉頁刻："心字香館文鈔。嶺南黃仲畬東耘甫著，武林周家勳題。同治丁卯午月鐫。淶陽官舍藏版。"

是書國內少見存藏，此本乃京都大學附屬圖書館藏本。

（王　蕾）

稿本菊坡精舍課卷

《菊坡精舍課卷》一卷,清劉己千、金佑基撰。清陳澧批校,稿本。一册。經折裝。半葉六行二十字。此本實含二人課卷:其一,卷端鈐"超等"、"貼堂"、"選錄"、"菊坡精舍監院鈐記",題"超等第壹名番禺學附生劉己千";其二,卷端鈐"菊坡課卷"、"選錄"、"菊坡精舍監院鈐記",題"超等第壹名番禺學附生金佑基"。

劉己千,廣東番禺人。履歷未詳。

金佑基,爲金錫齡之子。先世浙江山陰人。清同治十二年(1873)舉人。

劉己千課卷,題《尚書讀應爾雅考》,開篇云:"《尚書》真古文,今不可得而見,然書中之奧義,大抵《爾雅》皆有訓詁。《漢書·藝文志》云:'《書》者,古之號令。號令於衆,其言不立具,則聽受施行者弗曉,古文讀應《爾雅》,故解古今語而可知也。'然則古今異語,必先通乎《爾雅》,乃能得其大義。故漢初諸儒,淵源授受,闡繹經義,皆多與《爾雅》相合,識嘗考之。"後即舉漢之諸儒解《尚書》各例,又舉司馬遷撰《史記》引《書》之例,悉本雅訓。文末云:"誠如劉勰《宗經》篇云:《書》實紀言,而訓詁茫昧,通乎通(爾)雅則文義曉然。此足與班志之語互相發明矣。"此卷陳澧手批圈點,改其錯字,末批云:"引證皆確,篇末引《文心雕龍》語尤切當。"此篇爲"貼堂"課卷。

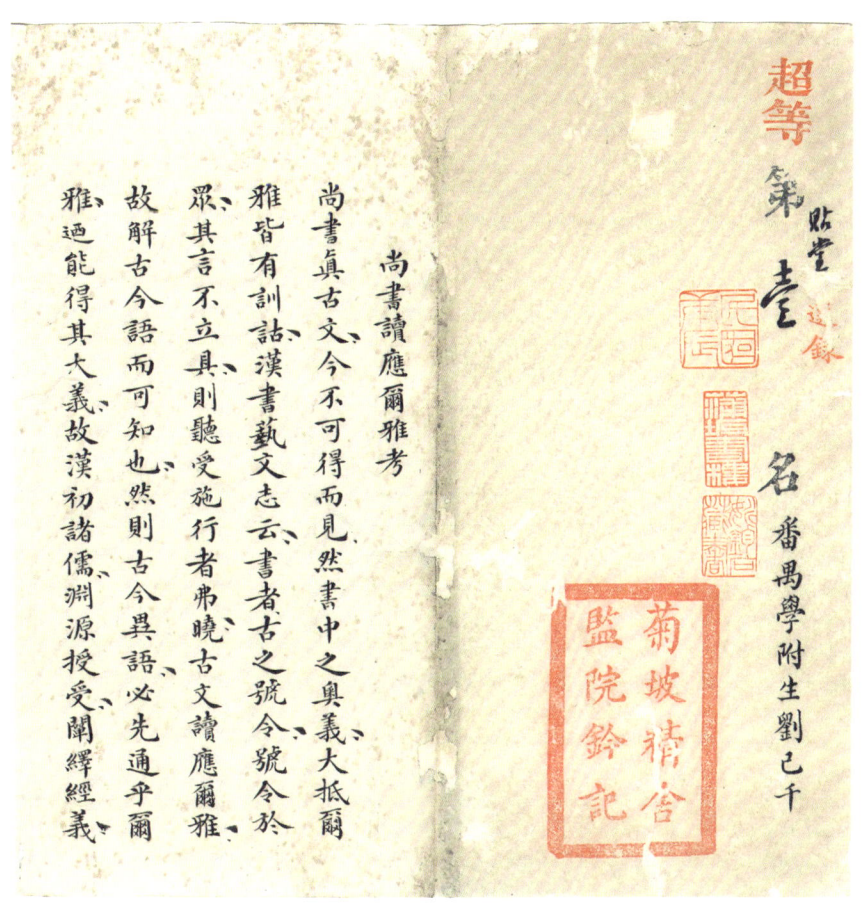

稿本菊坡精舍課卷　卷端之一

　　金佑基課卷，首篇爲《庶民惟星解》，解釋《尚書·洪範》中"庶民惟星"一語，先引傳疏、正義、《史記》之説，及清儒江聲(艮庭)之説，而尊江説。其後以《説文》、《三統曆》、子夏之説及《論衡·命義篇》、《後漢書·天文志》之一説、《後漢書·天文志》之二説等五證以明之，結云："以民喻星，最爲切近。"陳澧於此篇手批於書眉云："以上二證不甚確切，以下三證則確切矣。"第二篇爲《漢學宋學互有得失論》，篇首云："聖賢之學，由博返約，觀會通以行典禮，原無所謂漢學宋學也。自有專宋學者而漢學以名焉，自有專漢學者而宋學以名焉。凡此分門別户，黨同伐異之偏見，皆自後之學者開之，究不得歸咎於漢儒宋儒也。"陳澧於此段眉批曰："見識

庶民惟星

星有好風星有好雨傳云星民象故庶民惟星各有所欲正

義云眾民之性猶若星辰文云星之在天猶民之在地言庶民惟星者以星喻眾史記天官

書云中宮天極星其一明者太一常居也旁三星三公又云匡衛十二星藩臣皆曰紫宮東蕃四星執法門

內六星諸侯後聚一十五星曰郎位傍一大星將位也江氐廷列星曰王良貴臣之象餘庶民之象紀

象者蓋周天之星除列宿三垣之外尚多不可勝紀且有隱而無名之星不等揚雄其說最為明析詩

慮於地故經以星諭民坡江氐之象

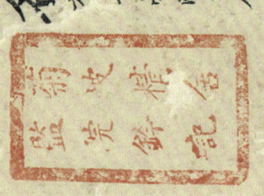

精卓。"而後分析漢學、宋學之優長、缺失,言宋儒如朱熹亦通於考據,漢儒鄭玄亦明於義理。陳澧於此段眉批:"非真讀鄭君、朱子書者,不能知也。"後又批評時下學風,欲揚漢學者掊擊宋學不遺餘力,欲崇宋學者亦於漢學不屑一顧。陳澧於此段眉批曰:"此二派實有此病。"結云:"漢宋之學當并存而不可偏廢,庶足爲持平之論哉。"第三篇爲《擬東坡石鼓歌》,陳澧只改其錯字,無眉批。而三篇之末,陳澧又復有總評,曰:"解經所列三證皆確切。論平允而精到。詩平常。"

此二卷筆跡、紙墨近似,當爲同時所作者。作於同治十二年金佑基中舉之前。

陳澧爲晚清南粵鉅儒,一生以讀書、著書、編書、教書爲樂,弟子衆多,衍爲東塾學派,影響南粵乃至全國。此二篇陳澧手批課卷,爲其與子弟交流的原始實物,反映其苦心灌溉諸生、培植良材之最真實面貌,確爲研究廣東學術文化史之珍貴材料。

此二篇課卷,黃蔭普《廣東文獻書目知見錄》著錄,汪宗衍撰《陳東塾(澧)先生年譜》之《著述考》時稱"未見"。吳茂燊、黃國聲《〈陳東塾先生著述考略〉訂補》(原載《中山大學學報》1982年第4期)云未刊。今查陳澧原輯、廖廷相重輯之《菊坡精舍集》,確未見收錄。現藏加拿大英屬哥倫比亞大學圖書館。

鈐印有"姚鈞石藏書"、"蒲坂書樓"、"民國庚辰"。

(李福標)

民國抄本朱子襄先生雜稿

《朱子襄先生雜稿》一卷，清朱次琦撰，佚名輯。民國秀文齋抄本。一册。半葉九行二十三字。朱絲欄，白口，四周雙邊，單魚尾。框高 18.7 釐米，寬 13 釐米。書口下刻"秀文齋"。前後無序跋。

朱次琦（1807—1882），字稚圭，一字子襄。廣東南海人。清道光二十七年（1847）進士，曾官山西孝義、襄陵縣令，後引疾歸里，講學於九江禮山草堂，世稱九江先生。少穎異，精於經史、詞章之學，兼及金石書畫。居鄉講學數十年，門生衆多，簡朝亮、康有爲先後爲其門下，影響深遠。著述頗豐，然晚年自焚文稿，故多不見傳，後人輯有《朱九江先生集》十卷、《是汝師齋詩》、《大雅堂詩集》等。生平事蹟見《清史稿》、繆荃孫《朱次琦傳》、簡朝亮《朱九江先生年譜》等。

朱氏門人簡朝亮曾輯其詩文成《朱九江先生集》十卷，光緒年間刊刻流傳。

此抄本殘存一册，内容爲朱氏部分雜文，多收録在簡朝亮輯本（以下稱簡本）中，時間至清光緒三年（1877）。末有《祭朱子襄先生文》，該抄本當是後人輯録而成。

抄本共收朱氏雜文近三十篇，其中《胡侃誠先生家傳》、《籛金集序》、《答王菉友書其二》等爲簡本所無。抄本中有些文篇名與簡本不同，如

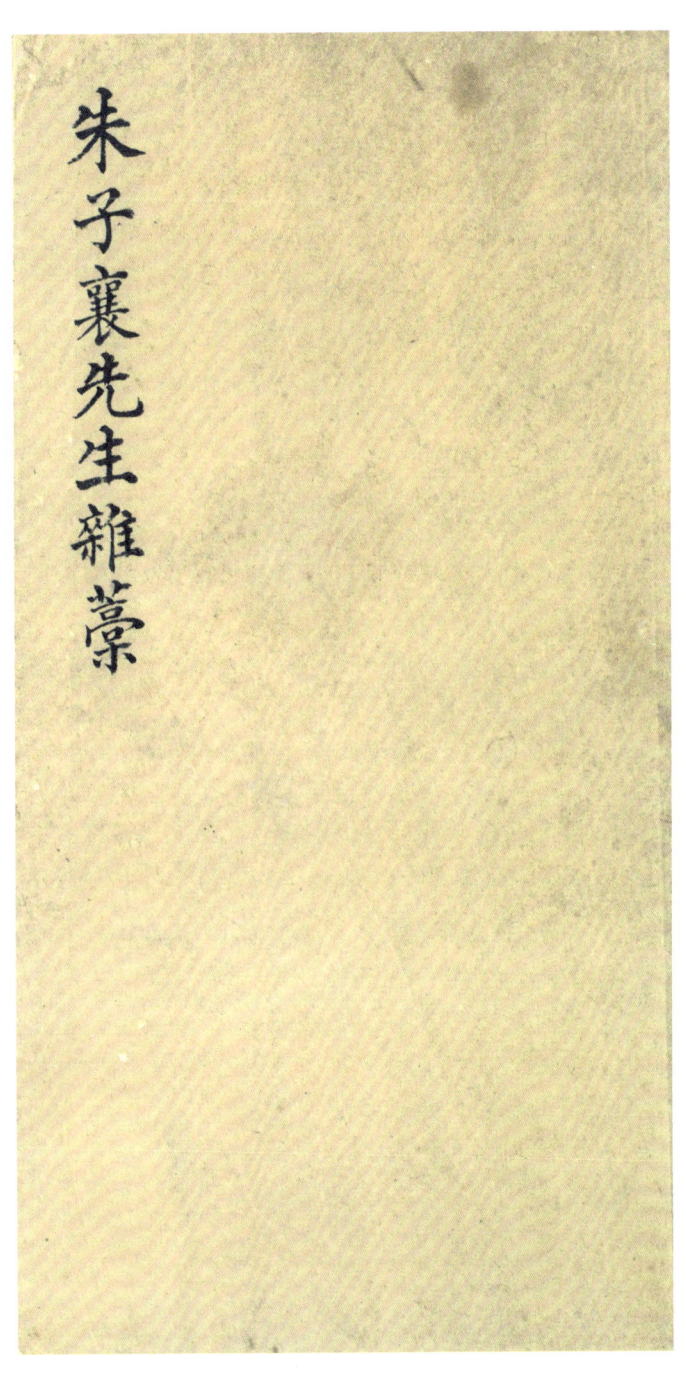

民國抄本朱子襄先生雜稿　封面

澹泊齋記

果堂大兄銜齋顏以澹泊二字蓋取諸葛武侯誡子書澹泊明志之語或曰志儉也或曰漢人喜黃老武侯之云殆亦無為無欲之旨是故取之也次琦曰非也嗜欲之熏心如水之浸種萌動坼溢致無窮已不自抑制則起居服食聲色玩好之緣雜然而至於是夤緣機巧果其貪營而肆其求取其在內也千國之紀而恣雖其在外也形民之力而醉飽而惡可至於滔天故自來名臣德行建豎不必一途要無不本於澹泊者謝太傅功高百辟心在一邱范希文斷虀畫虀先憂後

《答王菉友書其三》，簡本爲《去襄陵後答王菉友書》；《與門人老爲謙書》，簡本爲《與老爲謙書》；《答明立峰書》，簡本爲《答明同年書》。

抄本中"舉朝"、"李相"、"夷虜"字樣，簡本以方框代之。抄本《答明立峰書》下註明"缺三字"，簡本不缺，爲"歸殆亦"。

此抄本中有十二篇雜文在內容上較簡本爲多，如《赴襄陵寄兄弟書》，抄本後有："弟辰下頑健勝常，無煩懸注，倚裝屬草，匆卒未詳，便請鈞安，伏惟垂鑒。伯叔兄弟戚屬知交，均爲告慰且報謝一切，茲不一一。"簡本無。

又如，《答康述之書》，文篇題下有："執袪一別，背涉冬春，回睞前塵，遂同隔世，愿言之情，昔人所謂愛而不見如何如何。日昨接奉手書，備承愛注，中有云每欲搦管寄言，不覺百端交集。又訊弟相憶時同此光景否，此真昌黎與習之書，所謂以吾之思足下，知足下之懸懸於吾者也。（王漁洋與施愚山詩：'我懷君日君思我，千里同時各有詩。'亦復如此）性命之交，肺腑之語，沈摯乃至於此，讀之令人激涕，又省道履增強，較前滋勝，想者欲將至，故意志如神耳。方今中朝側席，廣內延英，吾兄思實淵醇學爲世用，其爲國慶宜莫大焉。彙征之繇，跂予何極。"此段亦爲簡本無。

再如，《抵山西寄兄弟書》一文，"賤軀頑健，下官手版捧持，亦自猶人。乃臣弟閱歷風霜，漸臻堅實。風土氣候所宜，與都中大同小異，到處楊梅。入其中者自能宣節種種，無煩懸注。睆兄以何時上道，上道時得如前康旺否？梧生姪及鄉內諸公同幫否？隱兄料仍龍山行道耳。總以'謹身節用，恒其德貞'八字爲緊要。宜城弟明年有館否？蓼蟲食葉，嚼舌爲常，然此口酸辛，正未知何時拋卻，輒不能不感慨係之耳。四嫂處時時說他儉節，兒輩讀書，時加約束，康姪年中費錢如許，氣質文字，輒有進益否？時乎不再，成敗正在此時，不能復任其懶散游移也。瑤女年紀漸長，教訓亦要加嚴，勿得養成嬌惰。鄰舍兄弟姪，時時喻以守法，下人有怙恃桀騖者，寧爲寡恩，勿得惹人譚論，勿率中親知。不克一一脩候。"此段簡本亦無。

封面墨筆書"朱子襄先生雜藁"。

是書藏加拿大英屬哥倫比亞大學亞洲圖書館。

鈐印有"姚鈞石藏書"、"蒲坂書樓"、"民國庚辰"。

（陳　莉）

手稿本朱九江先生遺墨

《朱九江先生遺墨》一卷，清朱次琦撰。手稿本。行款不一。無序跋。

朱次琦，見《民國抄本朱子襄先生雜稿》。

是册所收内容雜散，合計十四紙，裝裱成經折裝。既有朱氏與親眷友朋人情銀錢往來之記録，又有品評文章之語。其中載有朱氏送奠敬於樊封、康贊修者，按：康贊修乃康有爲祖父，与朱次琦在少年时即相識，交情甚篤。樊封，字昆吾，廣州駐漢軍正白旗人，曾任學海堂學長。

封面題簽爲唐恩溥手書，恩溥（1878—1961），字天如，廣東新會人。清光緒二十九年（1903）舉人。曾任清史館纂修、粤海道尹，後執教於兩廣高等工業學校、廣東警察學校、廣東高等師範學校。早負文名，擅岐黄術，晚年寓居香港，組紅卍字會贈診施藥。著有《清史地理志》、《列傳稿》、《古文辭》。見《廣東文徵續編》卷六。

鄧爾雅曾經眼此册，并有詩三首評價之，云："米鹽瑣屑記分明，書以人傳移我情。小子一辭宜莫贊，再傳門下小門生。""清白家風遺子孫，有清嶺學最稱尊。醇儒循吏難忘記，不是尋常齩菜根。""豈但文章書法工，六丁收取上蒼穹。千金一字猶難買，仰見先賢古樸風。"見《緑綺園詩集》。按，爾雅（1883—1954），原名溥，字季雨，號爾雅，後以名、號并行。

而日附四到江 九家列處是朱四下見上
又賀沛元耍娘加來信二六千四
日慶貽弛子清月外是是不見上
四月十三日張樟春之子剆是是不
四月二十日妊女阿環女刻是是不阿炊同來
四月廿日棠村社新築居路助銀楷上亥切
五月十七日省城學海堂學長契昆亟真敬帜受
五月廿二日回候粦廿棠送共子女刻是之雷卜

廣東東莞人。父蓉鏡,富收藏,精小學。幼承家學,兼及小學、篆刻,於繪畫、詩詞亦有建樹。著有《篆刻卮言》、《文字源流》、《緑綺園詩集》等。

此書今藏英屬哥倫比亞大學圖書館。

鈐印有"朱次琦"、"天如"、"姚鈞石藏書"、"蒲坂書樓"、"鈞石所藏金石書畫印"、"民國庚辰"。

（蔣文仙）

清道光刻本新選全本生祭李彥貴

《新選全本生祭李彥貴》二卷，佚名撰。清道光二十年(1840)廣州德文堂刻本。二册。半葉十二行二十八字，行分四欄，每欄七字。白口，四周單邊，單魚尾。卷題下刻"省城翰經堂藏板發行"，書口上題"李彥貴"。前後無序跋。

此書本事來源於清乾隆嘉慶時期戲劇家李方桂傳奇小說《火焰駒》，述宋朝兵部尚書李綬被奸臣誣陷入獄致死，其長子彥榮進京趕考，其次子彥貴因家産散盡只好賣水侍母。後彥貴投奔岳家王丞相，王相聞李家遭難，意圖悔婚，迫其寫休書。王相之女貴英不願悔婚，暗約彥貴花園相見以贈銀兩。未料，彥貴至花園，奉小姐之命前來送銀之婢女爲賊人所殺，彥貴受冤被綁至官府，問成死罪，擇日處斬，貴英趕赴刑場生祭彥貴。彥榮高中狀元，得父托夢，知弟遇難，返鄉救弟，并上參王相。帝將王相革職，并賜彥貴、貴英完婚。

卷一分彥榮訓弟、別母求名、登科入贅、命仆報親、被劫家信、母子捱飢、彥貴賣水、逼寫休書、命婢約贈、賊殺梅香、查園被捉、捆縛送官、受贓拷訊、苦打成招、貴英怨父。卷二分夫人憶子、彥貴嘆更、義仆探監、李公托夢、彥榮告假、王公密托、監斬彥貴、貴英訴情、生祭彥貴、法場救弟、暗奏朝廷、執罪王相、彥貴受職、奉旨成親、洩恨團圓。

清道光刻本新選全本生祭李彥貴　扉頁

新選全本生祭李彥貴上卷

省城翰經堂藏板發行

彥榮訓弟

悶坐芸窗愁不盡　回思底事苦傷情
先父諱仁身姓李　昔年兵部在朝廷
不料中途波逆病　豈知一命喪陰靈
我兄諱彥榮年二　苦向芸窗習五經
脆弟取名為彥貴　年方十五極精英
我姻嫁許潘家女　尚未成親雁共鳴
一則好花枝嫩夜　二來赴考立功名
家務托誑來熙應　恨無親故見孤零
聲喚弟　到芸窗　彥榮啟口說端詳

既係讀書兒上進　另尋別業事商量

承恩帶僕歸鄉井　交落工程事不輕
現有在堂陳民叔　攜同家僕別燕京
早已採岸遊泮水　天底力壯安寧
現許王姣全配合　至今猶未協樓名
日前得接潘公信　貴英小姐結聯繩
我今忘故都去　只因老奴弟
不若且將弟教道　賜你家事要真誠
詩書須要留心向　他日藍袍惹桂香

此且我們世代為官宦　立身處世在文章

卷上首四句："悶坐芸窗愁不盡,回思底事苦傷情,自從嚴父身亡后,交落工程事不輕";卷下末十句："兩卷砌成祭彥貴,費尽閒情居士心,看過此書人旺相,金艮財宝進門臨,編作此書人吉利,錦衣玉食過光明,從此大家行好運,須守份,时來无滯困,出入亨通遇貴人。"

扉頁題："生祭李彥貴全本。道光二十年刻。德文堂版。"有圖。目錄末刻"此書與別本不同,買者細看"。卷終葉刻"省城堂□□發行。"

此題材流傳甚廣,取材李彥貴和貴英故事的有梆子戲《大祭椿》、秦腔《火焰駒》、鼓詞《李彥貴賣水記》等。僅《生祭李彥貴》就有多個版本,如:

香港地區藏五桂堂刻本,一爲亞洲研究中心所藏,目錄首葉題"省城□□堂版",末葉刻"此書與別本不同,買者細看";下卷首葉下題"省城□□堂藏版梓行"末葉結尾刻"兩卷砌成祭彥貴,費盡閒情居士心";一爲香港大學馮平山圖書館所藏,内封及書口題"生祭李彥貴",目錄首葉題"新刻正字生祭李彥貴全套。五桂堂機器板"。

另香港李健添、鄧桂香、李凱婷藏《正字南音生祭李彥貴全本》,乃香港荷李活道七十二號五桂堂分局刊刻印行。

廣東省立中山圖書館藏另一五桂堂刻本,題名爲"生祭彥貴",署"省港五桂堂"。

牛津大學博德萊安圖書館藏本有三種:一爲廣州醉經堂刻本,内封題"生祭李彥貴",卷上首葉刻"省城□□堂藏板發行";二爲五桂堂刻本,題名爲"新刻正字生祭李彥貴全套",内封題"機器板生祭李彥貴",卷首下刻"省港五桂堂機器板";三爲香港五桂堂刻本,題名爲"新選全本生祭李彥貴",内封題名爲"正字南音生祭李彥貴全本",目錄首葉下刻"省城□□堂板",卷下首葉刻"省城□□堂藏根(板)梓行"。

《俗文學叢刊》載,《新選全本生祭李彥貴》二卷,廣州以文堂刻本。目錄首葉題"省城□□堂版",末葉刻"此書與別本不同,買者細看";下卷首葉題"省城□□堂藏根(板)梓行",末葉下刻"□□堂發行",末葉結尾刻"兩卷砌成祭彥貴,費盡閒情居士心,有過此書人旺相,金艮財宝進門臨,編作此書人吉利,錦衣玉食過光明,從此大家行好運,須守份,时來无滯困,出入亨通遇貴人";扉頁題:"生祭李彥貴。以文堂。總發行所在狀元坊、太平新街。分局在第七甫五十九號。"有圖,"馮遂生畫"。

此本藏日本京都大學人文科學研究所。

鈐印"東方文化研究所"。

(陳　莉)

清刻本四季蓮花

《(正字龍舟)四季蓮花》二卷,龍舟歌。作者未詳。清省港五桂堂刻本。一册。半葉三欄,每欄七行、八行或九行不等,行七字。白口,四周單邊。内封刻"省港五桂堂"、"歐亞電版"、"本局精印七彩封面通俗小説馮玉奇新著小説零沽批發一律歡迎"。

該龍舟歌册敍相府小姐奇仙父亡母病,乘夜偷折林家四季蓮花作藥引,為林生六君發現。六君愛其貌美而敬其孝順,與訂婚約,贈花而别。首四句為"□舉步,出池塘,四圍星暗月光光。天烏地黑人唔見,金蓮細小惡行藏",末四句為"目送佳人歸去也,重建屐痕還在緑台明。回窗及早差媒問,怨允含愁只著轉窗行"。

其本事不詳。

《中國俗曲總目稿》頁440、《木魚歌潮州歌敍録》頁98、《香港大學所藏木魚書敍録與研究》頁30、《佛山藏木魚書目録與研究》頁87著録。其版本主要有:

1.四季蓮花,廣州以文堂鉛印本,14頁。(旦唱)不幸爹爹命去世,母親有病掛愁眉。悶懨懨坐在繡房内裏,(埋位)未知何日把病離。(白)奴家商奇仙,不幸父親亡過,留下母女兩人,這幾天母親有病,奴昨晚後花園叩拜神。《中國俗曲總目稿》著録。

清刻本四季蓮花　扉頁

四季蓮花上

照本步 出池塘 四圍星暗月死光 天烏地黑人唔見
金蓮細小惡行歲 小姐平生真怕鬼 一路行時一路慌
草咀腳時花阻路 飄匕風雨濕衣裳 咁以婆涼唔受慣
今夜為娘到此方 搏身直入茶微架 嚇茘蓮花寶鼻香
意歡近前插一朶 月暗墻高胆又慌 呮 下拜
苦 弯 蒼 虚空神佛听端祥 奴匕家住南昌府
衣字奇仙身姓商 父在朝中為宰相 生我娘亲身姓姜
父亲帶俸归田日 誰妇一命見閻王 父死不期三个月

四季蓮花止

2.**四季蓮花二卷**，清末廣州五桂堂刻本。6頁，21釐米。封面印"四季蓮花"、"第七甫五桂堂板"，卷端題"四季蓮花"及"第七甫五桂堂板"，版心印"四季蓮花"、卷次、頁碼及"五桂堂板"。典藏處：順德區博物館。《佛山藏木魚書目錄與研究》著錄。

3.**四季蓮花二卷**，省港五桂堂書局機器板印本。2冊（6頁），20釐米。封面印"機器板 四季蓮花"、"省港五桂堂書局 廣州市光復中路香港文武廟"、"蜞人寫志新電版"及本書局和藥店廣告，卷端題"四季蓮花"及"第七甫五桂堂板"，版心印"四季蓮花"、卷次、頁碼及"五桂堂板"，正文末有卷終說明。典藏處：佛山市博物館。《佛山藏木魚書目錄與研究》著錄。

4.**四季蓮花二卷**，佛山芹香閣機器板印本。2冊（2頁），21釐米。卷端題"四季蓮花"，版心印"四季蓮花"、卷次、頁碼及"芹香閣機板"，正文末有卷終說明，卷端及正文末印有"佛山走馬路芹香閣機器板"。殘本，封面殘闕。典藏處：佛山市博物館。《佛山藏木魚書目錄與研究》著錄。

5.**四季蓮花全本一卷**，余瑞珊編輯，開平新開培記書局，180頁，19釐米。卷端題"新輯四季蓮花全本"及"編輯人南溪余瑞珊印刷所赤坎新開培記書局"，版心印目錄及頁碼。殘本，缺封面。

目錄：

四季蓮始末原因、商夫人身染疾病、孝心女感動神明、思蓮花侍婢設計、商奇仙偷取蓮花、逼成婚花園發誓、牲酬神惹起災禍、別小姐林生上京、宋子文請媒求婚、求廟祝設計換簽、同義婢改裝私逃、被革職趕逐回家、觀文卷命兒赴都、無奈何強承父令、遇賊匪謀殺家童、林公子絕處逢生、救林生共結聯盟、無珠目亂取才人、奉聖旨面試解元、假解元充軍關外、問徒刑全家被逬、再上京秦生餞別、尋避雨祈府投宿、祈小姐錯許東床、冒弟名入闈考試、兩夫妻同登科第、尋夫主翰苑閒談、憶小姐見慰生疑、匈奴反邊關告急、蘇御史保薦超群、秦都督奏凱回朝、降聖旨賞善罰惡、窄醉酒識破真情、秦超群上表乞恩、奉聖旨林商聯婚、回故里二美團圓。

典藏處：佛山市博物館。《佛山藏木魚書目錄與研究》著錄。

6.**四季蓮花全本一卷**，民國鉛印本。98頁，22cm。目錄頁題"四季蓮花全本"，頁眉印"四季蓮花"及頁碼。殘本，缺封面及結尾。

目録：

始末陳情、商母染病、孝感神明、聞報求花、主婢設計、越墻偷蓮、被逼發誓、酬神惹禍、林生上京、宋府議親、商家受聘、改妝私逃、宋良被貶、命兒赴都、强承父命、林生入店、途中遇盜、絶處逢生、結拜聯盟、魚目混珠、宋生登第、面試獻醜、部議充邊、宋家遠涉、別友束裝、喬寓京都、祈府投宿、錯許東床、奇仙入闈、夫婦登科、翰院閒談、見慰生疑、邊關告急、命將出師、兵至雁門、奇仙獻策、書示匈奴、宋良被擒、納款班師、獻俘闕下、刑罪賞功、剖白原由、上表乞恩、奉旨聯婚、洞房花燭、錦衣回里、二美團圓。

典藏處：佛山市博物館。《佛山藏木魚書目録與研究》著録。

7.四季蓮花上下兩卷，"省城三元堂"，封面作"成文堂"。一本封面作"以文堂藏板"，題作《新本四季蓮花》，下卷佚。日本波多野氏藏有四卷本，疑爲南音全本。佛山芹香閣舊版，廣州醉經堂重刊本。

敘商女奇仙因母病，乘夜偷折林家四季蓮花爲藥引，爲林生六君發現，愛其美而敬其孝，與訂婚約，贈花而別。

《木魚歌潮州歌敘録》著録。

8.四季蓮花全本四卷四册，廣州五桂堂刻本。各卷封面書題均爲"四季蓮花"，目録與内文標題則爲"新訂四季蓮花全本"，頁心刻"新本四季蓮花"、卷數及頁碼。各卷首面右下角仍留刻有"第七甫□□堂藏板"，此缺字，依稀可認爲"以文"者，可見本版原非五桂堂了。

卷一首面爲全版之插圖一幅，圖左上角有"良緣共證三生石解語長開四季花"。卷四結尾有謂："……林生既得雙佳麗，回朝供職別家鄉，奇仙姊妹仝隨任，三個同歡百載場，奉勸世間紅粉女，從一而終理正當……"從此可見其思想内容之一斑。

二、三、四面皆爲目録，分三欄九行；内文分四欄十一行。全無説白散體，均爲七言韻文。其回目如次：首卷（12頁）始末陳情、商母染病、孝感神明、聞報求花、主婢設計、越墻偷蓮、被逼發誓、酬神惹禍、林生上京、宋府議親、商家受聘、改妝私逃、宋良被貶。次卷（12頁）命兒赴都、强承父命、林生入店、途中遇盜、絶處逢生、結拜聯盟、魚目混珠、宋生登第、面試獻醜、部議充邊、宋家遠涉、別友束裝、僑寓京都。三卷（12頁）初府投宿、錯許東床、奇仙入闈、夫婦登科、翰院閒談、見慰生疑、邊關告急、命將出師、兵至雁門。四卷（13頁）奇仙入闈、夫婦登科、翰院閒談、見慰生疑、邊關告急、命將出師、兵至雁門、奇仙獻策、書示匈奴、宋良被擒、納款班師、獻俘闕下、刑罪賞功、剖白原由、上表乞恩、奉旨聯婚、洞房花燭、錦衣回里、二美團圓。

《香港大學所藏木魚書敘錄與研究》著錄。

9.**四季蓮花四卷四冊**，廣州醉經書局刻本。各卷封面均題"四季蓮花"，目錄及內文卷端則題"新訂四季蓮花全本"，版心刻"新本四季蓮花"。書封葉上鐫"廣州市醉經書局光復中路"，下刻各種商品廣告。首頁畫一幅，題"良緣共證三生石解語長開四季花"。

目錄：首卷(12頁)：始末陳情、商母染病、孝感神明、聞報求花、主婢設計、越牆偷蓮、被逼發誓、酬神惹禍、林生上京、宋府議親、商家受聘、改妝私逃、宋良被貶，次卷(11頁)：命兒赴都、強承父命、林生入店、途中遇盜、絕處逢生、結拜聯盟、魚目混珠、宋生登第、面試獻醜、部議充邊、宋家遠涉、別友束裝、僑寓京都，三卷(11頁)：初府投宿、錯許東床、奇仙入闈、夫婦登科、翰院閒談、見慰生疑、邊關告急、命將出師、兵至雁門，四卷(13頁)：奇仙入闈、夫婦登科、翰院閒談、見慰生疑、邊關告急、命將出師、兵至雁門、奇仙獻策、書示匈奴、宋良被擒、納款班師、獻俘闕下、刑罪賞功、剖白原由、上表乞恩、奉旨聯婚、洞房花燭、錦衣回里、二美團圓。

首四句"桐葉落景初秋，孤窗涼氣展紋流。金風似剪宵還爽，細雨如絲夜未休"，末四句"奉勸世間紅妝女，從一而終理正當。俚詞一套今成帙，伏懇高明賜鑒恕荒唐"。

此本各書目未著錄，見中山大學圖書館藏《南音》第八函。

（李福標）

清末刻本反唐女媧鏡

《新刻反唐女媧鏡全本(反唐女媧鏡)》四卷,清芙蓉溪下野人撰。清末以文堂刻本。四册。半葉十一行二十八字,行分四欄七字。白口,四周單邊,單魚尾。無序跋。

芙蓉溪下野人,無考。卷端未題著者名。卷四末有句云:"此書若問誰編作,芙蓉溪下野人庄",撰者據此著録。

是書56葉,敘唐武則天建立周朝,小皇李旦藏身胡鳳嬌家爲奴,私與鳳嬌訂婚,後由馬周迎往翠雲山,又僞裝李富到陶仁家賺取女媧鏡以破火輪牌,終於滅除武氏,即帝位,鳳嬌做了皇后。書分四卷六十二回,即一卷:初談世事、結愿保安、少主潛逃、從僕安身、順母搖琴、和琴挑意、夢報良緣、合即相諧、比箭掃興、逞雄受辱、遣將訪主、龍鳳分飛、君臣復會、周兵大敗。二卷:文氏憶婿(壻)、馬廸思婚、計傳謬語、求庚不遂、貪色受辱、買放謡言、於婆獻討、賄賂二尼、哄賺囚姦、遭逢虎口、氣死禪房、胡元救主、謀事不成、究尼追跡、嫌貧却戚、兩阻投菴、復投崔府。三卷:文德生心(原闕)、承談借牌、武后起兵、遇僕陳情、特往求親、聞婚觸激、文德還庚、崔府祝壽、愧顔思盡、悲寫遺子、鳳嬌投水、江中遇救、文氏哭女、星橋祭奠、陶仁解組、牌燒唐將、承機就計。四卷:昌婚入贅、怨却新婚、引龍會鳳、陶府訴情、玩賞名花、智取媧鏡、大破周兵、私會被窺、拷打鳳嬌、失裏

清末刻本反唐女媧鏡　扉頁

初談事

時丁花晨淑氣天　和風淡蕩透頭簾　紫燕腳泥尋舊壘　妖花嬌媚卻爭姸
春暖鳥啼芳草地　月晴人醉杏花天　蝶惜殘花香裹放　當歌楊柳爭傳
處處青山懸翠色　林上芳樹掛濃煙　東來農夫耕隴畝　壞桑蠶妨滿郊園
才子爭芳攜美酒　兒童奧劇棄鞦韆　萬物靜觀皆自得　風光人勝分千年
個得光陰如轉轂　瞬耳鬚顏自髮添　細想人生知是夢　始信人心迥異然　寄飽樓身分千年
消磨冷暖人情事　覆雨翻雲有万千　世界如花爭製錦　不過樓身一枕眠
眼底偏多忙促客　為圖名利步爭先　鋤耰幸獲成殷富　不知滄海變桑田
揉然有酒須尋醉　閉門閱老一壺　古云靜處乾坤大　樂洋義皇一枕眠　故此
閒事固多難惡訴　聊與前人事一篇　我心不忍他埋沒　造成故語中知言

洩機、迫父囚夫、馬周救駕、義赦陶仁、龍鳳配合、恩仇兩報。

正文多俗體字,如"辱"寫爲"辰","柳"寫作"卯"等。

此曲首四句"(初談世事)時值花晨淑氣天,和風淡淡透疎簾。紫燕脚坭尋舊壘,嬌花獻媚柳爭妍"。按:據省港五桂堂機器本,"脚坭"當爲"啷泥"。末四句"(恩仇兩報)自愧庸才羞襪綫,吱唔嘔啞不成章。揔知賣咲無佳句,聊作閑中慰日長。"

此書現藏日本京都大學金文京教授處。牛津大學博德萊安圖書館有藏。

扉頁題"反唐女媧鏡。以文堂。廣州市太平新街分局第七甫。馮遂生畫"。卷端題"新刻反唐女媧鏡全本",書口題"全本女媧鏡"。有圖。

故事似出自九十回本《征西說唐三傳》第七十至九十回。據《中國通俗小說總目提要》,同題材的俗曲有小說《反唐演義傳》,題如蓮居士撰,又名《武則天改唐演義》、《南唐演義》、《中興大唐演義傳》、《鐵丘墳》、《徵西南唐薛家將演義》、《大唐演義鐵丘墳》、《薛家將反唐全傳》,潮州歌有《反唐開墳》。

所知此曲流傳過程中有以下版本:

1.**新選反唐女媧鏡全本(反唐女媧鏡全集)四卷**。不署撰人。清廣州丹柱堂刻本。書口鐫"女媧鏡"。回目與它本有異。如首回目錄爲"閑要樂開場始序",末回目錄爲"一堂子母兩團圓"。佛山市博物館有藏。《佛山藏木魚書目錄與研究》著錄。

2.**新刻反唐女媧鏡全本(反唐女媧鏡)四卷**。不署撰人。清粵東(佛山)鎮走馬路芹香閣刻本。書口鐫"全本女媧鏡"。正文末印有"佛山正同文板",應據原同文堂藏版印。藏佛山市博物館。《佛山藏木魚書目錄與研究》著錄。

3.**新刻反唐女媧鏡全本四卷**。清閒居士編訂。清廣州五桂堂刻本。目錄題"新刻反唐硃砂印全本"。目錄首有"省城五桂堂梓"。牛津大學博德萊安圖書館收藏。

4.**新刻反唐女媧鏡全本(正字南音反唐女媧全本)四卷**。芙蓉溪下野人撰。民國香港五桂堂刻本。目錄題"新刻正字機器版反唐硃砂印全本目錄"。半葉十一行,每行四欄七字,四周單邊,白口,單魚尾。香港大學馮平山圖書館有藏。《香港大學所藏木魚書敍錄與研究》著錄。

5.新刻正字反唐女媧鏡全本(反唐女媧鏡)四卷。不署撰人。民國廣州市第七甫五桂堂機器板。書口刻"五桂堂機板"。首四句與清以文堂刻本同。末四句:向來批發無童叟,價正公平不異力。閑中解悶居然好,靜坐消愁更不妨。佛山市博物館、中山大學圖書館有藏。《佛山藏木魚書目錄與研究》著錄。

6.新刻正字反唐女媧鏡全本(反唐女媧鏡)四卷。不署撰人。民國廣州市第七甫分局香港文武廟直街五桂堂機器板。目錄頁題"新刻正字機器板反唐朱砂印全本"。佛山市博物館入藏。《佛山藏木魚書目錄與研究》著錄。

7.新刻正字反唐女媧鏡全本(反唐硃砂印)四卷。不署撰人。民國廣州醉經堂機器板。譚正璧《木魚歌潮州歌敘錄》著錄。

8.新刻正字反唐女媧鏡全本(反唐女媧鏡)四卷。不署撰人。新加坡石叻牛車水戲院橫街永成書莊刻本。目錄頁題名下有"第七甫馬路口醉經堂發書",卷端下版心下端印有"廣州市第七甫醉經堂機器板"或"醉經堂機板",應據原醉經堂藏版印。藏佛山市博物館。《佛山藏木魚書目錄與研究》著錄。

(肖　卓)

清末刻本關倫賣妹

《關倫賣妹》一卷,清佚名撰。清末廣州富桂堂刻本。一册。半葉十行二十一字,行分三欄,每欄七字。白口,四周單邊,單魚尾。無序跋。

關倫賣妹故事全本敘雲南富商關祖耀,欲與馮氏結秦晉之好,惡徒孫鳳儀覬覦馮葉清美貌,遂放火燒糧,陷害關氏。關倫爲救老父,被迫賣妹鳳蘭於趙秀才。最後冤情大白,關、趙二人亦中舉。

是書採用龍舟歌形式,節改全本情節,僅錄關倫賣妹一段。全文七言一句,合計一百四十句。首四句云:"就把丹青街上過,趙生公子得知聞。夫妻四十無兒女,想買嬌嬈立妾身。"末四句云:"葉清苦伏還魂起,体來只見大江濱。不見舟時不見妹,只着含愁帶(泪轉家行)。"

扉頁刻:"新出龍舟歌關倫賣妹。龍舟松原本。省學院前富桂堂發客。"正文卷一題名下鐫"富貴堂板"。

《關倫賣妹》常見版本爲南音全本,作四卷二十回。中山大學圖書館藏省港五桂堂刻本(機器板),題名作"新刻正字關倫賣妹全本",前有目錄如下:卷一,始末陳情、尋師訓子、買舟祭岳、席上求親、回家思美、對母陳情、央媒説合、馮府推婚、盂蘭會美、病結相思。卷二,賄縣求婚、唐公斥佞、關府迎親、洞房花燭、聞報歸陰、孫爺結恨、縣示催糧、順路訪友、糾奸縱火、賊劫糧銀。卷三,法柱賢良、查抄家産、勒令監追、關倫賣妹、鳳蘭訴

清末刻本關倫賣妹　扉頁

關倫賣妹　　　　　　　　　　　富貴堂板

就把丹青街上過　趙生公子得知聞　夫妻四十无兒女
想買姈嬈立妾身　趙生攜住關倫手　二家移步入庭心
担倚與生同坐下　趙生端坐敬言陳　兒你話把妹來賣
請來相見若何能　關倫聽得忙遵命　步入中堂呌妹身
妹听出於左可奈　火燒糧部要賠銀　家底盡將來變賣
算來尚欠一千銀　算爛條腸准計辦　到此將來賣呀妹
今日慪氣大嫂開言稟　才郎原是不为人　夫賣妹救父生身
奴七情願替姑身　古道有姑和有嫂　今日有怎樣做人
葉倚大嫂開言道　夫妻說話欠思忖　賣妹娘唔好賣我
關倫苦切將言道　夫妻說話欠思忖　賣你点能賠得激

恨、趙生買妾、禍不單行、苦刑招認、含冤欲絶。卷四,奉旨離京、申爺赴任、訪察强豪、關倫寫狀、截遞攔輿、弔案提兇、查抄孫宅、黜贓正法、政別賢愚、高登鄉試、關趙團圓。

全本國內外各館收藏甚多,有醉經堂本、以文堂本等,詳見關瑾華《木魚書研究》之《現存木魚書收藏情況一覽表》。

此本未見著録,僅見日本京都大學人文科學研究所入藏。又上海圖書館藏民國五桂堂鉛印本,中國藝術研究院圖書館戲曲閲覽室收録民國五桂堂、醉經堂排印本。

(蔣文仙)

清末刻本全套黃飛虎反五關南音

《新刻全套黃飛虎反五關》二卷，清佚名撰。清末刻本。二冊。半葉十三行二十八字，行分四欄七字，小字雙行同。白口，四周單邊，單魚尾。書口上刻"歸周記"。無序跋。

是書敘狐狸精妲己夜間現形，爲武成王黃飛虎之神鷹所傷。妲己懷恨在心，思欲報復。時逢清明節，飛虎夫人賈氏入宮晉見妲己，妲己在紂王面前極言賈氏美貌，紂王心動。妲己乃令紂王匿身於摘星樓，并將賈氏騙至。紂王見之，欲行不軌，賈氏不從，墜樓而亡。飛虎妹西宮娘娘黃妃怒斥紂王、妲己，紂王怒，將其推落摘星樓。飛虎聞之，起兵入宮，欲殺紂王，然寡不敵衆，無奈率兵反出朝歌，往投西岐。飛虎率衆先破青龍關、斬陳桐。於遊魂關，藉賈氏托夢，破陳梧假降縱火之計。催夢關前，飛虎及弟飛豹爲守將徐方火龍鏢所傷，陣前身亡。子黃天化奉師命下山，以仙丹救父、叔還陽，并率衆破關。至汜水關，斬守將韓榮二子，韓榮自盡。又至潼關，守將黃滾乃飛虎父，怒責子孫叛國，後經衆將苦勸，乃隨飛虎同往岐山，是時余化領兵前來，以落魂幡生擒飛虎、飛豹等人，并擬解往京師，途中，哪吒奉師命救出衆人，飛虎等始歸西岐。

黃飛虎爲民間故事中著名人物，其事跡主要爲反五關、輔佐周武王及姜子牙伐紂諸事。較早見於元佚名撰《武王伐紂平話》、明許仲琳撰《封

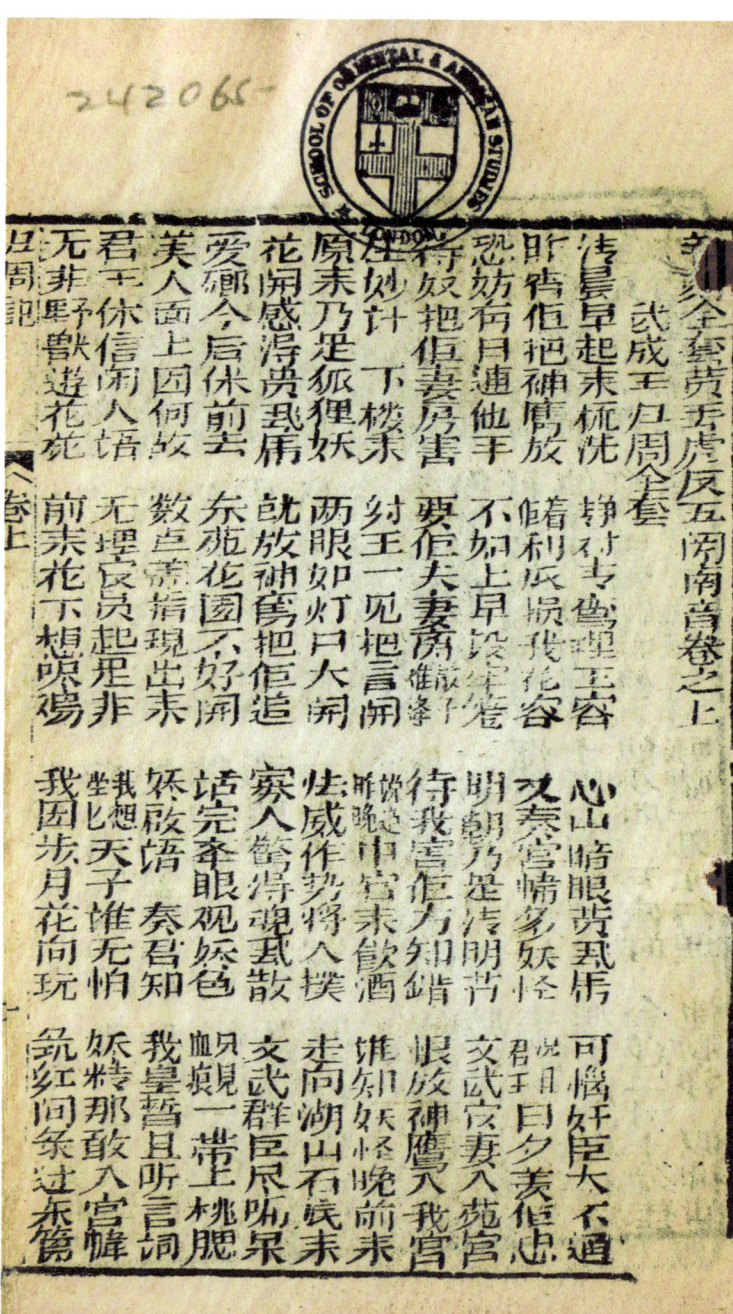

清末刻本全套黃飛虎反五關南音　卷端

神演義》。其後説唱文學如彈詞、評書、鼓詞等亦皆有演義,車王府藏曲本中即有《封神演義》鼓詞。戲曲如皮影戲、京劇、高腔等亦演其事,《反五關》作爲諸多劇種如川劇、徽劇、漢劇、滇劇、粤劇、豫劇、秦腔、紹劇等的傳統劇目,至今仍在上演。

是書上下二卷。卷端題"新刻全套黄飛虎反五關南音卷之上"。末頁題"紂王木魚"、"歸周記全本"。上卷首四句爲"清晨早起來梳洗,静對青鸞理玉容。心中暗恨黄飛虎,可惱奸臣大不通",末六句爲"爾今學得還生法,九轉靈丹件件能。賜爾一鈷龍虎劍,催夢關前救父親。欲知救命還陽事,再築下卷曉根因"。下卷首四句爲"但能過得三關去,莫違吾命早日行。天化近前忙作揖,師台法旨自當遵",末四句爲"况且風調和雨順,太平盛世樂綿綿。河清海晏昇平日,民安物阜誦豐年"。

兩册皆有封面,封面題"黄飛虎反五關歸周記賈氏墜樓全本。五桂堂梓"。

此本爲英國倫敦大學亞非學院圖書館所藏。另有廣州市圖書館、台灣"中央研究院"傅斯年圖書館、廣州中山大學圖書館收藏同名曲目。廣州市圖書館藏本爲丹柱堂刻本,内封題"黄飛虎反五關歸周記。賈氏墜樓全本丹柱堂板",卷端題"新刻全套黄飛虎反五關南音卷之上,省城丹柱堂梓刻",封面佚,下卷殘存前三葉。傅斯年圖書館藏本爲《俗文學叢刊》收録,乃以文堂得板重印本,封面題"黄飛虎反五關。以文堂,廣州太平新街分局在第七甫。有圖,馮遂生繪",卷端題"新刻全套黄飛虎反五關南音卷之上,省城堂梓刻",其中"省城"與"堂梓刻"間空白,當爲以文堂得板後鏟掉原書坊所致。中大藏本與傅斯年圖書館藏本同板,亦爲以文堂印行,但封面不同,題"黄飛虎反五關。以文堂書局印行。廣州光復中路。有圖,蝶人廣告社力行寫,志新電版",印有歐家全癬癩皮膚水廣告。又,因拆城牆所需,民國初年第七甫更名光復中路,據此,中大藏本印行時間晚於傅斯年圖書館藏本。

(丁春華)

清末刻本新刻第十才子金鎖鴛鴦

《新刻第十才子金鎖鴛鴦》四卷，清鍾璧蒼校訂。清末刻民國廣州醉經堂印本。半葉十二行二十八字，行分四欄，每欄七字。白口，四周單邊。卷端題"□□藏板"，堂號被剜。無序跋。

鍾璧蒼無考。

本書述書生何瑤香在舅父家讀書時，與隔鄰趙碧仙私定終身。碧仙贈何生金鎖鴛鴦珊瑚扇爲信物。後信物被陳秋客盜走，秋客借父勢向趙家提親，并言有珊瑚扇爲證。趙父恨碧仙敗壞門風，勒令其自盡。碧仙在家人幫助下逃奔他鄉，秋客緊追不捨，同時買通大盜，誣陷何生入獄。碧仙途中遇盜，投水自盡時爲王刑部官船相救，收爲義女。王刑部覆審何生案時爲其昭雪。何生出獄後赴考，中狀元，王刑部招爲婿，新娘即碧仙，有情人終成眷屬。首四句："忽被金雞驚曉夢，乍聞出谷兩鶯声。啼鳥雙匕歇伐木，遊魚對匕吸浮萍。"末四句："名爲金鎖夗央記，編成歌本遠傳揚。佇得世人存節義，萬古同佢姓字香。"

是書四卷，第一卷十一回，爲：始末序因、搬窗習業、甥舅談心、清明掛帛、碧仙踏青、聯詩詠燕、兩表掛青、玉燕帶箋、何生得扇、碧仙自歎、思妖定計、詐病移窗、碧仙尋扇、命環訪查。第二卷十回，爲：閨閣達情、何生寫書、計婢傳書、看書罵婢、月夜談琴、梅香奪扇、遊春遇美、松陰截姐、遊庵

清末刻本新刻第十才子金鎖鴛鴦　扉頁

新刻十才子金鎖鴛鴦卷之一

如夢片因

忽被金雞噪曉夢　乍聞出谷兩鶯声　嘈嘈雙耳欲伐木　遊魚對巳吸浮萍
好花偏愛遊人賞　好月區須樂處明　酒逢知巳千盃少　活不投机半何挭
臣事君忠子以礼　父能教子巳能成　炎涼世態君同我　冷煖人情弟與兄
要忽毋憶南柯解　秋涼狂慮歲寒氷　寧消依舊成春水　我想一世若浮萍
堪咲世間圖利者　彼眠狂態醉酕醄　雞鳴而起恣巳利　亦来死子見伶仃
固然不望閑風月　自家兩老見孤伶　鸞紗鳳月虛閑事　滄鳳宿水去經營
愛君早把迷心醒　切莫昏迷汶不醒　肯快樂時須快樂　遇手情處且丰情
功名富貴天生定　独統條一節寔非輕　長咲父母思媒満　口甜舌滑忽巫承
但得娚人錢到手　賞門戶不相衣　因此活来言不錯　駿馬常遭痴漢乘
一皆個男才和女貌　女才明貌文相交　唔湏誤聽媒人謊　駿馬唔要痴漢乘

回府、温氏得病、救親拜月、割股遇救、誓表盟心。第三卷十五回,为:遇母談心、懸掛情郎、私約稱殤、陳生拜訪、趙府酧恩、花園祝壽、偷寶焚窗、別舅回家、姐聞遭火、計書求親、字眼相思、深閨偷憶、假書投遞、趙爺回書、見書逐罵、碧仙自縊、通家救勸、救姐投生、齊物隱身。第四卷二十二回,爲:化物別親、假撈屍首、怘妖得病、陳生查訪、賞賊誣扳、王堂究賊、何生偹捉、嚴審何生、利進報主、賊截中途、王堂逐賊、祭江引魂、王爺審斷、何生脫罪、連捷高魁、琵琶挑引、王府達情、聞語疑心、復遇奇緣、追究陳生、聯本報仇、雙鳳團圓。

扉頁:"十才子珊瑚扇。西城醉經堂。廣州市第七甫,門牌二十三號。"

此本爲日本京都大學金文京教授私人收藏。中山大學非物質文化遺產中心亦有藏,存卷二、三。上海復旦大學圖書館藏同名曲目,但未題校訂者。另北京師範大學圖書館藏清末廣州五桂堂《新選第十才子金鎖鴛鴦全本四卷》。譚正璧《木魚歌潮州歌敘録曲海蠡測》著録有莞城□□堂藏板《新刻第十才子金鎖鴛鴦》。《俗文學叢刊》著録有民國刻廣州以文堂出版同名曲目。

(李　卓)

清末刻本正字再世從良

《正字再世從良》三卷。清末廣州五桂堂刻民國印本。三册。半葉九行二十一字,行分三欄,每欄七字。白口,四周單邊,單魚尾。書口下刻"五桂堂板"。卷端題"陰陽雪恨。第七甫五桂堂藏板"。無序跋。

本書述廖彩嬌被叔賣爲妓,名小喬。後托趙懷安贖身,卻被騙私蓄,憤而自殺。鬼魂托劉君獻向城隍廟買得路票,引往趙家報仇。又借鄭天香尸還魂,與劉君獻結爲夫婦。首四句:"春夏秋冬天過天,寒來暑往又一年。自古江山還有改變,詩書重疊幾更遷。"末四句:"舉頭三尺有神光,刻起龍舟歌共唱。須想像姻緣唔在强,且看五桂堂一套再世從良。"

扉頁:"正字再世從良。省港五桂堂。廣州第七甫香港文武廟。蝶人寫。"印有歐家全藥房廣告。

書藏英國倫敦大學亞非學院圖書館。另有廣州以文堂民國四年(1915)機器板《陰魂雪恨(再世從良陰魂雪恨)》,日本松浦恒雄藏上卷,中山大學非物質文化遺產中心藏中、下卷。廣州市圖書館又藏香港五桂堂據以文堂機器板改版印行機器板《陰陽雪恨(正字南音再世從良全本)三卷》。

(李 卓)

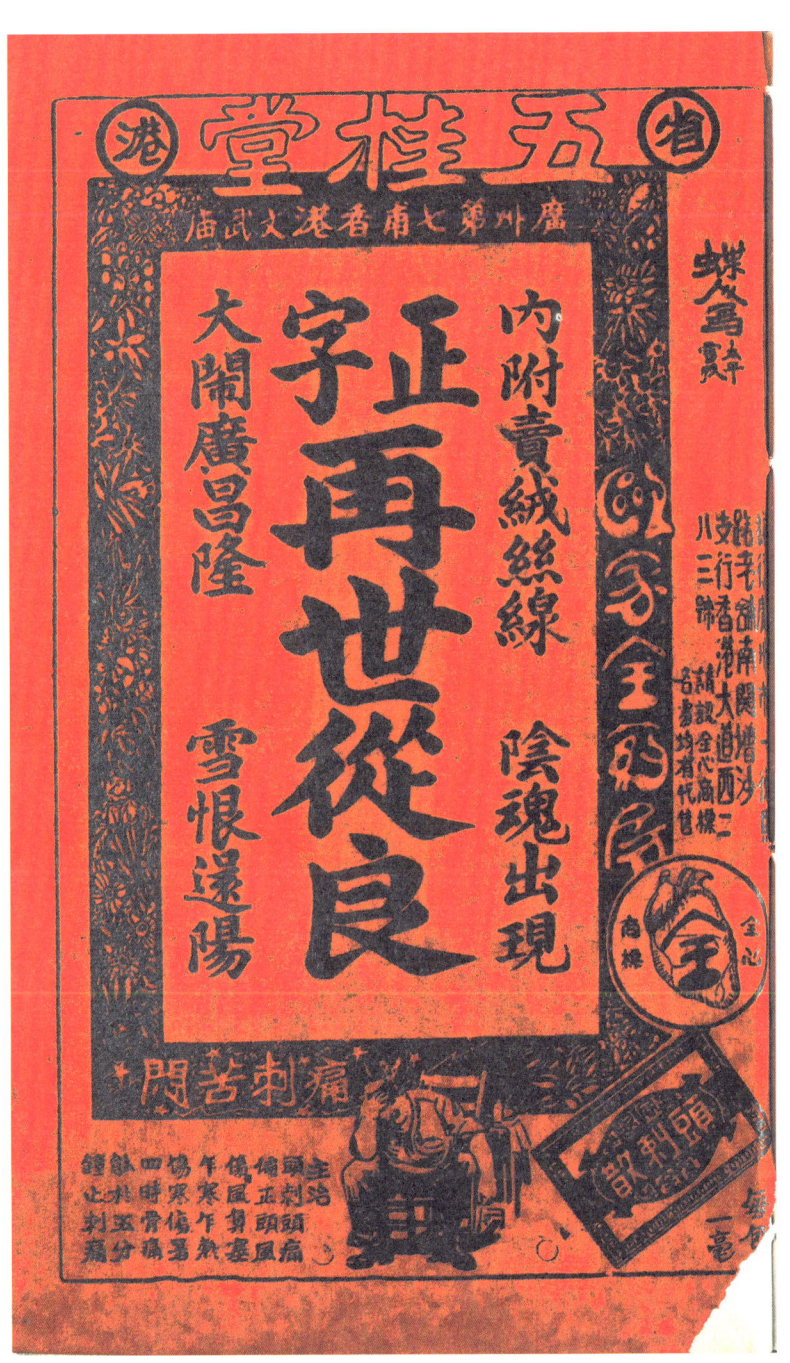

清末刻本正字再世從良　扉頁

陰陽雪恨上卷　　　　　　第七南王桂堂藏板

春夏秋冬天過天　寒來暑往又一年　自古江山還有改變
詩書重疊幾更遷　百歲光陰如似箭　紅顏易老不堪言
你睇天地係咁輪流轉　人生何苦強求先　富貴貧窮唔使自怨
總要積德下兒孫種　封相個陣功名顯　後至六尸首兩边
諸葛武侯原係妙算　却被魏延喪黃泉　單有霸王英勇人稱羨
点估到烏江歸天　聞未便把書篇撿　歷代興亡在目前
就把提綱未捷斷　且唱今古奇觀事一端　昔時有位刘君獻
佢係洪門秀士一生員　不幸參娘將命損　家居原住石頭村

清末刻本梅妃報夢

《梅妃託夢(梅妃報夢)》一卷,佚名撰。清末廣州五桂堂刻本。一册,半葉九行二十一字,行分三欄七字,小字雙行同。無欄格。三葉。卷端題"梅妃託夢。五桂堂抄稿"。無序跋。

梅妃,姓江,名采萍。福建莆田人。梅妃早年由高力士選入宮中,受唐玄宗寵幸。後楊貴妃得寵後,梅妃即被冷落。梅妃曾託高力士找人寫賦邀上意,然力士迫於貴妃勢力而未諾,於是梅妃自作《樓東賦》寄玄宗。此曲述安祿山兵變後,楊貴妃被賜死,玄宗下詔尋梅妃下落,僅得肖像一幅,即命人刻石。後梅妃託夢於玄宗,告知尸首所在,玄宗派人尋得而厚葬之。

故事本源自宋代傳奇小説《梅妃傳》,講述梅妃與唐玄宗李隆基之間的故事。明代吳世美據此創作《驚鴻記》傳奇,清代洪升《長生殿》記載梅妃,蔡東藩《唐史演義》中梅妃故事亦據《梅妃傳》而來。

首四句:"愁懷不寐數殘更,虧我深(宮無日不馳神),(一自兵因長安)家國破,京散霓裳一曲新。"末四句:"此日居南(內當歡慶),還自省,國泰民安定,等我大酺講吓昔年情。"

扉頁題"梅妃報夢。五桂堂板。廣州市第七甫"。有圖,"馮遂生畫"。書口題"梅託"。

未見其他版本流傳。

此書藏日本天理大學附屬天理圖書館。

(肖　卓)

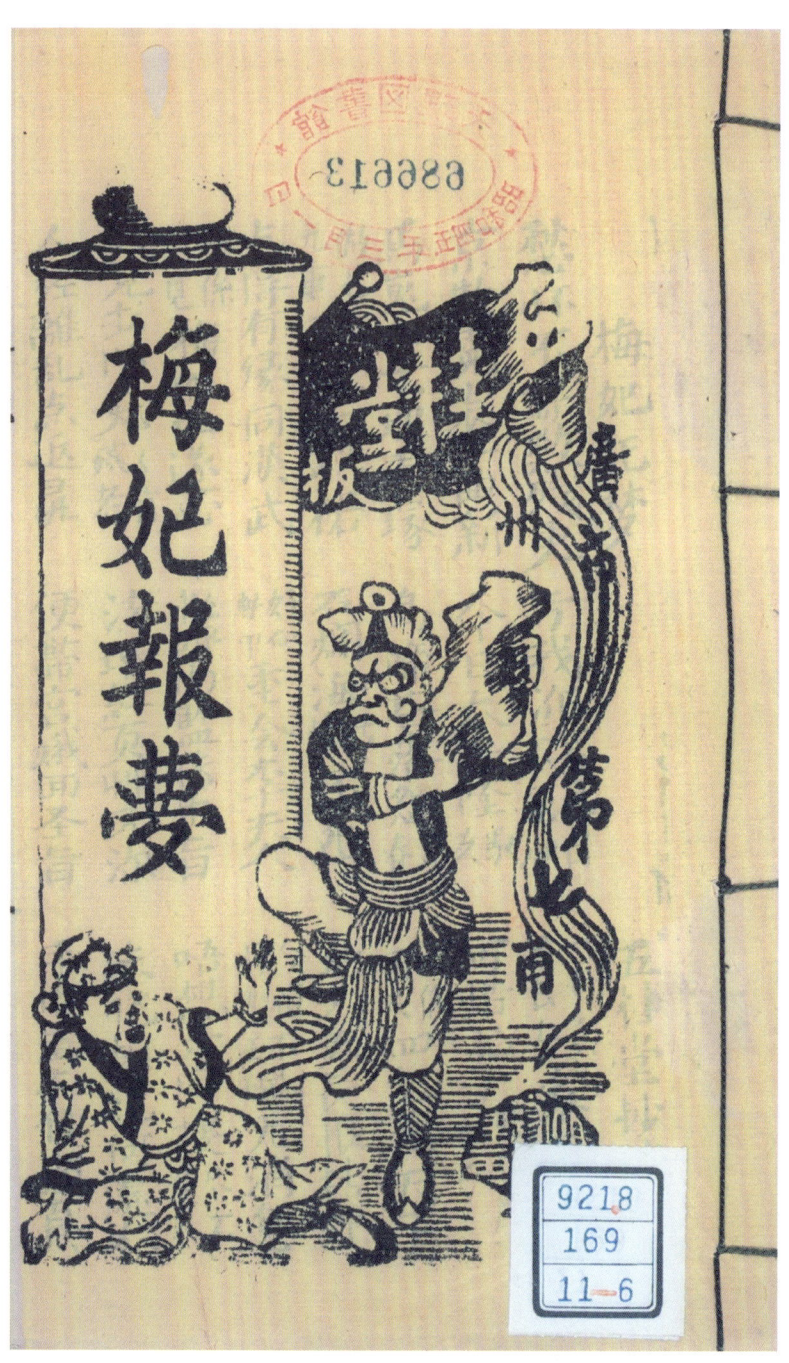

清末刻本梅妃報夢　扉頁

梅妃託夢

愁懷不寐數殘更 夸我淤宮不馳神
京散霓裳一曲新 今日太平隆亥馭
馬嵬山下埋青塚 鳥啼花落怨春芳
做也難庇一釵裙 正係四妃為天子
九重山有緣同漢武 好似月明天長恨託淤
點得有緣同漢武 地夕天長恨托淤
就係梅妃也遂心 今在珊瑚死消息
得見梅妃也遂心 月明珠瑚死消息
忙呼內監傳申旨 唔想六宮搜遍人
只見表門寂寂老宮 未曉梅妃何處去

湯婆紅頁牀牙淤

人經離亂點追尋 便帶宮娥面聖旨

手中呈上自描真

五桂堂抄稿

清末民初刻本新編繡像偶遇奇緣全本(陳探花南)

《新編繡像偶遇奇緣全本》二卷,佚名撰。清末民初廣州丹桂堂刻本。二册。有圖。半葉十一行二十八字,行分四欄,每欄七字,小字雙行同。白口,四周單邊,單魚尾。書口上刻"偶遇奇緣"。目錄葉題"新編繡像偶遇奇緣全本總目。省城第七甫丹桂堂板"。無序跋。

是書演廣州西關秀才陳子壯遊學京都,於佛旦日赴孝光寺進香,遇宰相李九老之女素蓮來寺禮佛。時子壯汗巾遺失,素蓮投之羅帕。素蓮禮佛完畢歸家,子壯尾隨其後,知其住所。夜,子壯潛入花園,將題詩帕贈予素蓮,遭拒。其時忽大雨滂沱,子壯昏死花園,得素蓮搭救。二人私定終身,藏匿繡樓數日。後爲素蓮嫂田氏察知,素蓮兄嫂定計命子壯、素蓮喬裝返回廣東成親,并火燒繡樓,世人皆以爲素蓮喪生火海。後子壯高中探花,拜訪舅兄李確,閤家團聚,一門榮耀。

陳子壯,史上確有其人,《明史》卷三七二有傳。生於明萬曆二十四年(1596),終於清順治四年(1647)。廣東南海縣人。明萬曆四十七年(1619)探花。歷官翰林院編修、禮部右侍郎、南明弘光朝禮部尚書、桂王東閣大學士兼兵部尚書。子壯爲官清廉,曾因得罪魏忠賢而罷官,亦是著名抗清將領,爲廣東古八賢、嶺南三忠之一。此書陳子壯亦爲廣東南海人,高中探花,并有崇禎帝查辦權奸魏忠賢事,惟陳子壯中探花時間在崇

始末因由

曾聞舜日與堯天 士農工商樂自然 旺一風十日一雨 民間快樂似神仙
蹉跎歲月如飛兔 春去秋來又一年 好苍偏要遊人賞 好日还须樂处圆
紅粉佳人头易白 少壯何難貌改迁 炎涼世態君會我 冷煖人情易變遷
雪消依舊戊春水 我想一世幾曲連 堪笑世間萬利者 夜眠客棧獨熬煎
鷄鳴而起孳孳利 滄凍宿水幾多年 劝君及早回头念 切莫痴愚老拙團
浮快樂時須快樂 遇顛連處且顛連 人生不識偷香事 英係痴愚老拙堅
石崇富豪終归尘 原憲須貧一旦完 百年寿数皆知是 大都難免喪黃泉
何在經營勞碌亡 但求肖子與蘭孫 忠義身居茅屋穩 心平雖食菜根甜
人能出世多栲禍 蚕為絲多命不全 哙事不如催不哙 守分为高拙樂然
都係空手歸空手 何見棺材內有錢 上古好多奇异事 我亦庸多贅畫篇

禎年，與魏忠賢無直接衝突。故是書或以陳子壯之事跡，附會以才子佳人事，重加演義而成。

是書上下二卷，二十六回。上卷十三回，爲：始末因由、暗思遊學、別叔登程、禮佛求籤、偶遇奇緣、步訪桃源、花園遇美、閨閣還詩、雨打生亡、救醒苟合、嫂探知情、夫妻相議、設計燒樓。下卷十三回，爲：請姑詰問、實吐根由、樓中暫別、復店僱船、陳李私奔、焚樓掩飾、安樂回東、到粵成親、秋闈報捷、拜岳言因、父女相逢、同登鼎甲、榮耀團圓。上卷首四句爲"始末因由"之"曾聞舜日與堯天，士農工商樂自然。五日一風十日一雨，民間快樂似神仙"，末四句爲"設計燒樓"之"均之生女皆從外，歸與唔歸也平常。設定機謀吹滅火，夫妻攜手上牙床"。下卷首四句爲"請姑詰問"之"忽聽城頭傳五漏，李郎早起出芸窗。田氏又將梳洗罷，沾完辰膳喚梅香"，末四句爲"榮耀團圓"之"地頭唱過多興旺，士農工商樂無邊。惟願風調和雨順，國泰民安萬萬年"。

扉頁題"陳探花南。五桂堂。鋪在粵東省城第七甫閘口門津第貳號"，有圖。五桂堂，由花縣徐學源、徐學成兄弟創辦於清光緒中葉，地址在廣東省城西關第七甫閘口。初期專門刊刻木魚書、通書、日曆、南音、龍舟、曲本、舊小説等，後亦翻刻四書五經，其中尤以刊刻木魚書聞名。民國初年因拆城墻改街道，第七甫更名光復中路。因此，是書刊刻時間當在清末民初之際。

是書爲英國倫敦大學亞非學院圖書館所藏。另有英國牛津大學博德萊安圖書館、加拿大多倫多大學收藏同名曲目，皆爲五桂堂刻本。亞非學院圖書館藏本書口有"偶遇奇緣"，目錄頁有"省城第七甫丹桂堂板"，皆與本書同，當爲同一版本。

（丁春華）

民國刻本重訂三春投水龍舟歌

《重訂三春投水龍舟歌》二卷,佚名撰。民國廣州五桂堂刻本。一册。半葉九行二十一字,行分三欄,每欄七字,偶有雙行小字。白口,四周單邊,單魚尾。卷端題"省城狀元坊内太平新街□□堂板"。書口上刻"三春投水",下刻"□□堂板"。無序跋。

此本5葉,所述故事梗概:清明時節,陶三春因思念過世娘親,在墙上寫下思念詩,被人改爲淫詩。其父怒責三春,後娘落井下石,三春欲投水以證清白,臨走前與幼弟決别,毅然投江。

書分上下兩卷。卷上首四句:"嗟命薄,喪娘親,虧我深閨無日不馳神,偶遇清明佳節近,門前插柳亂紛紛。"卷下末九句:"可惜嬌嬈真烈性,跳落河中入水晶,後來搭救憑誰拯,紙短情長講未明,欲知結局來參訂,拗碎靈芝便有講清。以文堂機器板印定,板又靚,句話又醒,請君光顧,額外歡迎。"

扉頁題"正字龍舟三春投水。五桂堂。精印七彩封面通俗小説,馮玉奇新著小説。零沽批發,一律歡迎。本局精印南音曲本、龍舟歌曲、小説雜書、學校教科、善書、簽語、通勝、日曆,專辦中西書籍、文房、校品、美人畫片、標點新書、連環圖畫書等發行"。有圖,"歐亞製版"。卷末刻"本堂新刊機板《金絲蚨蝶》、《拗碎靈芝》、《粉粧樓全》、《背解紅羅》全套。"卷

民國刻本重訂三春投水龍舟歌　扉頁

重訂三春投水龍舟歌上卷　省城狀元坊內太平新街

嗟命薄，喪娘親，深閨無日不馳神，偶遇清明佳節近，就在牆中寫叮幾句詩文品壞

門前插柳亂紛紛，觸景更添愁抱恨，追後唔知誰咁壞，轉回堂上責奴身

句句寫來思娘情切懇，難報劬勞養育恩，話我去把狂蜂引，香花擺嚴親當我係陌路人

改淫詩句有墨痕，我爹一見心頭憤，疏擺嚴親陌路人，百世無兒唔使恨

罵我閨門唔守慎，啞食黃連怎樣陳，重話無兒唔使恨，獨惜幼點捨離分

暗通情句定有私奔，又遇在傍狡屎棍，逼我陰府要見閻君，想我一命犧牲何要緊

哀乞數番情不允，奴母逼我陰府要見閻君，一命犧牲何要緊，行弟幼點捨離分

廟地府所過娘聞，莫不是要過娘聞

三春投水》上卷　堂板

魚書出名，民國初，第七甫改名爲光復中路。民國四年（1915），五桂堂在香港文武廟開設分店，名"五桂分局"，後又因刻印頗多，香港分店由文武廟搬到荷李活道七十號。以刊刻木魚書出名的書鋪還有以文堂及醉經堂，地點都在第七甫，抗日戰爭爆發前，這兩個書鋪把所有的木魚書刻版全部轉讓給了五桂堂。

　　按：此書除有"五桂堂"字樣外，又有"省城狀元坊內太平新街"、"以文堂機器板印"，以文堂舊址即在省城狀元坊內太平新街，疑此本似爲五桂堂利用所購得的以文堂版重印。

　　《三春投水》在廣東地區流傳甚久，曾出現不同傳唱版本，且內容上或與此本同，或較此本全。在某些唱本中，"三春投水"僅是其中一個章節，如：其一，香港大學馮平山圖書館藏第七甫五桂堂本《重訂正字拗碎靈芝記全本》。四卷四冊。民國廣東五桂堂刻本。目錄分五欄十四行，內文分四欄十四行。各卷扉頁題"正字拗碎靈芝"，其右側豎刻"三春操琴，威逼才女，三春投水"；左側豎刻"君王考問，設計害子，雙鎖鴛鴦"。書口下刻"五桂堂機印"。各卷卷端右下角均刻"第七甫五桂堂機器板"。目錄末刻"此書較訂無訛與別本不同，請認粵東省城第七甫閘口五桂堂機器板"。卷末終皆刻"請認第七甫五桂堂機器板"。其二，香港大學亞洲研究中心藏第七甫醉經堂機器板《重訂正字拗碎靈芝》。四卷二冊。民國廣州醉經堂刻新加坡永成書莊印本。半葉四欄十四行。各卷扉頁題："正字拗碎靈芝"，右刻"石叻牛車水永成書莊印行"。卷端右下題"第七甫醉經堂機器板"。書口下刻"醉經堂機印"。目錄首葉右下題"第七甫醉經堂機器板"。書末刻廣告，"本堂承辦各埠萡書，紅字頭通勝，各種石印雜書，南音、龍舟曲本發行"。此本四卷，"三春投水"在卷二。按：永成書莊，位於新加坡石叻埠。其三，以文堂板本。《新戲橋三春投水》（崑山玉班本三春投水），半葉八行十六字，偶有單行小字。白口，四周單邊，單魚尾。書口上題"三春投水"。扉頁題"崑山玉班本三春投水，太平新街，以文堂板"。內容講敘的是三春投江後，仙界黃巾力士下凡救她之事。

　　是書屬日本京都大學金文京教授私人藏書。另英國牛津大學博德萊安圖書館藏五桂堂本。廣東省佛山市博物館藏第七甫五桂堂本。香港李健添、鄧桂香、李凱婷藏五桂堂本。

（陳　莉）

民國刻本石女嘆五更

《重訂石女嘆五更》一卷,清佚名撰。民國五桂堂刻本。一册。半葉十行二十一字,行分三欄,每欄七字。白口,四周單邊,單魚尾。書口上刻"重訂石女嘆五更",下刻"□□堂機器板"。無序跋。

"嘆五更",又稱"五更曲"、"五更調"、"五更鼓",歌詞共五疊,從一更至五更遞轉詠歌,故又名"五更轉"。此調起源較早,用調甚廣。一唱三歎,言詞比較通俗。在木魚、龍舟、南音中都有應用。多用來感慨世道炎涼、人情冷暖,也反映了一些社會問題。

是書述中秋月朗之夜,家家團圓歡暢,石女感懷心事,倍覺孤單淒涼:想自身年方二八舉動娉婷,卻不能同閨中姐妹一樣嫁夫生子享天倫之樂,單單落人話柄惹人誹謗,若不是母親年高需侍奉茶湯,早就一命辭陽見閻王。石女觸景傷情,越思越想愁難遣,將情來嘆五更長:鼓打一更人獨坐,枉居塵世受風波;鼓打二更更傷悲,心頭自苦無人知;鼓打三更覺心焦,今生難望賦桃夭;鼓打四更愁萬種,今生難望結乘龍;鼓打五更愁殺人,年華虛度守空幃。首四句:偷自嘆,若悲傷,虧我石女焉能許配郎。面貌生來非係醜樣,唇紅齒白幾咁瀟湘。末四句:石女自知難匹偶,黃蓮啞食幾咁唔羞。唉天呀你使我爲花做乜開亦不透,塞住洞口,大不是請醫生來等我水路通流。

民國刻本石女嘆五更　扉頁

重訂石女嘆五更

偷自嘆　若悲傷　虧我石女焉能配郎許
唇紅齒白幾咁瀟湘　舉動娉婷人渴想　面貌生來非係樣醜
惹少年得子弟心神愴雨效王襄　我重眼角拒刀胝肝碎開放　腰脂情性斷人腸個閨嬌嬈像一
難望行雲布襄王效　所為鎖萁開放　枉我深閨訂鴛鴦
年方二八今秋長　未見男夫我庚歡樂暢地傳家遞到堂　話我水路不共通往來
男身女貌有乜光風　人睞地見嫁我知相契　堂我不為我萱訂鴛鴦故此
眾姬姊妹將奴謗　金蘭不肯共把命　三年抱兩子成行
幾番意欲見閨王家居　萱堂獨情白髮年高尚　虧我愁懷獨自思想空
只着強留殘命上　待娘歸世正辭陽　並無媳婦侍奉茶湯
　　　　　　　　　　　　　　　　　　今晚中秋明月朗

重訂石女嘆五更　　　　　　　　　　堂機器板

扉頁題:"正字龍舟石女嘆五更。五桂堂。"有圖,圖中有小字"歐亞製版"。"本局精印七彩封面通俗小説、馮玉奇新著小説,零沽批發,一律歡迎。香港荷里活道七十二號 A"。"本局精印南音曲本龍舟歌曲小説雜書學校教科善書簽語通勝日曆專辦中西書籍文房校品美人畫片標點新書連環圖畫書等發行"。

是書爲日本私人藏書家金文京所藏,與英國倫敦大學亞非學院圖書館藏正字龍舟十六種本當爲同一版本。廣東省立中山圖書館藏《新本石女嘆五更》(一名《石女自嘆》,"風流主人著","五桂堂","廣州市光復路")語句稍雅馴,半葉八行二十八字,行分四欄,每欄七字,若干詞句與此本不同,大意一致,惟"三更嘆"中丫鬟勸石女寬心多行孝善之句,有勸善教化意義。另有神户外國語大學藏五桂堂本,天理圖書館藏五桂堂本,日本私人藏書家(松浦衡雄、波多野太郎)藏五桂堂本,美國加州大學柏克萊分校東亞圖書館有藏,加拿大多倫多大學遠東圖書館有藏。

(張　紅)

民國刻本特別打天九歌

　　《特別打天九歌》一卷,清佚名撰。民國五桂堂刻本。一册。半葉九行二十一字,行分三欄,每欄七字。白口,四周單邊,單魚尾。三葉。第一頁第一行下刻"狀元□□太平□□□□堂機器板"。書口上刻"重訂天九歌",下刻"□□堂機器板。"無序跋。

　　是書藉天九骨牌鋪寫相思情誼。天九牌爲宋徽宗宣和年間產生的骨牌宣和牌演化而成,後來在廣東地區尤爲流行。首四句:"人生何苦咁擔憂,永日消閑可卻愁。記得個日與嬌同打天九,講起番來令我著嬲。"末四句:"麼二答聲來架禍,七零八散共我丢疏。天地神明來輔助,長衫陪伴姐嬌娥。"

　　扉頁題:"天九歌。五桂堂。"有圖。圖中有小字"鋪在香港荷里活道"。"精印七彩封面通俗小説馮玉奇新著小説,零沽批發一律歡迎"。"本局精印南音曲本龍舟歌曲小説雜書學校教科善書簽語通勝日曆專辦中西書籍文房校品美人畫片標點新書連環圖畫書等發行"。卷末題"本堂續出各種歌謡曲本南音以供閲者"。

　　是書爲英國倫敦大學亞非學院圖書館藏正字龍舟十六種之一,據書口下刻文字,疑爲"狀元坊內太平新街以文堂機器板",與台北"中央研究院"歷史語言研究所傅斯年圖書館編《俗文學叢刊》第四一七册收録成文

民國刻本特別打天九歌　扉頁

特別打天九歌

(狀元太平)

人生何苦咁担憂　永日閑消可却愁　記得個目打天九同
講來令我着邷吶　個鋪雙天同共雜　重有雙八在裡頭
估話實係到我全嬴　唔想對面加庄把我牌吼　雜七八六公見經已
當一堂隻係六公頭　九打六公真正巧　佢想全見就我將八隻大齊扭
佢再行雜眉頭就皺　個陣三點樣嚟留　贊之錢俾佢過咗佢收
實一留天便把錢收　個天九尊人扭開　么雜得我吉起冷汗流流
子細思量如果咁係　佢話逢場作麼解悶消憂　輪得我打來輸
不若借個的天九骨牌解吓悶愁　孤天明月照紗窗　唔想天九到我够
　　　　　　　　　　　　　　單地同嬌嘆夜長

重訂天九歌　一堂機器板

堂機器板《特别打天九歌》當爲不同版本（成文堂本封面題《新出龍舟歌天九歌解心》，廣州市正興大街成文堂板）。另日本京都大學藏有民國以文堂刻本，美國加州大學柏克萊分校東亞圖書館亦有藏。

（張　紅）